한국 대학의 뿌리,
전문학교

한국 대학의 뿌리, 전문학교

초판 1쇄 펴낸날 | 2022년 2월 15일

지은이 | 김자중
펴낸이 | 김성수
펴낸곳 | (사)한국방송통신대학교출판문화원
　　　　(03088) 서울시 종로구 이화장길 54
　　　　대표전화 1644-1232
　　　　팩스 02-741-4570
　　　　홈페이지 http://press.knou.ac.kr
　　　　출판등록 1982년 6월 7일 제1-491호

출판위원장 | 이기재
기획·책임편집 | 이두희
교정 | 김선우
본문 디자인 | 티디디자인
표지 디자인 | 플러스

값 18,500원

한국 대학의 뿌리, 전문학교

김자중 지음

이 책은 오늘날 한국 대학의 제도적 뿌리인 전문학교의 역사에 대해 쓴 글이다. 좀 더 구체적으로는 한국 근대(개항기와 일제 강점기, 1876~1945)라는 시기에 전문학교가 생겨난 경위, 조선총독부의 전문학교 정책, 그리고 전문학교를 통해 고등교육 기회를 얻기 위한 조선인들의 노력에 대한 기록이다.

전문학교에 대해서는 이전 시대물 모르기 때문에 최음으로 전문학교의 설립 이는의 최 개항기 고등교육에 대해서도 약간 할 세대는 것 그럴듯이 한 세대가 모든 시대를 이전 세대로부터 말른 계를 영향을 받기 마련이다.

지식의날개

일러두기

1. 신문, 잡지, 연보나 연감을 비롯한 책의 형태를 띠는 간행물 등은 《 》으로, 단편, 논문, 글, 개별 기사 등은 〈 〉으로, 법령, 조례, 규칙, 제도, 조약 등에 준하는 것은 「 」으로 표기했다.

2. 별도의 지명이나 수식어가 없는 경우 이 책에서 다루는 대상이나 지위는 오늘날의 대한민국, 일제 강점기 시절의 한반도, 조선 등이다. (예 총독부 → 조선총독부, 총독 → 조선총독, 통감부 → 한국 통감부)

3. 일제 강점기, 을사늑약 등의 역사 용어는 국립국어원의 《표준국어대사전》을 따른 것이며, 지은이의 역사적 소신과는 무관하다.

4. 좀 더 상세한 역사적 자료와 통계치를 확인하고 싶은 독자는 이 책의 바탕이 된 김자중, 〈일제 강점기 전문학교에 관한 연구〉(고려대학교 박사학위논문, 2018)을 찾아보면 된다.

한국 대학의 뿌리를 찾아서

이 책은 오늘날 한국 대학의 제도적 '뿌리'인 전문학교의 역사에 대해 쓴 글이다. 좀 더 구체적으로는 한국 근대(개항기와 일제 강점기, 1876~1945)라는 시기에 전문학교가 생겨난 경위, 조선총독부의 전문학교 정책, 그리고 전문학교를 통해 고등교육 기회를 얻기 위한 조선인들의 노력에 대한 기록이다. 주로 일제 강점기 전문학교에 대해 썼지만, 그 이전 시대를 모르고서는 이 시대를 이해하기가 어렵기 때문에 처음으로 전문학교의 설립이 논의된 개항기 고등교육에 대해서도 약간 덧붙였다. 모든 시대가 그렇듯이 한 시대는 그 이전 시대로부터 많든 적든 영향을 받기 마련이다.

한국 대학의 뿌리가 전문학교라는 말이 조금 이상하게 들릴 수 있다. 어떤 사람은 조선의 성균관이나 고려의 국자감, 좀 더 거슬러 올라가면 고구려의 태학이나 신라의 국학이 한국 대학의 뿌리가 아니냐고 되물을지도 모르겠다. 특히, 오늘날 성균관대학교는 스스로 성균관의 전통을 계승해서 설립됐다고 주장한다. 무엇보다 서양의 대학이 천년의 역사를 자랑하는 것에 비해 한국 대학의 뿌리가 고작 100년 전에 머문다는 것이 아쉽게 느껴질 수도 있다.

여기서 성균관이 성균관대학교로 탈바꿈하는 과정을 살펴볼 필요가 있다. 1895년 조선은 성균관에 전통적 교육과정에 근대 교과를 더한 경학과를 두었다. 그러나 병합 후 일제는 1911년에 성균관을 경학원으로 개편하면서 그 교육 기능을 폐지했다. 이후 일제는 1930년에 와서 경학원 부속으로 명륜학원을 두어 교육 기능을 부활시켰으며, 1942년에는 이를 명륜전문학교로 승격했다. 그러니까 성균관대학교의 전신은 멀리 보면 성균관이지만 좀 더 가까이 보면 전문학교이기도 한 것이다.

또 어떤 사람은 지금도 서울 대학로를 거닐다 보면 종종 마주치는 구 경성제국대학 본관(현 한국문화예술위원회 예술가의 집)과 의학부 건물(현 서울대학교 의과대학 행정관)을 보고 일제 강점기에 설립된 이 학교야말로 한국 대학의 뿌리가 아니냐고 되물을지도 모르겠다. 실제로 경성제국대학은 오늘날 서울대학교의 전신으로, '대학로'라는 이름도 여기서 유래했다(일제 강점기에는 대학 거리 또는 대학가, 대학통이라고 불렸다).

그런데 여기서도 서울대학교가 만들어지는 과정에 대해 살펴볼 필요가 있다. 해방 후 서울대학교는 말도 많고 탈도 많던 이른바 '국립 서울대학교 설립안 파동(국대안 파동)' 속에서 1946년 8월 22일에 제정된 군정법령 제102호 「국립 서울대학교 설립에 관한 법령」에 의해 설립됐다. 그런데 이는 경성대학(경성제국대학의 해방 직후 교명)뿐만 아니라 여기에 6교의 관립 전문학교와 1교의 사립 전문학교가 통합되는 형태였다. 그러니까 서울대학교의 전신은 경성제국대학만이 아니라 전문학교이기도 한 것이다.

또한 오늘날 한국에서 오랜 역사를 갖고 있는 대학 중에는 그 전신이 전문학교인 경우가 많다. 연세대학교는 연희전문학교와 세브란스연합의학전문학교, 고려대학교는 보성전문학교, 숭실대학교는 숭실전문학교, 이화여자대학교는 이화여자전문학교, 동국대학교는 중앙불교전문학교, 숙명여자대학교는 숙명여자전문학교, 성균관대학교는 명륜전문학교가 그 전신이다. 그 밖에 경북대학교 의과대학은 대구의학전문학교, 고려대학교 의과대학은 경성여자의학전문학교, 부경대학교 수산과학대학은 부산고등수산학교, 전남대학교 의과대학은 광주의학전문학교가 그 전신이다. 이것이 바로 한국 대학의 뿌리가 전문학교라고 말하는 이유다.

그렇다면 전문학교는 어떤 학교였을까. 기본적으로 이는 당시 일본 고등교육기관의 한 유형인 전문학교를 참고해서 설립된 학교다. 메이지 유신 이후 일본은 근대 교육제도를 도입하는 과정에서 1872년 8월 3일에「학제學制」를 제정해서 '대학', 1873년 4월 28일에「학제이편추가學制二編追加」를 제정해서 '전문학교'를 규정했다. 이후 일본의 고등교육 체제는 주로 이 둘과 대학의 예과 기능을 담당한 '고등학교'라는 세 유형의 고등교육기관을 중심으로 전개됐다. 여기서 대학은 교육과 연구 기능을 모두 가진 고등교육기관이었고, 전문학교는 처음에는 그 성격이 분명하지 않다가 이후에는 점차 교육 기능만을 가진 고등교육기관으로 정착됐다.

갑오개혁기에 조선은 근대교육제도를 도입하는 과정에서 일본의 대학과 전문학교를 참고해서 고등교육기관의 설립을 구상했다. 1894년에 제정된 「학무아문 관제」는 '대학'과 '전문학교'를 규정했다. 다만, 당시 조선 정부는 실질적으로 대학과 전문학교를 설립·운영하는 데 법적 근거가 되는 대학과 전문학교 관계 법령까지 제정하지는 못했다. 그런 탓에 이 시기에는 법령에 의거한 전문학교는 설립되지 못했다. 1900년대에는 민간에서 숭실대학이나 보성전문학교, 대동전문학교 등과 같이 대학이나 전문학교라는 이름을 가진 몇몇 학교들이 생겨났지만 이들 역시 대학과 전문학교 관계 법령에 의거해서 설립된 것은 아니었다. 따라서 이 시기는 한국 고등교육사에서 '과도기적 시대'라고 할 수 있다.

일제 강점기에 비로소 전문학교 관계 법령에 의거한 전문학교가 설립됐다. 또한 이 시기에 대학도 설립됐다. 이는 일제가 자국의 고등교육 체제를 식민지 지배에 부합하도록 약간 변형시켜서 조선에 이식하려 했기 때문이다. 그런 탓에 조선에서는 일본의 고등교육 체제와 같으면서도 다른 '식민지 고등교육 체제'가 만들어졌다. 둘 사이의 가장 큰 차이는 식민지 고등교육 체제하에서는 대학 설립이 극도로 억제됐다는 점이다. 이 시기에 일본에서는 많은 대학이 설립됐지만, 조선에서는 단 하나의 대학(경성제국대학)만이 설립됐다. 일제는 그 이상 관립 대학의 증설을 고려하지 않았고, 사립 전문학교의 대학 승격도 억눌렀다.

반대로 전문학교는 1916년에 처음으로 관립 전문학교 3교가 설립된 이래 시기에 따라 다르지만, 1942년에는 관립 7교, 공립 2교, 사립 11교로 총 20교가 설립되어 있었다. 또한 전체 고등교육기관(대학과 전문학교) 재학생 수에서 전문학교 재학생 수가 차지하는 비율은 1930년에 약 60%, 1935년에는 약 80%였다. 특히, 조선인 재학생으로 한정하면 이 비율은 1930년에 약 80%, 1935년 이후에는 약 90%까지 치솟는다. 일제 강점기에 전문학교는 조선인에게 고등교육 기회를 주는 데 가장 큰 역할을 한 고등교육기관이었다.

일제 강점기에 조선인은 주로 전문학교를 통해 고등교육 기회를 얻었다. 고등교육 기회를 얻기 위한 조선인의 노력은 대부분 전문학교를 향해 있었으며, 또한 조선총독부의 고등교육 정책도 대부분 전문학교를 포함하고 있었다. 그런 의미에서 한국 고등교육사에서 해방 후를 '대학의 시대'라고 한다면 일제 강점기는 '전문학교의 시대'라고 할 수 있다.

지금까지 일제 강점기 고등교육사에 대한 학계나 대중의 관심은 주로 경성제국대학에 치우쳐 있었다. 단적인 예로 박사학위 논문의 경우 경성제국대학에 관한 논문은 이미 여러 편이 나와 있지만, 전문학교에 관한 논문(개별 전문학교가 아니라 전문학교 그 자체에 관한 논문)은 단 한 편도 없었다. 또한 단행본의 경우에도 경성제국대학에 관한 책은 이미 여러 권이 나와 있지만, 전문학교에 관한 책은 아직까지 한 권도 없다. 그런 탓에 보통 사람들은 전문학교에 대해 알기가 쉽지 않다. 심지어 사범대학 학생 중에도 전문학교를 중등교육기관인 실업학교 정도로 알고 있는 경우가 부지기수다.

이런 상황은 전문학교에 대한 관심 부족을 넘어 식민지 고등교육 체제에 대한 관심 부족으로 이어졌다. 여기서 고등교육 체제란, 미국의 사회학자 클라크B. Clark에 의하면 좁은 의미로 고등교육기관의 '형식적 실체의 총체'를 말한다. 좀 더 구체적으로는 설립 주체(국공립/사립), 기관 유형(대학/비대학), 대학 서열(명문/비명문), 과업 수준(대학/대학원)에 따라 다양한 형태로 분화된 고등교육기관의 총체다. 클락은 이 네 항목으로 세계 각국의 고등교육 체제를 여러 유형으로 나눴다.

이를 기준으로 하면 한국의 고등교육 체제는 국공립대학과 사립대학이 모두 있지만, 사립대학의 비율(약 80%)이 압도적으로 높은 체제, 또한 서열 구조가 있고 그 꼭대기에는 국립대학(서울대학교)이 놓여 있는 체제다. 대학이 대체로 국립이고 평준화되어 있는 유럽 나라들이나 주립대학과 사립대학이 모두 있지만 주립대학의 비율이 더 높고 또한 서열 구조가 있더라도 그 꼭대기에는 사립대학이 있는 미국의 고등교육 체제와도 다른, 세계적으로 매우 독특한 유형이다. 비슷한 유형의 나라로는 일본 정도를 꼽을 수 있을 뿐이다. 그렇다면 이런 독특한 고등교육 체제는 언제, 어떻게 만들어졌을까.

의문을 풀기 위해 과거로 거슬러 올라가다 보면 해방 후를 지나 일제 강점기에 다다른다. 거기에는 경성제국대학과 전문학교로 이루어진 식민지 고등교육 체제가 있다. 그 안에는 국공립(경성제국대학과 관공립 전문학교)과 사립(사립 전문학교)이 있고 대학과 비대학

(전문학교)이 있으며, 서열 구조(대학/전문학교, 관학/사학)가 있다. 경성제국대학이나 개별 전문학교에만 관심을 가질 때는 식민지 고등교육 체제를 포착하기가 쉽지 않다. 그것과 함께 전문학교 그 자체에 관심을 가질 때 비로소 그 존재는 눈앞에 뚜렷하게 떠오른다. 따라서 전문학교의 역사를 되짚어 보는 것은 식민지 고등교육 체제를 살펴보는 것과 같다. 그것은 또한 한국 고등교육 체제의 뿌리를 살펴보는 일이다.

많은 사람들이 '대학의 위기'를 말한다. 대학이 문제라고 한다. 그 내용을 들여다보면 가지각색이다. 어떤 사람은 서울대학교를 정점으로 하는 고착화된 서열 구조가 극심한 입시 경쟁을 낳은 주범이라고 한다. 어떤 사람은 대학이 너무 많은 것, 특히 사립대학의 비중이 너무 큰 것이 문제라고 한다. 또 어떤 사람은 이른바 수도권 대학과 지방 대학 간의 차별을 지적하고, 저출산에 따른 입학 지원자 수의 감소 탓에 지방 대학은 벚꽃이 피는 순서대로 문을 닫을 것이라고 한다. 그렇다면 해법은 무엇인가?

한 가지 분명한 것은 '대학의 위기'가 하루아침에 생겨난 문제가 아니라는 것이다. 그렇다면 이런 대학의 위기를 역사적인 지평 위에서 바라보는 시각도 필요하지 않을까. 이는 현실의 문제를 그 문제가 생겨난 원점으로까지 거슬러 올라가 아주 기본적이고도 근본적인 물음부터 하나하나 따져 보는 것이다. 즉, 한국의 대학은 어떻게 생겨났는가, 왜 이런 독특한 고등교육 체제가 만들어졌는가, 그것과 대학의 위기는 어떤 관련이 있는가 등등이다.

전문학교의 역사를 살펴보는 것은 그런 물음에 답하기 위한 첫걸음이다. 때로 현실의 문제는 바로 눈앞에서가 아니라 거리를 두고 보아야 더 잘 보이기도 한다. 멀리서 보아야 지구가 둥글다는 것을 알게 되는 것처럼 말이다.

이 책은 필자의 박사학위논문과 2019년에 쓴 「갑오개혁기-병합 초기(1910년대) 사립법률학교에 관한 연구」를 저본으로 해서 만들어졌다. 사료를 추가한 부분도 있지만 대체로는 읽기 쉽도록 삭제한 부분과 각주가 더 많다. 글투도 고쳤다. 따라서 좀 더 자세한 내용이 궁금한 독자는 위의 논문들과 함께 읽기를 권한다. 지도교수님인 한용진 선생님과 박사학위논문을 심사해 주신 강선보, 신창호, 정선이, 이명실 선생님께 감사를 드린다. 이 책의 출판을 도와주신 한국방송통신대학교출판문화원과 이두희 선생님에게도 감사를 드린다. 마지막으로 항상 뒤에서 묵묵히 기도해 주는 아빠 김부영, 엄마 김한숙, 형 김두협에게 감사와 사랑을 보낸다.

차례

제1부

전문학교로 시작된 한국 대학의 역사
―일제 강점기 조선총독부의 전문학교 정책

제 2 부

전문학교 졸업장을 얻기까지
─ 고등교육 기회를 얻기 위한 조선인의 노력

성균관에서 대학과 전문학교로
─ 개항기 조선의 고등교육과 그 유산

조선, 외국의 대학과 고등교육기관을 만나다

1876년 개항 이래 1894년 갑오개혁甲午改革까지는 조선인이 근대 고등교육기관에 관한 지식을 얻는 시기였다. 이때 외국의 고등교육기관은 하나의 좋은 모델이었다. 조선인은 여러 경로를 통해 이를 접하려 했다. 그중 하나는 일본 시찰이었다.

조선은 1876년 제1차 수신사修信使, 1880년 제2차 수신사, 1881년 조사시찰단朝士視察團 등을 차례로 일본에 보냈다. 이들은 귀국 후 일본에서 보고 들은 내용을 정리해서 여러 형태의 기록으로 남겼다. 여기에는 일본의 고등교육기관에 관한 내용도 들어 있다.

당시 일본은 초등-중등-고등교육의 3단계 학제를 도입하고, 고등교육기관으로 대학과 전문학교를 두고 있었다. 1872년 8월 3일에 제정된 「학제學制」는 "학교는 삼등으로 구별해서 대학·중학·소학"으로 하고, 대학을 "고상한 학문을 가르치는 전문과의 학교"라고 규정했다. 또한 1873년 4월 28일에 제정된 「학제이편추가學制二編追加」
는 전문학교를 "외국 교사가 교수하는 고상한 학교로 법학교, 이학
교, 여러 예학교 등"이라고 규정하고, 그 입학 자격을 "소학 교과를
졸업하고 외국어학교 하등(중등학교-저자)의 교과를 거친 사람"으로
규정했다. 이후 일본은 1879년 9월 29일에 기존의 「학제」를 폐지하
고 「교육령教育令」을 제정해서 대학교를 "법학·이학·의학·문학 등
의 전문과를 가르치는 곳", 전문학교를 "전문 1과의 학술을 가르치
는 곳"으로 규정했다.

조선은 1876년 4월에 제1차 수신사 김기수金綺秀 일행을 일본에 보
냈다. 김기수는 일본의 근대 문물을 보고 듣는 과정에서 문부성文部
省을 비롯해서 여학교·영어학교·외국어학교와 함께 고등교육기관
인 도쿄개성학교東京開成学校도 방문했다. 그는 근대 고등교육기관을
방문한 최초의 조선인이었을 것이다. 그는 귀국 후 일본에서 보고
들은 내용을 정리해서 《일동기유日東記游》를 썼다.

아이가 자라면 교습을 시키는데 8세부터 15세까지는 국문(일문-저자)
과 한자를 읽게 한다. 한자를 익히면 다시는 경전을 읽게 하지 않고 농
서·병서·천문·지리·의약·식물의 책을 늘 읽게 한다. 그래서 부인·여
자·상인·어린아이도 척도에 손을 대면 별자리를 헤아리고, 소리를 내
면 지도를 가리킨다. 그러나 만약 '공자와 맹자는 어떤 사람인가?'라고
물으면 갑자기 눈이 휘둥그레지고 입이 머뭇거려 다시는 어떤 말을 해
야 할지 알지 못한다.[1]

김기수는 당시 일본의 학제를 국문과 한자를 읽게 하는 학교와 농서·병서·천문·지리·의약·식물의 책을 읽게 하는 학교로 이루어진 2단계 학제라고 생각했다. 이는 그가 같은 책에서 "사대부의 자녀들과 준수한 백성은 7, 8세부터 글을 배우고 글자를 익히도록 가르친다. (…) 16세가 되면 다시는 경전을 읽게 하지 않고 크게는 천문·지리·기하의 학과 작게는 농기·군기·도형의 설을 눈으로 보고 손으로 살펴 잠시도 그만두게 하지 않는다"[2]고 적은 것을 통해서도 알 수 있다.

이런 오해는 당시 일본의 학제 내에서 대학제도가 여전히 정비 중이었다는 사실과 관련이 있던 것으로 보인다. 실제로 메이지 유신 직후 일본은 대학을 설립하려 했지만, 1877년에 도쿄대학東京大學이 설립되기 전까지는 그 모체가 되는 여러 학교들을 거듭 개편하고 있었다. 따라서 김기수는 그중 하나인 도쿄개성학교를 방문했지만 이를 3단계 학제상의 고등교육기관이 아니라, 여학교·외국어학교·영어학교 등과 마찬가지로 소학교 이후의 중등학교 중 하나라고 생각했을 가능성이 있다. 이렇게 조선인 최초의 근대 고등교육기관 방문은 그에 대한 미흡한 이해에 그쳤다.

1880년 5월 28일에 조선은 제2차 수신사 김홍집金弘集 일행을 일본에 보냈다. 그는 귀국해서 고종을 만난 자리에서 일본의 외국어학교에 대해 설명하기도 했다. 이를 보면 그는 일본의 근대학교도 조사했던 것으로 보인다. 김홍집은 귀국 후 일본에서 보고 들은 내용을 정리해서 《수신사일기修信使日記》를 썼다.

나라 안에 대학구가 7개, 나머지 중·소학구는 셀 수 없이 많다. 여자와 어린아이를 학교에 다니게 하는데, 왕의 친족과 고위 관리의 자녀들도 모두 여기에 있다. 관청이 감독하고, 스승이 가르친다. 도면과 표본을 만들어 눈으로 보고 손으로 헤아려 본다. 학업을 이루면 이들을 여러 부서로 보낸다.[3]

김홍집은 이 책에서 '중·소학구中小學區'와 '대학구大學區'라는 말을 썼다. 이는 그가 일본의 학제가 3단계라는 점을 알고 있었다는 것을 의미한다. 또한 그는 대학구의 구체적인 수치나 대학 등의 졸업자가 정부 관리로 채용되고 있다는 점도 알고 있었다.

1881년에 조선은 조사시찰단을 일본에 보냈다. 조사시찰단은 12명의 조사와 그 수행원 등으로 이루어져 있었다. 조사들은 일본의 각 행정관성을 시찰하는 임무를 맡았다. 문부성의 시찰을 맡은 사람은 조준영趙準永이었다. 그는 귀국 후 시찰한 내용을 정리해서 《문부성文部省》 등을 썼다.

《문부성》은 일본 학제에 대한 종합적인 보고서의 성격을 띠고 있다. 학교별 서술의 비중을 보면, 소학교에 대한 서술은 '사범학교' 절의 '부속 소학 규칙' 항목과 이에 덧붙여진 '소학교칙'에 등장하는 정도이며, 중학교에 대한 서술은 별도의 절 없이 산발적으로만 등장한다. 이에 비해 대학에 대한 서술은 전체 분량의 절반 이상이 '대학 법리문삼학부', '대학 예비문', '대학 의학부' 절에 할애되어 있을 정도로 많다.

- 문부경은 전국의 교육 사무 전체를 맡는다. 학교, 유치원, 서적관은 공립과 사립을 묻지 않고 모두 문부경이 감독한다.

- 학교는 소학교, 중학교, 대학교, 사범학교, 농학교, 상업학교, 직공학교, 나머지 여러 학교로 한다.

- 소학교는 아동에게 보통교육을 가르치는 곳으로 한다. (…)

- 중학교는 고등 보통학과를 가르치는 곳으로 한다.

- 대학교는 법학·이학·의학·문학 등의 전문과를 가르치는 곳으로 한다. (…) 전문학교는 전문적인 한 과목을 수업하는 곳으로 한다.[4]

조준영은 일본의 학제가 3단계라는 것뿐만 아니라 고등교육기관인 대학과 전문학교가 "법학·이학·의학·문학 등의 전문과를 가르치는 곳" 또는 "전문적인 한 과목을 가르치는 곳", 즉 전문교육을 하는 학교라는 것도 알고 있었다. 이어 그는 '편제와 교지' 항목에서 도쿄대학 법학부에 법학, 이학부에 화학, 수학, 물리학, 천문학, 생물학, 공학, 지질학, 채광치금학, 문학부에 철학, 정치학, 경제학, 국한문학(일한문학 – 저자) 전공이 있다는 점을 소개하고, 각 전공의 세부 과목에 대해서도 자세하게 설명했다.

조선인이 외국의 고등고육기관을 접한 또 하나의 경로는 신문이다. 당시에는 1883년 10월 31일부터 《한성순보漢城旬報》, 1886년 1월 25일부터는 이를 대신해서 《한성주보漢城周報》가 간행되고 있었다. 두 신문은 국내 기사뿐만 아니라 국외 기사도 많이 게재했다. 이는 각 관청에 배포됐으며, 일반인도 사서 읽을 수 있었다.

《한성순보》는 한문으로 간행됐다. 주로 '○○지략'이라는 제목으로 세계 각국의 제도 일반을 소개하는 기사에서 교육제도에 관한 내용도 다루었다.

① 수년 전에 영국 옥스퍼드 대학은 특별히 한학과를 개설해서 교수하고 있다.

② (1872년-저자) 8월에 전국을 8개의 대학구로 나누어 구마다 대학교를 두고, 또한 중·소학구로 나누어 구마다 중·소학교를 두었다.

③ 나라에 대학교가 10교 있으며, 중학교, 사범학교, 농·상·병·공 등의 학교는 그 수를 헤아릴 수 없을 정도다. 소학교는 군·현부터 촌락까지 곳곳에 있다.

④ 학교는 대학·중학·소학 삼등으로 나눈다. (…) 대학교는 수도에 세우는데, 이학과·화학과·법학과·의학과 등이 있다.

⑤ 현재 소학교 생도는 약 2백만 명, 고등학교 생도는 3만 6천 명, 기술학교 생도는 1만 9천 명 정도다. 대학교는 26교가 설립되어 있으며, 생도는 늘 1만 3천 명을 넘는다.

⑥ 1880년에 프랑스의 대학교는 15교, 학생은 4만 1,185명이다. 이를 네 학과로 나누는데, 첫째 법률을 배우는 사람 1만 5,985명, 둘째 문리를 배우는 사람 1만 4,269명, 셋째 의술을 배우는 사람 9,318명, 넷째 격치格致를 배우는 사람 1,413명이다.

⑦ 현재 대학은 21교이며, 모두 고상한 학술을 가르친다. 학과를 넷으로 나누는데 첫째 교의, 둘째 법리, 셋째 이학, 넷째 의술이다. 각지

의 모든 학교에는 이 네 학과가 갖추어져 있다.

⑧ 1878년의 조사에서 대학교는 9교, 생도는 6,250명이다. 1876년에 소
학교는 2만 4,456교, 생도는 101만 9,488명이다. 1887년에 중학교는
68교, 생도는 4,596명이다.[5]

①은 영국의 옥스퍼드 대학이 한학과를 개설했다는 소식을 전하
고 있다. 《한성순보》가 처음으로 '대학'이라는 말을 사용한 사례라
는 점에서 의의가 있다. ②·③·⑤·⑥·⑦·⑧은 각각 일본·영국·
이탈리아·프랑스·독일·러시아의 대학과 그 전공을 소개했다. ④는
서양 일반의 대학과 그 전공을 소개하고 있다. 이를 보면 《한성순
보》는 대체로 세계 각국이 3단계 학제상에 대학을 설립하고 있으며,
그것이 전문교육을 하는 학교라는 점 등을 소개했다는 것을 알 수
있다.

《한성주보》는 국한문 혼용이었으나, 종종 순 한글 기사도 실었다.
그만큼 《한성주보》는 《한성순보》보다 좀 더 넓은 계층에서 읽혔을
것이다. 《한성주보》는 《한성순보》와 달리 세계 각국의 교육제도 그
자체를 소개하는 기사를 실었다.

① 대학교는 수도에 세우며, 이학과·법학과·의학과·병학과 등이 있
다. 생도들은 총명하고 재기가 있으며, 치국경세에 뜻을 두고 있다.

② 일본이 얼마 전에 (…) 학제를 개정하고 절목을 반포했다. 대학을 개
칭해서 제국대학이라 하고 총장 한 명을 두었으며, 대부분의 학무는

모두 문부대신의 관할에 속하게 했다. 대학원과 분과대학 2과를 두고, 각기 그 재질에 따라 가르친다. 대개 대학원은 그 학예의 깊은 이치를 다하게 하며, 분과대학은 오직 학업과 기술을 무르익게 해서 쓰는 데 알맞도록 설치한 것이다.

③ 상등 학교는 '박사국'이라고도 한다. 다섯 학문으로 나누며, 첫째 신학, 둘째 법학, 셋째 의학, 넷째 예학, 다섯째 문학이다. 이 국은 특별히 수도에 설치하며 대학구장이 관장하는데, 박사장 한 명, 박사와 부박사 여러 명이 국의 업무를 함께 관장한다. 또한 별도로 통역학교를 두어 특별히 교원을 양성한다. 그 밖에 특별한 종류의 학교와 관성에 속해 있는 학교가 있는데, 즉 대박물관·대천문국·경도국·장서관과 바다·육지·산림·철도 등의 학교다.

④ 성에는 성학이 있어서 사람마다 한 달에 1실링의 학비를 내며, 중국 돈으로 1전 7분이다. (…) 향이나 성은 단지 지역을 말하는 것이며, 실은 모두 향숙鄕塾이다. 숙에는 10여 반이 있으며, 근면함과 나태함을 시험해서 올리기도 하고 내리기도 한다. 수반首班에 올라갈 수 없는 사람은 향숙을 졸업하고 나갈 수 없다. 향숙 위에 군학원郡學院이 있고, 다시 위에 실학원實學院이 있으며, 다시 사학원仕學院으로 나아간 후에 대학원에 들어간다. 학과는 넷으로 나뉘며, 경학·법학·지학·의학이다.[6]

①은 서양 일반의 대학과 그 전공에 대해 소개하고 있다.

②는 일본의 도쿄대학이 제국대학으로 개편됐다는 소식을 전하고

있다. 이는 일본 신문에 실린 내용을 인용한 것이다. 실제로 일본은 1886년 3월 1일에 「제국대학령帝國大學令」을 제정해서 기존의 도쿄대학을 제국대학帝國大學으로 개편하고, 그 설립 목적을 "국가의 요구에 응하는 학술과 기예를 교수하고, 또한 그 깊은 이치를 연구"하는 것이라고 규정했으며, 대학원의 목적을 "학술과 기예의 깊은 이치를 연구"하는 것, 분과대학의 목적을 "학술과 기예의 이론과 응용을 교수"하는 것이라고 규정했다.

③은 프랑스의 고등교육기관을 소개하고 있다. 대학과 함께 관성, 즉 중앙행정기관에 속해 있는 학교로 바다·육지·산림·철도 등의 학교도 소개하고 있는데, 이는 그랑제콜Grandes Écoles을 말하는 것으로 보인다. 그랑제콜이란, 프랑스 정부가 전문 관료를 길러 내기 위해 세운 고등교육기관을 말한다. 이는 각 중앙행정기관의 감독하에 운영되고 있었다. 예를 들면, 공학계열의 그랑제콜인 에콜 폴리테크니크École Polytechnique는 국방부의 감독하에 운영되고 있었다.

④는 인재 양성을 위해 학교의 설립을 제안하고 있다. 이는 서양 각국의 '대학원', 즉 대학과 그 전공을 소개하고 있다.

이렇게 《한성주보》는 《한성순보》와 비슷한 내용을 소개하면서도 좀 더 나아가 세계 각국의 고등교육기관이 대학뿐만 아니라 제국대학, 대학원, 그랑제콜 등 여러 유형이 있다는 것도 소개하고 있다.

이 시기에 개화파에 속하는 박영효朴泳孝, 박정양朴定陽, 유길준兪吉濬은 각각 《건백서建白書》, 《미속습유美俗拾遺》, 《서유견문西遊見聞》에서 근대 고등교육기관에 대해 논의했다.

이들은 모두 당시로서는 드물게 해외 체류 경험을 갖고 있었다. 박영효는 1882년에 제3차 수신사로 일본을 시찰했으며, 갑신정변甲申政變의 실패 후에는 일본으로 망명했고 그 기간에 잠시 미국에 다녀오기도 했다. 박정양은 1881년에 조사시찰단의 일원으로 일본을 시찰했으며, 1887년 6월에는 주미전권공사에 임명되어 미국에 머물렀다. 유길준은 1881년에 조사시찰단의 수원으로서 게이오의숙慶應義塾에서 유학했으며, 귀국 후 1883년에는 견미사절단인 보빙사報聘使의 수원으로 보스턴 근교의 거버너 덤머 아카데미와 보스턴 대학에서 유학했다. 이런 경험은 그들이 근대 고등교육기관을 인식하는 데 적지 않은 영향을 미쳤다.

박영효는 일본 망명 중인 1888년 2월 24일에 《건백서》를 올렸다. 여기서 그는 조선의 내정개혁이 필요하다고 지적하고, 현재의 시급한 일 여덟 가지 중 하나로 "백성들에게 재덕과 문예를 가르쳐서 근본을 다스리는 일"을 들었다. 그 내용은 백성을 교육하는 것의 이점과 특히 실용적 지식의 중요성 그리고 학교를 크게 일으킬 것 등이다. 이어 열 가지를 제안했는데, 그중 첫째와 둘째가 학제와 고등교육기관에 관한 것이다.

> 첫째는 소학교와 중학교를 설립하고, 6세 이상 남녀를 모두 취학하게 해서 교육을 받게 하는 것입니다.
>
> 둘째는 장년교壯年校를 설립해서 한문 또는 언문으로 정치·재정·내외 법률·역사·지리·산술·이화학 대의 등의 책을 번역하고, 관직자 중 젊

고 혈기 왕성한 사람들을 가르치거나(이는 호당湖堂의 고사와 유사하며, 그 이로움은 반드시 클 것입니다) 팔도에서 장년의 사람을 불러 모아 가르치며 그 학업이 이루어지기를 기다린 후 과거의 법으로 이를 시험해서 문관으로 골라 쓰는 것입니다.[7]

박영효는 소학교·중학교와 함께 '장년교'라는 고등교육기관으로 이루어진 3단계 학제를 제안했다. 여기서 장년교를 고등교육기관이라고 보는 이유는 그가 '소학교'와 '중학교'라는 말을 사용했기 때문이다. 이는 3단계 학제를 전제로 한 것이다. 그가 장년교의 설립을 제안한 것은 조선인 최초로 근대 고등교육기관의 설립을 제안한 사례라는 점에서 의의가 있다.

그런데 박영효가 고등교육기관의 이름으로 대학이나 전문학교가 아니라 장년교를 사용한 이유는 무엇일까? 이는 그 입학 대상이 관직자 중 '젊고 혈기 왕성한 사람(원문에서는 '소장자')' 또는 '장년의 사람'이었기 때문일 것이다. 또한 그는 관직자를 장년교의 입학 대상자 중 하나로 하는 것이 '호당의 고사와 유사'하다고 덧붙였는데, 호당은 조선시대의 독서당讀書堂을 말한다. 사가독서제에 의해 휴가를 받은 문신을 위해 설립된 서재이다.[8]

박정양은 1888년에 《미속습유》를 썼다. 정식으로 발간되지는 않았지만 원고본으로 고종을 비롯해서 정부의 여러 관리들에게 읽혔던 것으로 보인다.[9] 미국에서 귀국한 후 그는 고종을 만난 자리에서 미국은 "교육에 대한 문제를 나라의 큰 정사로 삼습니다"라고 전했다. 실제로 그는 미국의 대학과 여학교 등을 방문했으며, 특히 대학을 방문했을 때는 교장과 교사의 안내로 교내를 둘러보기도 했다.

위로 수도부터 주·군·마을까지 학교를 설립하는데, 이를 대학교·중학교·소학교 삼등으로 나눈다. (…) 대학교에 들어가 4년 기한으로 졸업한다. 그 학업은 천문·지리·박물·사범·정치·의업·수학·농·상·공·기계·광무·광학·화학·육해군병학·각국 어학 등으로 갖추어지지 않은 것이 없다. (…) 비록 상공업의 작은 기술이라도 대학교 졸업증서가 없으면 사람들이 신뢰하지 않아서 세상에서 행세할 수 없다. 정치를 최고로 치는데, 이는 백성을 다스리고 법을 집행하는 중요한 일이다. 의업은 사람의 위생과 관계된 중요한 일이다. 사범은 사람을 가르치는 스승을 만들어 내는 중요한 일이다. 특별히 이 3과는 전문학교가 있다. 대학교를 졸업하고 다시 전문학교에 들어가 3년이 지나면 증서를 받을 수 있는데, 그 후에는 연구하거나 쓰일 수 있다.[10]

박정양은 미국이 3단계 학제를 실시하고 있다는 점, 대학이 여러 전공을 두고 있다는 점, 나아가 대학 이외에 정치, 의업, 사범 전공의 전문학교가 설립되어 있다는 점을 알고 있었다. 또한 그는 "대학교 졸업증서가 없으면 사람들이 신뢰하지 않는다"고 해서 대학 졸업장(학력)의 사회적 위상도 잘 알고 있었다.

유길준은 1889년에 《서유견문》을 탈고하고, 1894년에 일본에서 출간했다. 《서유견문》을 1천 부 발간했는데, 일반 사람들에게는 팔지 않고 고위 관리를 비롯해서 학식이 있는 사람들에게만 기증했다.[11] 그는 《서유견문》 제3편 〈방국의 권리/인민의 교육〉에서 교육의 필요성을 강조하고, 이어 제9편 〈교육하는 제도/군사를 길러 내는 제도〉에서 서양의 학제에 대해 소개했다.

> 대학교에는 그 교수하는 과정에 갖추어지지 않은 것이 없다. 그 학교의 입학을 허가하는 방법은 반드시 먼저 여러 개의 질문 조목으로 시험해서 그 재주와 학식이 충분히 대학교의 공부를 할 사람에게 입학을 허가하고, 그렇지 않으면 그 공부가 더 나아가기를 기다려 나중에 들어오는 것을 허가한다. 그 교수하는 조목은 취학하는 사람의 바람대로 화학·이학·수학·농학·의학·금석학·초목학·금수학·법률학·기계학과 각국의 어학이며, 이외에도 매우 많은 명목이 있지만 하나하나 설명할 겨를이 없다. 이렇게 대학교의 공부를 졸업한 후 학업을 이룬 사람은 그 성취한 재주로 인간의 실사를 따라 생계를 구하는 첫 여정으로 나아가며 생민의 생활을 나아지게 하는 길을 담당한다.[12]

유길준도 서양의 대학이 여러 전공을 두고 있다고 소개했다. 특히, 그는 대학에 입학하는 것이 몹시 어렵다는 점 그리고 대학 졸업자에 대해 "생민의 생활을 나아지게 하는 길을 담당한다"고 적으면서 그들을 한 나라의 지도자와 같은 존재로 묘사했다.

대학 설립의 좌절과 법관양성소·의학교의 전문학교화

근대 고등교육기관에 대한 지식을 토대로 1894년부터 시작된 갑오개혁기에 조선은 고등교육기관의 설립을 구상했다. 다만, 이 시기는 일본의 간섭이 강화된 때여서 그 영향도 무시할 수는 없었다.

1894년에 청일전쟁이 일어나기 직전에 일본은 이미 청국에 양국 공동의 조선 내정개혁을 제안했다가 거절당한 적이 있었다. 그래서 일본은 단독으로 이를 강행한다는 방침을 정했다. 이에 무쓰 무네미쓰陸奥宗光 외무대신은 「조선국 내정개혁안」을 입안했다.

1894년 6월 27일에 가토 마스오加藤增雄 외무성 문서과장은 조선의 내정개혁 방침을 오토리 게이스케大鳥圭介 공사에게 전달했다. 또한 7월 5일에 구리노 신이치로栗野愼一郎 외무성 정무국장은 「조선국 내정개혁안」을 오토리 공사에게 전달했다. 이 문서에서는 조선에 대해 "더욱 문명의 단계로 향하게 하기 위해서는 널리 지식을 열고 더욱 신선한 원소를 주입하는 것만한 것이 없다"고 지적하고, 조선에 "문벌이 준수한 사람을 발탁해서 외국에 유학하게 할 것"을 제안하고 있다.[13]

이와 별도로 1894년 7월 3일에 오토리 공사는 스기무라 후카시杉村濬 서기관, 가토 문서과장과 협의해서 5개 강령으로 이루어진 「내정개혁 방안강령」을 작성하고 이를 조병직趙秉稷 독판교섭통상사무督辦交涉通商事務에게 제안했는데, 다섯 번째 강령에서 교육제도의 확립을 요구하고 있다.[14] 조선은 답하지 않고 있다가 결국 「내정개혁 방안강령」의 끝에 제안된 사항에 따라 신정희申正熙 독판내무부사, 김가진金嘉鎭·조인승曹寅承 협판내무부사를 위원으로 임명해서 일본 공사와 회동하게 했다. 같은 해 7월 10~11일에 이들은 남산 노인정에서 오토리 공사, 스기무라 서기관과 회담했다(제1·2차 노인정 회담).

이 자리에서 오토리 공사는 「내정개혁 방안강목」을 조선 측 위원에게 전달했다. 2부로 이루어져 있는데, 제1부는 「내정개혁 방안강령」의 5개 강령에 세부 항목을 추가한 것이며, 제2부는 각각 10일, 6개월, 2년 내에 조선이 결행해야 할 사항을 제안한 것이다. 제1부의 '교육의 제도를 확정할 것'에는 세 가지 세부 항목이 추가되어 있다.

1. 시세를 참작해서 학제를 새로 정하고, 각 지방에 소학교를 설립해서 아이들을 교육할 것.
2. 소학교의 설립이 준비되는 것을 기다려서 점차 중학과 대학을 설립할 것.
3. 학생 중 준수한 사람을 선발해서 외국에 유학하게 할 것.[15]

제2부에는 조선의 학제에 관해 다음과 같은 세목이 나열되어 있다.

다음 사항은 2개년 내에 결행해야 한다. (…)
1. 시세를 참작해서 학제를 새로 정하고, 각 지방에 소학교를 설립해서 자제를 교육할 것.

2. 학생 중 준수한 사람을 선발해서 외국에 유학하게 할 것.[16]

　오토리 공사는 소학교는 물론 중학과 대학의 설립과 함께 외국 유학도 요구했다. 그런데 제2부를 보면, 이때 일본이 조선의 학제 개편 중 특히 어느 부분을 강조했는지가 좀 더 분명하게 드러난다. 즉, 오토리 공사는 제2부에서 2년 내에 결행해야 할 사항으로 소학교의 설립과 함께 외국 유학만을 요구하고, 중학과 대학의 설립은 요구하지 않았다. 이는 일본이 조선의 학제 개편에서 외국 유학을 중학과 대학의 설립보다 좀 더 시급한 과제로 여겼다는 것을 의미한다.

　이후 1894년 7월 15일에 열린 제3차 노인정 회담에서 조선은 독자적으로 내정개혁을 실시하기로 하고 「내정개혁 방안강목」을 정식으로 거부했다. 이에 일본군은 7월 23일에 경복궁을 기습 점령해서 민씨 정권을 타도하고, 흥선대원군을 섭정으로 추대한 다음 김홍집 내각을 출범시켰다. 갑오개혁의 시작이다.

　갑오개혁 초기에 개혁을 주도한 주체는 조선인 개혁관료였다. 그런데 당시 조선은 학제나 이에 관한 법령을 제정하지 않아서 개혁관료의 학제 개편안을 직접적으로 확인하기는 어렵다. 다만 1894년 7월 30일에 제정된 「학무아문 관제」는 교육행정을 담당하는 학무아문의 사무를 규정하고 있어서 이를 통해 개혁관료의 학제 개편안을 간접적으로나마 엿볼 수 있다.

　1. 학무아문은 국내 교육과 학무 등을 관리한다. (…)

2. 전문학무국은 중학교·대학교·기술학교·외국어학교·전문학교를 담당하며, 참의 1명, 주사 4명을 둔다.

3. 보통학무국은 소학교·사범학교를 담당하며, 참의 1명, 주사 4명을 둔다.

학무아문은 전문학무국과 보통학무국 등으로 이루어져 있으며, 보통학무국은 소학교·사범학교, 전문학무국은 중학교·대학교·기술학교·외국어학교·전문학교 사무를 담당했다. 이를 보면 개혁관료는 새로운 근대 학제로 소학교, 중학교, 대학교라는 3단계 학제를 채택했다는 점, 나아가 앞으로 대학교와 전문학교의 설립도 구상했다는 점을 알 수 있다.

이 시기에 이미 개화파 인사들은 근대 고등교육기관에 대한 지식을 어느 정도 갖고 있었다. 특히, 초대 학부대신 박정양은 1887년 6월에 주미전권공사에 임명되어 미국에 머물며 대학 등을 방문한 적도 있었다. 그는 1894년 9월 1일에 공포한 고시문에서 대학과 전문학교의 설립 구상을 내비쳤다.

본 아문은 소학교와 사범학교를 세우고 먼저 경내에서 시행하니 위로는 공경대부의 자녀와 아래로는 모든 백성 중 준수한 사람을 모두 이 학교에 들어가게 해서 경서, 자전, 육예와 백가의 글을 아침에 외우고 저녁에 익히게 할 것이다. 요컨대 이는 장래 실무에 대한 식견을 갖게 하고, 세상을 구할 수 있도록 내수·외교에 각각 그 쓰임을 적합하게 하려고 하니

진실로 큰 기회다. 대학교와 전문학교도 장차 차례로 설치할 것이다.[17]

또한 1895년 2월에 내무대신 박영효는 외국인 선교사 언더우드H. G. Underwood 와 스크랜턴W. B. Scranton을 찾아가 정부의 지원을 받는 사립대학의 설립을 제안하기도 했다.[18] 이는 모두 개혁관료의 학제 개편안과 그 연장선상에서 나온 것이다.

이후 1894년 10월 15일에 이토 히로부미伊藤博文 내각총리는 오토리 공사를 경질하고, 이노우에 가오루井上馨 내무대신을 후임으로 임명했다. 같은 달 28일에 이노우에 공사는 고종을 만난 자리에서 자신을 공사가 아니라 국왕과 정부의 고문관처럼 대우할 것을 요구했다. 이때부터 일본이 조선의 내정에 대해 적극적으로 간섭하려 했다는 점을 의미한다. 11월 20~21일에 그는 다시 고종을 만난 자리에서 자신의 내정개혁안이라고 할 수 있는 「20개조 개혁안」을 제안했다. 여기서 조선의 학제에 관한 것은 다음과 같다.

제19 유학생을 일본에 파견할 것.

이 고문관의 고용은 일시적인 것으로 오래되어서는 안 되기 때문에 그동안 반드시 인재를 길러 내서 훗날 고문관을 필요로 하지 않도록 미리 준비해 두어야 한다. 종래 일본에서 유학한 귀국 유학생도 많았지만 모두 자기 마음대로 수업을 받기 때문에 어쨌거나 일이 고르지 않은 감이 있다. 앞으로 유학생은 반드시 미리 과목을 정해서 수업을 받는 것으로 해 주기 바란다.[19]

이노우에 공사는 외국인 고문관의 고용을 일시적인 정책이라고 보고, 앞으로 이를 대체하기 위해 인재를 길러 내야 한다는 명목으로 조선인의 일본 유학을 요구했다. 여기서 주목할 것은 앞서 오토리 공사도 조선인의 외국 유학을 요구했지만 유학지는 정하지 않았는데, 이노우에 공사는 일본으로 명시했다는 점이다.

1895년 1월 8일에 이노우에 공사는 고종에게 종묘에 나가「홍범 14조」등을 선포하게 했다. 그런데「홍범 14조」중 학제에 관한 유일한 조항은 "나라 안의 총명하고 준수한 자제를 널리 파견해서 외국의 학술과 기예를 전습하게 한다"는 것, 즉 외국 유학이었다. 또한 같은 달 17일에 고종을 만난 자리에서는 "오는 봄에는 장년자 중 뛰어난 사람을 선발해서 20명 정도의 사관생도를 일본에 보내 육군 도야마학교陸軍戸山学校에 입학시켜 군사상의 학문을 하게" 할 것을 요구했다.[20] 이렇게 이노우에 공사는 부임 후 반복적으로 조선에 일본 유학을 요구했다.

1895년 4월 19일에 학무아문은 학부로 개편되고「학부 관제」가 제정되어 학부의 사무가 규정됐다. 그중 학무국의 사무는 다음과 같다.

제6조 학무국에서는 다음과 같은 사무를 담당함.

1. 소학교와 학령아동의 취학에 관한 사항

2. 사범학교에 관한 사항

3. 중학교에 관한 사항

4. 외국어학교, 전문학교와 기술학교에 관한 사항

5. 외국에 파견하는 유학생에 관한 사항

이를 「학무아문 관제」와 비교할 때 가장 주목할 것은 기존의 전문학무국의 사무인 대학이 삭제되고, 새롭게 외국 유학이 포함됐다는 점이다. 반복적으로 일본 유학을 요구한 이노우에 공사의 의도가 반영된 것이다. 덧붙이면 같은 날에 제정된 「법부 관제」와 「군부 관제」에도 각각 '외국 법률 유학생에 관하는 사항'과 '외국 유학생에 관한 사항'이 새롭게 규정됐다.

이노우에 공사가 이토록 끈질기게 일본 유학을 요구한 이유는 무엇일까. 일본 정부는 이미 1876년에 강화도조약을 체결한 직후부터 조선에 일본 유학을 요구하고 있었다. 1881년 당시 외무경에 재임하고 있던 이노우에는 제2차 수신사로 일본에 파견된 김홍집에게 일어 학습을 명목으로 조선인의 일본 유학 등을 권고했다. 그러나 일본의 이런 집요한 요구의 이면에는 조선 정부 내에 친일 세력을 뿌리내리게 하기 위한 계산이 숨어 있었다.[21] 이는 갑오개혁 당시 하라 다카시原敬 외무차관이 《대한정략일반對韓政略一斑》 중 〈일본당에 관한 건〉에서 "진보당(즉, 일본당으로 간주해야 할 사람)의 단결을 공고하게 하고 또한 그 확장에 힘쓸" 필요가 있다고 지적하고 이를 위해 "해마다 상당한 인원을 우리나라(일본)에 유학하게 해서 문무의 학을 강습"하게 해야 한다고 강조한 점을 통해서도 알 수 있다.[22]

이에 따라 조선은 1895년 4월에 114명을 비롯해서 1896년 초까지

약 200명의 유학생을 일본에 보냈다.[23] 그 결과, 학부 예산 중 일본 유학생비가 차지하는 비율은 1895년에 45.0%, 1896년에 31.9%에 달했다.[24] 당시 조선의 열악한 학부 예산을 감안할 때 지나치게 높은 수치였다. 즉, 재정적인 면에서도 대학 설립과 일본 유학은 양립하기 어려운 정책이었다. 결국 갑오개혁기에 개혁관료의 대학 설립 구상은 일본의 간섭에 의해 좌절됐다.

이후 1897년부터 시작된 광무개혁기에 대한제국은 다시 고등교육 기관의 설립을 구상했다. 이때 대한제국은 고종의 주도로 근대 교육 제도의 도입을 다시 추진하고 있었다. 1899년 4월 27일에 고종은 갑오개혁기에 도입된 근대 교육제도에 대해 "새로 설립한 학교는 겉만 그럴듯하게 꾸민 데 그치고 교육의 방법은 전혀 어두워서 그 이후로 5, 6년간 나아간 효과가 조금도 없다"고 지적하고, "낡은 구습을 뒤따르지 말고 모든 것을 성실하게 처리함으로써 인재를 만들고 이루어 점차 발달하는 공이 있기를 기하도록 하라"고 지시했다.

대한제국은 1899년 3월 24일에 「의학교 관제」, 4월 4일에 「중학교 관제」, 6월 24일에 「상공학교 관제」를 제정해서 각각 의학교, 중학교, 상공학교를 설립했다. 여기서 주목할 점은 「중학교 관제」가 중학교에 심상과와 고등과를 나누어 둘 것을 규정하고, 이어 1900년 9월 3일에 제정된 「중학교 규칙」이 고등과 졸업자의 경우 "판임관과 전문학에 들어갈 자격을 갖고 있다"고 규정한 점이다. 여기서 '전문학'이란 '전문학교'를 말한다. 즉, 이들 규정은 전문학교의 설립 구상을 전제로 한 것이다.

또한 이 시기에 일부 조선인들도 고등교육기관의 설립을 요구했다. 1898년 4월 18일에 전前 주사 이승원은 상소문을 쓰고 여기에 10가지 제안을 담은 〈치평규략治平規略〉을 덧붙였는데, 그중 하나인 '광학교'에서 "각 도 관찰부에도 관립 전문학교를 설립해서 인재를 길러 내는 방법으로 삼는다면 백성들이 자립하는 방도를 알게 되고 국가에서도 인재를 수급해서 쓰는 방법이 될 것"이라고 주장했다.

또한 《독립신문》은 1899년 4월 3일에 "나라를 늙지 않게 만드는 방략은 뒤에 태어난 사람을 교육"하는 것이라고 지적하고, "중학교로부터 대학교와 대학교로부터 전문학에 들어가 졸업한즉 그때는 확실히 그릇을 이룬지라"고 썼다. 《황성신문皇城新聞》도 1902년 12월 12일에 "마땅히 조정으로부터 거액을 추가로 지급하고 각 부군에 명령해서 모든 학교를 설립하되, 향교를 학교로 정하고 수선하고 증광하며, 관찰부와 제주목 등에 명령해서 고등·대학교를 아울러 설립하게" 할 것을 요구했다.

광무개혁기에도 대한제국은 「학부 관제」에서 전문학교를 계속 규정했지만, 전문학교 관계 법령을 제정하거나 직접 전문학교라는 교명을 가진 학교를 설립하지는 않았다. 그 대신 대한제국은 관립학교 중 기존의 법관양성소와 새로 설립한 의학교를 사실상 전문학교에 준하는 형태로 운영했다.

법관양성소는 조선이 1895년 3월 25일에 「재판소구성법」을 제정해서 근대 사법제도를 도입함과 동시에 이를 운용할 사법관을 길러 내기 위해 같은 날 「법관양성소 규정」을 제정해서 법부 내에 설립한 것이다.[25] 법관양성소는 "20세 이상으로 입학시험에 합격한 사람 또는 현재 관청에 근무하는 사람"이 입학하는 수업연한이 6개월에 불과한 속성 학교였다. 게다가 1896년에 법관양성소는 제2차 김홍집-박영효 연립 내각의 와해, 을미사변乙未事變, 아관파천俄館播遷 등의 정치적 사건들로 사실상 운영이 중단됐다.

이후 대한제국은 1903년 1월에 법관양성소를 다시 열고, 같은 달 22일에 「법관양성소 규정」을 개정해서 법관양성소의 수업연한을 3년으로 늘렸다. 또한 1904년 7월 30일에 제정된 「법관양성소 규칙」은 사법관에게 필요한 "법률 전문을 교수할 것"이라고 해서 법관양성소가 전문교육을 하는 학교라는 점을 명시했다.

나아가 대한제국은 1905년 3월 23일에 「법관양성소 규칙」을 개정해서 "사범학교와 중학교와 외국어학교의 졸업생과 현재 관서에서 봉직하고 있는 사람"에게는 입학시험을 면제했다. 이는 사범학교·중학교·외국어학교 졸업자를 법관양성소에 끌어들이기 위한 것으로, 법관양성소가 이들 학교보다 상위의 학교급이라는 점을 간접적으로 나타낸 것이다.

이후 1908년 3월 6일에 제정된 「법관양성소 학칙」에 의해 법관양성소의 입학 자격은 "관립 일어학교 또는 관립 고등학교를 졸업했거나 혹은 이와 동등 이상의 학력이 있는 사람"으로 규정됐다. 고등학교는 이전 시기 중학교의 후신으로 중등학교였다.

대한제국은 1899년 3월 24일에 「의학교 관제」, 7월 5일에 「의학교 규칙」을 제정해서 의학교를 설립했다. 「의학교 관제」는 "의학교는 국민에게 내외 각종 의술을 전문으로 교수하는 곳"이라고 규정해서 의학교가 전문교육을 하는 학교라는 점을 명시했다. 또한 「의학교 규칙」은 의학교의 입학 자격을 원칙적으로 중학교 졸업장을 가진 사람으로 규정했으며, 수업연한은 3년이지만 "국내 의술이 발달한 후에는 연한을 다시 정해서 심절한 술업을 교수"한다고 규정해서 앞으로 수업연한을 늘릴 구상도 내비쳤다. 나아가 1901년 3월 6일에 학부대신 김규홍은 외부대신 박제순에게 보낸 공문에서 의학교 교사 고다케 다케지小竹武次를 '전문학교 교사'라고 표기했다.[26]

광무개혁기에 대한제국이 설립한 관립학교 중 전문교육을 내세우지 않았고, 입학 자격을 중등학교 졸업(또는 중등학교 졸업자 입학시험 면제)으로 규정한 곳은 법관양성소와 의학교뿐이다. 그 밖의 관립 학교는 전문교육을 내세우지 않고, 입학 자격도 주로 연령 등을 제시했다. 그런데 연령은 학력보다 느슨한 입학 자격으로, 그만큼 이런 학교는 교육 정도가 분명하지 않다는 점을 의미한다.

사립 법률학교의 깨어진 꿈

사립 법률학교란 법률 전공 사립학교를 말한다. 일본의 경우 사립 법률학교는 메이지 초기 근대식 사법제도가 도입된 후 생겨났다. 이는 처음에 변호사시험의 준비 교육을 위해, 이후에는 사법관 수요가 늘어나자 도쿄대학 법과대학의 사법관 양성을 보조하기 위해 설립·

운영됐다. 이후 그중 일부는 사립 전문학교로 승격됐으며, 다시 그 중 일부는 사립대학으로 승격되기도 했다.[27] 이렇게 일본 고등교육 사에서 사립 법률학교는 사립 고등교육기관의 모태 중 하나로 의의 가 있다.

갑오개혁 이후 조선에서도 많은 사립 법률학교가 생겨났다. 배경 은 일본과 마찬가지로 근대 사법제도의 도입이다. 조선은 1895년에 근대 사법제도를 도입하고, 사법관을 길러 내기 위해 법관양성소를 설립했다. 그러나 이것만으로는 사법관 수요를 모두 충족하기에 무 리가 있었다. 게다가 1896년에 법관양성소는 정치적 사건들로 인해 사실상 운영이 중단된 상태였다.

이런 상황에서 대한제국은 사립 법률학교를 통해서도 사법관을 길러 내려 했다. 이는 대한제국이 사립 법률학교 졸업자에게도 사법 관시험의 응시 자격을 주었다는 점을 통해서도 알 수 있다. 대한제 국은 1898년 12월 8일에 「주판임관시험과 임명규칙奏判任官試驗及任命 規則」을 제정해서 "사법관 임명은 (…) 법률학 졸업인 중에서 법부시 험을 거친 후에 직행 주임할 것"이라고 규정했다. 여기서 '법률학'이 란 법률학교를 말한다. 특별히 사립 법률학교를 배제하지는 않았 다. 실제로 1899년 6월에 사립 법률학교 졸업자들은 법부가 지방재 판소 검사의 채용을 계획하고 있다는 소문을 듣고 기뻐하기도 했다.

이어 대한제국은 1900년 3월 27일에 「무관과 사법관 임명규칙武官 及司法官任命規則」을 제정해서 "사법관 임명은 법률학 졸업인 중에 법 부시험을 거친 후에 임명할 것"이라고 규정하고, 1900년 9월 15일에

들어가는 글. 성균관에서 대학과 전문학교로

는 법부령 제2호를 제정해서 "국내 사립학교 중 법률학 전문과를 졸업한 사람은 본부 허가를 거친 후에 「주판임관시험과 임명규칙」 제6조에 의해 사법관시험에 나아갈 수 있음"이라고 명시했다.

이 시기에 설립된 사립 법률학교로는 3교가 확인된다.

'사립법률학교私立法律學校'•는 갑오개혁기에 법부대신 장박에 의해 설립됐다. 1896년 3월 4일에 고무라 주타로小村壽太郎 공사는 외무대신 사이온지 긴모치西園寺公望에게 보낸 기밀 제18호에서 "지난달(2월 - 저자) 25일에 '사립법률학교' 생도 30명이 주동자가 되어 서생과 시민 200여 명과 연합해서 충훈부 문 앞에 '환어의사소'라고 크게 쓰고, 일동이 여기에 집합"했다고 보고했다.[28] 즉, 고무라 공사는 당시 '사립법률학교'가 설립·운영되고 있었다는 점 그리고 그 학생 등이 아관파천 이후 러시아공사관에서 거주하고 있던 고종에게 대궐로 돌아올 것을 요구하는 집회를 열었다는 점 등을 보고했다. 지금까지 확인된 바로 '사립법률학교'는 조선에 처음 설립된 사립 법률학교다.

《독립신문》은 1896년 4월 23일에 윤성구가 '사립법률학교' 교장에 취임했을 때 법부대신은 이 학교 졸업자를 판임관으로 임용하기로 약속했지만, 윤성구 교장은 그 졸업자가 주임관으로 임용될 수 있다고 거짓으로 선전해서 학생들을 입학시켰다는 점 등을 보도했다. 이를 보면 '사립법률학교'가 그 운영에 있어 여러 문제가 있었다는 점

• 사립학교의 한 종류를 의미하는 사립 법률학교와 법부대신 장박이 설립한 학교인 사립법률학교 간에 혼동의 우려가 있어서 장박이 설립한 학교는 '사립법률학교'라고 표기한다.

은 미뤄 두고, 대한제국이 이 학교 졸업자를 판임관으로 임용하려 했다는 점은 알 수 있다.

그런데 1896년 6월 이후 언론에서 '사립법률학교'에 대한 기사는 더 이상 찾아볼 수 없다. 짐작건대 '사립법률학교'는 그리 오래 운영되지 않았던 것 같다. 그 이유는 설립자 장박의 신변 변화와 관련이 있을 것으로 보인다. 그는 갑오개혁기 중 친일 내각인 제2차 김홍집-박영효 연립 내각이 출범한 후 법부형사국장, 법부협판을 거쳐 법부대신으로 승진한 인물이다. 그런데 아관파천 이후 고종은 각 각료들을 역적으로 간주해서 이들의 면직은 물론이고, 나아가 체포를 명령했다. 이때 장박은 일본공사관으로 피신했다가 일본으로 망명했다. 이런 상황에서 '사립법률학교'가 정상적으로 운영되기는 어려웠을 것이다.

영화법률학교永化法律學校는 1899년 4월 1일에 정운철, 김형선, 김유장에 의해 법률학을 전문으로 하는 학교로 경기도 양근군(현재 양평군)에 설립됐다. 교명 '영화'는 고려시대 양근군의 지명이다. 정운철은 이 학교의 설립 목적에 대해 "법률은 정치의 고등학이요, 인도의 당연한 규제다. 관리가 이에 밝으면 사람을 다스리는 데 여유가 있고, 보통 사람이 이에 밝으면 자신을 닦는 데 여유가 있다"고 말했다. 당시 그는 양근군 군수였다. 교육과정은 열조대전·현행법률·무원록·법규유편·약장합편·공법회통 등이었다.

영화법률학교 설립 당시 정운철은 "졸업의 증서가 없으면 학원을 족히 격려하지 못"할 것이라고 판단하고 "졸업을 준허할 의견을 (…)

법부에 청구"했다. 여기서 법부의 '준허'가 의미하는 바는 앞서 말한 「주판임관시험과 임명규칙」에 규정된 법부의 허가, 즉 사법관시험의 응시 자격 부여였을 것이다.

광흥학교光興學校는 1900년 2월에 법률전문과를 신설했다. 원래 이 학교는 1898년 8월에 전 주서 박예병이 설립한 사립학교였다. 학원 모집 광고를 보면 1900년에 광흥학교 법률전문과는 재학생 수 20여 명, 수업연한 3년, 교육과정은 현행법·재판법(민사소송법·형사소송법), 대명률·만국공법(국제사법·국제공법), 형법·상법·행정법론·경제학·재정학·독서(삼경)·작문·의율의판이었다.

당시 교장 권재형權在衡은 1899년 2월에 부임했을 당시 농상부대신이었지만, 이후 1899년 10월 9일부터 1900년 5월 29일까지, 그리고 1900년 8월 29일부터 10월 11일까지는 법부대신으로 재직했다. 즉, 광흥학교는 교장 권재형이 법부대신에 재직하는 동안 법률전문과를 개설했다. 이어 1900년 9월에 광흥학교는 법부의 인허를 얻어 법률전문과를 확장하고, 정원을 100명으로 늘렸다. 이때 광흥학교는 법부에 '사법관 시취'의 허가를 요구했다. 이는 영화법률학교와 마찬가지로 「주판임관시험과 임명규칙」에 규정된 법부의 허가, 즉 사법관시험의 응시 자격 부여였을 것이다. 실제로 학원 모집 광고를 보면 광흥학교는 '법부 공인 법률학교', 법률전문과는 "법률을 졸업해서 뒷날 사법관시험에 응부하고자 하는 사람"을 위한 학과라고 선전했다. 이때 법률전문과의 수업연한은 2년, 입학연령은 20세 이상 40세 이하였다.

이렇게 이 시기에 설립된 사립 법률학교의 가장 큰 특징은 세 학교 중 두 학교가 법부대신에 의해 설립됐다는 점이다. 이는 대한 제국이 사립 법률학교를 통해서도 사법관을 길러 내려 했다는 점을 의미한다. 특히, 법관양성소 운영이 중단된 후에는 이런 필요가 더욱 커졌을 것이다. 따라서 법부대신이 사립 법률학교를 설립한 것과 대한제국이 사립 법률학교 졸업자에게도 사법관시험의 응시 자격을 부여한 것은 하나의 정책이었다고 할 수 있다.

1906년부터 시작된 통감부기에 대한제국은 사법관임용 제도를 다시 정비했다. 대한제국은 1906년 10월 31일에 「법관전고 규정法官銓考規程」을 제정해서 각 재판소 전임 판검사의 임용 자격을 법관양성 소에서 만 2년 이상의 과정을 졸업한 사람과 함께 "내외 법률학교에 서 만 3개년 이상의 과정을 졸업한 사람"으로 규정하고, 이들을 법 관전고위원의 전형을 거쳐 임용한다고 규정했다. 이어 11월 14일에 「법관전고 세칙」을 제정해서 마찬가지로 각 재판소의 전임 판사와 검사의 임용 자격을 "내외 법률학교에서 2개년 이상의 과정을 졸업 한 사람" 등으로 규정했다.

이 시기에 대한제국은 변호사 제도도 도입했다. 1905년 11월 8일 에 제정된 「변호사법」은 변호사의 자격을 "변호사시험에 급제한 사 람" 등으로 규정했으며, 11월 17일에 제정된 「변호사시험 규칙」은 변호사시험의 응시 자격을 "제국이나 외국의 법률 또는 정치전문학 교에서 졸업한 사람" 등으로 규정했다. 이에 의거해서 1907년 6월 24일에 법부는 제1회 변호사시험을 실시했다. 이때 응시자 22명 중

합격자 6명은 모두 사립 법률학교인 보성전문학교普成專門學校 졸업자였다.[29]

이렇게 통감부기에는 사법관임용 제도의 정비와 변호사 제도의 도입으로 법조 수요가 늘어났다. 이에 따라 조선 사회 내에서 법학을 전공하려는 사람도 크게 늘어났다. 이는 사립 법률학교가 증설되는 하나의 배경이 됐다. 이 시기에 설립된 사립 법률학교로는 5교가 확인된다.

한성법학교漢城法學校는 1905년 1월에 윤덕영과 이용복에 의해 설립됐다. 앞서 1904년 12월에 윤덕영은 사립 법률학교의 설립을 계획했다. 이때 그는 찬성원으로 관유 세력이 10여 명을 모집했으며, 교사 10여 명을 초빙할 것과 약 10만 냥 이상이 되는 가옥을 학교 건물로 구입할 것도 계획하고 있었다. 그는 법무국장, 비서원경, 궁내부 특진관, 평리원 재판장, 장례원경 등을 역임한 인물이다.

나라가 부흥할 기초도 교육에 있고, 부강의 기초도 교육에 있으며 (…) 그 가장 중대한 것은 법학이다. (…) 지금 이 세상에 사는 사람이 법학을 배우지 않을 수 없다. 이는 한성법학교를 설립한 이유다. 이 학교가 법학으로 전주專主하나 보통 학식의 예비가 없으면 법학을 통달하기 어렵다. 그래서 이미 전문이 있고 또한 예비가 있으니 이는 보통 학과를 합설하는 이유다. 그런데 어린아이들은 소학의 학습이 없으면 보통과에도 들어가기가 어려울 것이다. 그래서 또한 고등·심상소학이 있으니 소학과를 부속하는 이유다.[30]

한성법학교의 설립 목적은 법학 지식의 보급이었다. 또한 한성법학교는 법학의 '전주', 즉 전문을 내세웠다. 더욱 주목할 것은 한성법학교 내에 법학전문과와 예비보통과를 두는 것 외에 소학과를 부속하는 것도 계획됐다는 점이다. 이는 한성법학교가 소학과-예비보통과-법학전문과라는 초등-중등-고등 교육과정을 완비한 형태로 계획됐다는 점을 의미한다. 따라서 법학전문과는 예비보통과라는 중등교육과정의 수료를 입학 자격으로 하는 고등교육과정이라고 할 수 있다. 이전 시기에 설립된 사립 법률학교도 법학전문을 내세우기는 했지만, 입학 자격을 연령 등으로 규정했을 뿐 중등교육 수료로 규정하지는 않았다.

다만, 실제로 한성법학교는 법학전문과(야간)와 예비보통과(주간)만 두었다. 그럼에도 법학전문과가 고등교육과정이라는 사실은 변함이 없다. 법학전문과의 교육과정은 법학통론·명률·민법·상법·형법·재판소구성법·형사소송법·민사소송법·행정법·국제공법·국제사법·증거법·파산법·국가학·경제학·재정학·의율의판·소송연습이었다. 당시 교장은 현채玄采, 교감은 나수연이며 강사는 태명식 외 11명으로, 모두 재일 조선인 유학생 출신이었다. 1905년 5월 한성법학교 법학전문과의 재학생 수는 약 80여 명이었다.

한성법학교 설립은 즉시 조선 사회의 관심을 불러일으켰다. 《황성신문》은 1905년 1월 17일에 대한제국 내에 법관을 길러 내는 학교가 법관양성소밖에 없었다고 지적하고, 한성법학교의 설립에 대해 "이름은 사립이지만 우리 대한이 창설한 법률대학"이라고 해서 기대감을 나타냈다.

그런데 한성법학교는 설립된 지 일 년도 못 되어 폐교됐다. 《황성신문》은 1905년 9월 19일에 그 이유를 설립자 윤덕영과 이용복 간의 불화 때문이라고 보도했다. 이때 한성법학교 법학전문과 재학생 중 일부는 보성전문학교가 특별히 설치한 야학과에 편입됐다.

대동전문학교大東專門學校는 1908년 2월 10일에 대동학회에 의해 설립됐다. 대동학회는 1907년 3월에 일제가 유림들을 자기편으로 끌어들이기 위해 조직한 친일 유림 단체다. 발기인 명단을 보면 이들은 주로 대한제국 정부 내 친일적인 고위 관리들이었다. 이때 대동학회는 사업의 대강과 방침도 결정했는데, 그중 하나가 "학교를 설립해서 동지의 자녀들을 교육하는 것"이었다. 이에 따라 12월 17일에 대동학회는 평의회를 열어 법률강습소(또는 법정강습소)의 설립을 의결했다. 1908년 1월 21일에 대동학회는 학교 설립의 방침과 규칙을 정하고 교명을 법정학교法政學校로 정했으며, 교장에 대동학회 회장 신기선, 교감에 총무 권보상을 임명했다. 이어 2월 10일에 대동학회는 회관 내에 정식으로 학교를 설립했다. 이때 교명은 대동전문학교, 교장은 당시 법부대신 조중응趙重應, 교감은 박승혁으로 바뀌었다.

대동학회가 설립 당시 일제의 지원을 받았던 것과 마찬가지로 대동전문학교도 일제의 지원을 받았다. 즉 대동학회의 여규형에 따르면, 대동전문학교는 설립 당시 이웃 나라로부터 기부가 있었고, 정부로부터도 관가 소유의 건물과 내탕금을 받았다.[31] 여기서 '이웃 나라'란 일본을 말한다. 이를 보면 대동학회가 대동전문학교를 통해 구성원 자녀들을 교육하려 한 것과 별개로 일제는 이를 통해 친일 유림을 길러 내려 한 것이 아닐까 하는 의문이 든다.

대동전문학교는 설립 당시 본과(법률과)와 속성과(1909년에 폐지)를 두었다. 수업연한은 본과 3년, 속성과 1년, 정원은 300명, 수업시간은 야간 5시간이었다. 교육과정은 법학통론·헌법·민법 전부·형법 전부·상법 전부·해상법·수형법·파산법·민사소송법·형사소송법·국제공법과 사법·행정법·경제학·재정학·한문·일본어·소송연습이었다. 일본어가 포함된 이유는 일본의 법률 서적을 읽어야 했기 때문이다. 수업료는 매월 강의록을 제공하는 대가로 50전씩 부과됐다.

입학 자격은 "회원 또는 그 자녀인 사람과 유학에 소양이 있는 사람으로 연령 20세 이상"인 사람 중 입학시험 합격자였는데, "관·공·사립학교에 보통과 이상 졸업증서가 있는 사람"은 입학시험 면제였다. 이후 1909년에 대동전문학교는 입학시험 면제 기준을 "관립 고등학교와 이와 동등 이상 되는 학교의 졸업증서가 있는 사람"으로 높였다.

대동전문학교는 입학 지원자 수가 매우 많았다. 1908년 입학 지원자 수는 310명(본과 1학년 200명, 2학년 30명, 속성과 80명), 합격자 수는 235명(본과 1학년 125명, 2학년 30명, 속성과 80명), 1909년에 입학 지원자 수는 약 150명(본과 1학년), 합격자 수는 80명이었다. 또한 1908년 3월에 법관양성소는 일어학교 교장에게 통첩해서 그 졸업자를 법관양성소에 입학시킬 것을 권유했지만, 오히려 그 졸업자들은 일제히 대동전문학교로 입학을 지원하기도 했다.

이는 대동전문학교 졸업자의 경우 취직이 잘됐다는 점과 관련이 있었을 것이다. 1909년에 속성과 졸업자 47명의 취직 상황을 보면, 관리 7명, 교육 종사자 16명, 변호사 또는 사무원 2명, 그 밖의 취직업 22명이었다. 또 1910년에 본과 졸업자 29명은 관리 5명, 교육 종사자 2명, 변호사와 사무원 8명, 그 밖의 취직업 14명이었다.

융희학교隆熙學校는 1908년 9월에 법률과(야학)를 설치하고, 이를 '융희법률학교'라고 불렀다. 원래 융희학교는 같은 해에 흥사단興士團이 설립한 사립학교였다. 융희법률학교의 수업연한은 3년, 교육과정은 법학통론·민법·형법·상법·소송법·헌법·국제법·경제학·재정학·행정법이었다. 입학 자격은 연령 20세 이상 24세 이하로 신체 건강한 사람 중 입학시험 합격자였다. 수업료는 매월 40전이었다. 1909년 4월 이전에 융희법률학교는 경비가 부족하다는 이유로 폐교됐다. 재학생은 보성전문학교에 편입됐다.

그 밖에 보성전문학교와 양정의숙養正義塾은 1905년에 설립됐다. 이로써 1910년에는 대동전문학교, 보성전문학교, 양정의숙 3교의 사립 법률학교(이하 '3교')가 운영되고 있었다. 이때 3교는 입학 자격을 높임으로써 점차 전문학교로서의 성격을 강화했다.

보성전문학교는 1905년에 입학 자격을 연령 20세 이상의 입학시험 합격자이며 "관·공·사립학교의 보통과 이상 졸업증서가 있는 사람"은 입학시험 면제로 규정했는데, 1910년에는 이를 "고등학교 졸업자 또는 이와 동등 이상의 학력이 있는 사람"으로 높였다. 양정의숙은 1905년에 연령 17세 이상의 입학시험 합격자로서 "관·공·사립 학교에 보통과 졸업증이 있는 사람"은 입학시험 면제로 규정했는데, 1908년에는 이를 "고등학교 정도에 상당한 졸업증서를 가진 사람"은 입학시험 면제로 높였다.

이에 따라 일제도 3교의 교육 수준을 전문학교에 준하는 정도라고 여기고 있었다. 병합 직후 조선총독부 학무과는 〈경성부 내 사립학교 현상 일반〉이라는 비밀 문서를 작성해서 1910년 10월 말일 현재 경성부 내 일반계 사립학교 65교의 기초적인 사항과 함께 각각의 '정도', 즉 교육 수준을 초등·고등·전문으로 나눠 기록했다. 그런데 여기서 전문으로 분류된 8교 중에는 3교도 포함되어 있었다.[32]

그러나 1910년을 전후한 시기부터 3교는 점차 운영에 어려움을 겪게 됐다. 그 이유는 크게 두 가지였다.

첫째는 사법권 박탈이었다. 1909년 7월 12일에 일제는 기유각서己酉覺書를 체결해서 대한제국의 사법권을 빼앗았다. 이는 법학 전공자의 장래를 어둡게 하는 것으로 즉시 사립 법률학교 재학생 수에 영향을 미쳤다. 1910년 10월, 양정의숙은 대한제국의 사법권 박탈 이후 법률전문과 재학생 수가 줄어들자 가을 학기부터 이를 야학으로 바꾸는 문제에 대해 논의했다. 또한 여규형도 당시 "시국의 변천은 이미 일반 법정학의 진보상에 대타격을 주었다"고 쓰기도 했다.[33]

둘째는 사립학교 탄압이었다. 이 시기에 일제는 사립학교를 '배일 사상'의 온상으로 여기고, 그 설립과 운영을 억압하거나 체제 내로 끌어들이는 정책을 실시했다. 이는 사립 법률학교의 경우에도 예외는 아니었다. 대표적인 사례로는 궁내부로부터 지급되던 보조금 중단을 들 수 있다.

1908년 2월 18일에 열린 제31회 한국 시정 개선에 관한 협의회(이하 '시정개선협의회')에서 소네 아라스케曾禰荒助 부통감은 "원래 이런 학교를 궁내부에서 보조해 온 것은 뭔가 정략에서 나온 것이다. 이를 오늘 이후에도 계속 보조하는 것은 부당하다"고 지적하면서 보조금 중단을 주장했다.[34] 그런데 궁내부가 보조금을 준 사립학교 중에는 보성전문학교도 포함되어 있었으며, 그 금액은 다른 사립학교에 비해 매우 많았다.

보성전문학교는 1905년에 고종의 최측근으로 궁내부 내장원경內藏院卿을 역임한 반일 성향의 이용익李容翊이 설립한 학교로, 황실과 긴밀한 관계를 맺고 있었다. 즉, 고종은 황실 재산인 내탕금에서 매달 보성전문학교에 많은 보조금을 주었으며, 관립 러시아어학교 건물을 학교 건물로 빌려주고 '보성'이라는 교명도 지어 주었다. 소네 부통감이 '정략'이라고 말한 것은 바로 이런 황실과 보성전문학교 간의 긴밀한 관계였다.

이에 따라 1908년부터 궁내부는 보성전문학교에 주었던 보조금을 중단했다. 그 결과 1910년 보성전문학교는 빚을 지고 교사에게 월급을 주는 형편으로 전락했으며, 빚이 8천여 원에 달할 정도로 재정이 악화됐다. 또한 1910년 2월에 양정의숙도 순헌황귀비純獻皇貴妃로부터 받은 토지를 일제에 빼앗겼다.

이후 조선총독부는 1915년 3월 24일에 「사립학교 규칙」을 개정해서 사립 전문학교의 설립 인가 조건으로 재단법인의 설립을 의무화했다. 그런데 당시 사립 법률학교 중에 재단법인을 설립할 정도의 재산을 갖고 있는 학교는 없었다. 따라서 이런 규정은 사립 법률학교가 전문학교로 승격하는 데 하나의 문턱처럼 작용했다.

같은 날 조선총독부는 「전문학교 규칙」도 제정해서 "본령에 의해 설립하는 전문학교가 아니면 '전문학교'라고 칭할 수 없다"고 규정했다. 이에 따라 보성전문학교와 대동법률전문학교는 교명에서 '전문'이라는 글자를 지우고, 각각 보성법률상업학교와 대동법률학교로 교명을 고쳐야 했다.

사립 법률학교에 대한 탄압은 어떤 결과를 낳았을까. 양정의숙은 1910년을 전후한 시기부터 이미 일제의 사법권 박탈과 순헌황귀비로부터 받은 토지를 빼앗김에 따라 운영에 어려움을 겪고 있었다. 결국 1913년 9월 11일에 양정의숙은 법률과 재학생이 몇 명 남아 있지 않은 상황에서 학교급을 낮추어 양정고등보통학교로 개편하기로 하고 인가를 받았다. 고등보통학교(이하 '고보')는 이전 시기 중학교·고등학교의 후신으로 중등학교였다. 법률과 학생은 보성전문학교로 편입됐다.

이에 대해 《국민보國民報》는 1913년 12월 31일에 "조선총독부가 양정의숙에 오늘 조선 사람은 법률을 배울 필요가 없으니 법률전문은 마땅히 폐지하고 보통학교를 만들 것"을 강요했다고 보도했다. 또한 당시 양정의숙에 다녔던 이희승李熙昇은 "1913년 10월 양정의숙은 조선교육령이라는 총독부 정책에 의해 고보로 개편되었고, 나 역시 학교를 그만둘 수밖에 없었다. 전문학교에 다니던 처지에 고보 1학년으로 다시 들어갈 수는 없는 일이기 때문"이라고 회고했다.[35] 이를 보면 양정의숙이 양정고보로 개편된 것은 조선총독부의 강요에 의한 것으로 보인다.

대동법률전문학교도 1910년을 전후한 시기부터 운영에 어려움을 겪었다. 1910년 대동법률전문학교는 "경비가 군색해서 대강실은 폐지하고 소강실을 사용하며, 강사의 보수금은 매시간에 1원씩 지불하던 것을 이번 달부터 50전으로" 줄이는 상황이었다. 이어 1912년 5월에 대동학회의 후신인 공자교회는 경학원經學院이 설립된 이후 대동법률전문학교의 존폐 논의가 일어났던 상황에서 재정난을 이유로 이를 폐교하기로 결정했다. 또한 여규형도 대동법률전문학교가 "종래의 허식적 방침을 일변해서 그 양성을 한층 유용한 실무 실익적으로 변경하기를 도모"해서 1912년부터 입학자 모집을 중지했다고 썼다.[36]

그렇다면 경학원 설립 이후 대동법률전문학교의 존폐 논의가 일어난 이유는 무엇일까. 일제는 1911년 6월 15일에 「경학원 규정」을 제정해서 경학원을 설립했다. 친일 유림을 집단화하고, 이를 식민지 지배의 교화와 선전의 도구로 이용하기 위한 것이었다. 따라서 앞서 말했듯이 일제가 대동법률전문학교를 통해 친일 유림을 길러 내려 했다면 이와 설립 목적이 같은 경학원을 설립한 이후에는 굳이 대동법률전문학교를 지원할 필요가 없어졌을 것이다.

다만, 실제로 1912년에 공자교회가 대동법률전문학교를 폐교했는지는 의문이다. 《국민보》는 1914년 1월 21일에 당시 대동법률전문학교가 중앙학교의 학교 건물을 빌려 근근히 유지되고 있다고 보도했다. 이어 1915년 4월에 동학 계통의 시천교는 대동법률전문학교를 인계하고 그 경비와 시설을 확장하기로 했다. 이에 따라 대동법률전문학교는 다시 활기를 띠기 시작했다. 대동법률전문학교의 재학생 수는 1912년에 23명에서 1915년에 71명으로 늘어났다.[37] 1916년에는 일본인 변호사 다카하시 쇼노스케, 가토 세스케와 조선인 강사를 고용했으며, 이후 100명 정도의 입학을 허가할 계획도 갖고 있었다. 그해 교장은 조중응, 교감은 이면우, 학감은 이유응, 교사는 안승훈, 이종하, 정면섭, 권보성 등이었다.[38]

그런데 이번에는 시천교가 재정난을 겪게 됨에 따라 대동법률학교도 다시 운영에 어려움을 겪게 됐다. 대동법률학교는 1915년 6월부터 경비의 지급이 밀리기 시작했으며, 1916년 12월에는 이 문제로 시천교에 소송을 제기하는 일까지 벌어졌다. 이후 언론에 대동법률학교에 대한 언급은 등장하지 않는다. 이를 보면 대동법률학교는 재정난을 겪다가 1910년대 후반의 어느 시점에 폐교됐을 것으로 추측된다.

그 결과 1910년대 말에는 보성법률상업학교만 운영되고 있었다. 즉, 조선에서는 일본에서와는 달리 일제의 탄압에 의해 대부분의 사립 법률학교가 사립 전문학교로 발전하지 못했다. 이는 일제 강점기 초기에 사립 전문학교의 설립이 부진하게 되는 계기가 됐으며, 또한 일부 설립되는 사립 전문학교의 경우에도 기독교계 학교가 중심이 되는 계기가 됐다.

고등교육 단계의 폐지

일제는 1904년에 러일전쟁을 일으킨 후부터 대한제국에 대한 내정간섭을 강화했다. 1904년 8월 22일에 일본은 대한제국과 「제1차 한일협약」을 체결해서 자신들이 추천하는 일본인 한 명과 외국인 한 명을 각각 재정 고문과 외교 고문으로 고용할 것 등을 규정했다. 그러나 실제로는 대한제국에 일본인의 궁내, 군부, 경무, 학부 고문도 고용하도록 강제했다. 이른바 '고문정치'의 시작이다.

1905년 2월 1일에 대한제국은 한성중학교 교사 시데하라 다이라 幣原坦를 학정참여관이라는 직위의 학부 고문으로 고용했다. 계약서를 보면 그는 "대한제국의 학정참여관으로 학부 소관 사무에 성실히 심의·기안할 책임"이 있으며, 학부대신은 "교육에 관한 모든 사항을 시데하라 다이라에게 자문을 구하고 그 동의를 거친 후에 시행"해야 했다. 시데하라는 대한제국의 학제 개편에 큰 영향력을 행사할수 있었다. 그리고 그의 배후에는 일본이 있었다. 고무라 주타로 외무대신이 그에게 은밀히 보낸 훈시를 보면, 그는 고무라 외무대신과 재한 제국공사의 지휘·감독을 받아 학무 중 만일 '중요'에 속하는 것은 반드시 미리 제국공사의 동의를 얻어 시행해야 했다.[39]

시데하라 학정참여관의 학제 개편안은 그가 1905년 4월에 하야시 곤스케 林權助 일본공사를 거쳐 고무라 외무대신에게 보고한 「한국교육 개량안」을 통해 살펴볼 수 있다. 먼저 총론 격인 제1장 '방침'에서 그는 "모든 일에 간이와 이용이 요구되는 한국에서 국민의 교육적 향상심을 조장하기 위해서는 가능한 한 속성의 행로를 취한다"고 적었다. 즉, '간이', '이용', '속성'을 학제 개편안의 기조로 삼았다. 이어 그는 한국 교육 개량의 '방침'으로 제시한 다섯 가지 중 다섯 번째 항목으로 "학제는 번거로움을 피하고, 과정은 비근하게 한다"고 제안했다.[40] 이를 보면 그가 '간이', '이용', '속성'의 대상으로 한 것은 무엇보다 학제와 교육과정이었다는 점을 알 수 있다.

이어 제2장 '방법'에서 시데하라는 이런 방침을 실현하기 위한 방법을 제시했다. 이는 총 3기로 이루어져 있다. 제1기에는 기존의 6년제 소학교와 심상과 4년·고등과 3년의 총 7년제 중학교를 각각 4년제 보통학교와 3년제 고등학교로 개편하며, 제2기에는 경성과 각 도 관찰부 소재지에 고등학교 또는 여러 종류의 전문학교를 설립하고, 제3기에는 고등전문학교를 설립한다는 것이다.[41]

주목할 것은 시데하라가 중등학교의 명칭으로 '고등학교'와 '전문학교'라는 용어를 사용한 점이다. 둘은 당시 일본 학제에서는 모두 고등교육기관의 명칭이었다. 그렇다면 그가 이를 중등학교의 명칭으로 사용한 이유는 무엇일까.

이에 대해 그는 대한제국에서는 "소학·중학·대학이라고 해서 점차 기어 올라가야 할 것 같은 일본식은 당장 조선에 적합하지 않을 뿐만 아니라 원래 대학교육은 실시할 여지도 없었으며, 학교 그 자체로 완결하는 성질의 것으로 하는 것이 가장 좋다고 해서 소학교를 고쳐 보통학교, 중학교를 고쳐 고등학교로 이름 붙인 것"이라고 회고했다.[42] 즉, 그는 중등학교 학생들의 상급 학교 진학을 억누르기 위해 중등학교의 명칭으로 고등학교와 전문학교를 사용했다.

이를 보면, 시데하라의 학제 개편안은 형식적으로는 제3기에 고등교육기관인 고등전문학교의 설립이 계획되어 있었지만, 실질적으로는 중등학교인 고등학교와 전문학교를 사실상의 종결 학교로 설정한 것이 아닌가 하는 의심이 든다. 이는 그가 학제 개편안의 '방침'에서 "학제는 번거로움을 피하고, 과정은 비근하게 한다"고 밝힌 것과 일맥상통하는 것이기도 하다.

일본은 러일전쟁에서 승리한 직후인 1905년 11월 17일에 대한제국과 을사늑약을 체결해서 조선의 외교권을 빼앗고, 통감을 두어 오직 외교에 관한 사항을 관리할 것을 규정했다. 이에 따라 1906년 3월 2일에 초대 통감으로 이토 히로부미가 부임했다. 그러나 그는 시정 개선이라는 명목하에 대한제국의 외교뿐만 아니라 내정 전반에 걸쳐 간섭했다.

또한 일제는 1907년에 헤이그특사사건을 이유로 대한제국과 정미조약을 체결해서 "한국 정부는 통감이 추천하는 일본인을 한국 관리로 임명할 것"을 규정하고, 또한 공표되지 않은 각서에서 각부 차관을 비롯한 많은 관직에 일본인의 임용을 규정했다. 이른바 '차관정치'의 시작이다.

학부에서도 다와라 마고이치가 차관으로 임명되고, 미쓰치 추초 학정참여관의 후임으로 구마모토 시게키치隈本繁吉와 오다 쇼고가 학부서기관으로 임용된 것을 비롯해서 많은 일본인 관리들이 임용됐다. 《학부직원록》을 보면, 1909년 7월 15일 학부의 전체 88개 직위

중 겸직을 포함해서 45개 직위(51.1%)에 일본인이 임용되어 있었다.[43] 통감부기에 대한제국의 교육정책은 주로 이런 일본인 관리들에 의해 입안됐다. 따라서 이는 사실상 일제의 교육정책이었다.

이후 일제는 대한제국의 학제를 식민지 학제로 개편하기 위한 작업에 착수했다. 이를 위해 일제는 먼저 조선의 교육제도를 비판했다. 일제는 조선의 전통 교육에 대해 "청나라에서 가져와서 유학을 중심으로 하며, 경의經義의 책들을 강의하는 데 그치고, 아무런 실용·문명의 학예를 가르치지 않는 수백 년 이래의 나쁜 관습"이라고 비판하고, 갑오개혁기에 조선이 도입한 근대 교육제도는 "외국 법령의 참작이 그 도가 지나쳐서 당시의 국정에 적합하지 않으며, 시설이 알맞지 못할 뿐만 아니라 이를 운용할 교사 그 사람이 없는 등의 이유로 거의 유명무실로 끝났다"고 평가 절하했다.[43]

눈여겨볼 점은 일제가 갑오개혁기에 조선이 도입한 근대 교육제도를 외국 법령의 참작이 도가 지나쳤다고 비판한 점이다. 이는 소학교나 중학교보다는 고등교육기관인 대학이나 전문학교에 대한 비판이라고 할 수 있다. 일제는 대한제국의 학제 개편에 대해 다음과 같은 방침을 나타냈다.

학제를 정비함에 있어 각 법령에 일관되는 학부의 대체적인 방침은 복잡한 학제와 졸업 연한이 오랜 기간에 이르는 학교를 존치시키는 것은 오히려 한국 교육의 실제에 부적당하기 때문에 학제를 단순하게 하고, 과정을 간이하게 하며, 오로지 실용에 적합하게 하는 데 있다. 즉, 정비의 기초를 보통교육에 두고, 그 졸업 연한을 4개년으로 줄이며, 나아가 고등교육(일본의 중등교육 - 원문)을 받으려는 사람은 바로 그 정도의 학교에 연락하게 해서 3년 또는 4년의 졸업 연한을 끝내서 통틀어 7, 8년 후 고등교육 수료자로서 사회의 실무에 종사시킬 수 있게 하는 것이다.[44]

일제는 대한제국 학제를 기존의 3단계에서 초등-고등교육의 2단계로 축소하려 했다. 여기서 최종 단계의 학교급은 고등교육이라고 되어 있지만, 괄호 속에 덧붙여진 것처럼 실제로는 일본의 학제에서는 중등교육에 해당되는 학교급이었다. 이에 대해 일제는 "한국에서는 외국에서와 같이 중등교육기관을 다시 상급 학교로 나아가는 예비 단계로 하는 폐습에 빠지게 할 것이 아니라 사실상 종결 교육기관으로 해야 한다"고 주장했다.[45] 즉, 일제는 중등학교를 상급 학교에 진학하기 위한 예비 학교가 아니라 종결 학교로 설정하기 위해 중등교육을 고등교육이라고 이름 붙인 것이다. 결국 초등-고등교육의 2단계 학제는 실제로는 초등-중등교육의 2단계 학제였으며, 고등교육 단계가 폐지된 학제였다.

전문학교로 시작된 한국 대학의 역사

— 일제 강점기 조선총독부의 전문학교 정책

제 **1** 장

식민지 전문학교 제도를
도입한 까닭

구마모토의 2단계 학제 개편안

법학교와 의학교의 처리

재일 조선인 유학생이라는 문제

구마모토의 2단계 학제 개편안

1910년을 전후한 시기부터 일제는 대한제국의 교육제도를 식민지 교육제도로 개편하는 작업에 착수했다. 이를 위해 조선총독부는 식민지 교육에 관한 최상위 법인 「조선교육령」(「제1차 조선교육령」)을 입안했다. 이 과정에서 조선에 전문학교를 설립해야 하는가 하는 문제도 논의됐다.

조선총독부 학무관리 중 「제1차 조선교육령」의 입안에 가장 적극적으로 참여한 인물은 구마모토 시게키치 서기관(이후 초대 학무과장)이다. 그의 학제 개편안은 1910년 9월에 그 또는 그와 가까운 학무관리가 작성해서 데라우치 마사타케寺內正毅 총독에게 제출한 〈교화 의견서〉, 이에 앞서 1910년 8월에 그가 작성해서 학부차관에게 제출한 〈학정에 관한 의견〉, 데라우치 총독의 학제 개편안을 참고하고 자신의 〈학정에 관한 의견〉을 수정해서 작성한 〈학제안 수정 요점〉, 그리고 〈조선 공립 보통학교와 관립 제학교 정리안〉 등을 통해 알 수 있다.

〈교화 의견서〉에서 저자는 2단계 학제 개편안을 제안했다. 조선의 학제에 대해 "당분간 주로 초등교육과 직업교육만으로 족하다"고 주장했다. 여기서 초등교육은 "주로 일본어를 보급시키는 기관"이며, 직업교육은 "초등교육을 계승해서 이를 완성"하는 학교, 즉 중등학교였다. 이어 저자는 조선에 '고등한 학교'의 설립을 반대하는 이유에 대해 다음과 같이 썼다.

> 두발을 자르고 서양 모자를 쓰며 안경을 끼고 서양 신발을 신은 소위 다소 신문명의 공기를 마신 높은 기풍을 한 무리 중에는 통감정치와 일본 민족에 대해 반발하는 마음을 거동, 언설, 면모로 분명하게 드러내는 사람이 적지 않다. 그들이 천박할지라도 국가 관념을 갖고, 막연하지만 세계 형세를 들어 조선 민족이 일본 민족에 압도된 것을 자각했기 때문이 아니겠는가. 금후 일본 제국의 통치에 가장 장애가 될 것은 아마 이런 민족적 자각심이 아니겠는가. 그렇다면 앞으로 교육의 시설은 이 점에 가장 유의해서 그들이 민족적 자각심을 각성하지 못하도록 힘쓰는 것이 매우 긴요한 일이라고 해야 한다. 이 점에서 고찰하면 초등교육 이외에 해야 하는 교육상의 시설은 그들의 생업에 직접 관계 있는 것에 한해 착실하고 온건한 교양을 받게 해서 제국 통치하에서 행복한 생활을 향락하게 하는 방향으로 그들을 지도할 것을 요한다.[1]

저자는 조선인이 근대 지식과 문화를 접해서 '민족적 자각심'을 갖게 될 것을 우려해서 '고등한 학교'의 설립에 반대했다. 실제로 당시에는 이전 시기에 대한제국이 설립한 관립학교, 조선인과 외국인 선교사가 설립한 사립학교 또는 외국 유학 등을 통해 "신문명의 공기를 마신" 적지 않은 조선인 엘리트가 나타났다. 그리고 이들 중 일부는 일제의 조선 병합에 반발했다. 저자는 이를 "일본 제국의 통치에 가장 장애가 될" 위험 요소라고 여겼다. 그래서 '일부 동화론자'가 말한 것처럼 일본과 같이 여러 종류의 고등한 학교를 일으켜 문화의 급격한 발달을 기도해야 한다는 주장에 반대하고, 2단계 학제 개편안을 제안했다.[2] 기본적으로 이는 통감부기 일제의 2단계 학제 개편을 계승한 것이다.

〈학정에 관한 의견〉에서 구마모토 서기관은 마찬가지로 2단계 학제 개편안을 제안했다. 먼저 조선의 학제에 대해 "안일을 탐하고 노고를 싫어하며 (…) 경세의 학을 말하고 시무를 논하는 것은 폐습이 현저"하며, "이런 폐습이 일반 교육계에서 점점 늘어나 경박하게 시사를 논의하는 경향이 있는 것"을 유감이라고 지적하고, "덕성을 함양하고 실제 생활에 적절하며 유효한 지능의 수득에 유의"할 것을 요구했다. 여기서 '시사를 논의하는 경향'은 〈교화 의견서〉의 저자가 지적한 '민족적 자각심'에 대한 우려의 연장선상에 있는 인식이다. 그래서 구마모토 서기관은 조선의 "교육은 보통교육, 중등교육의 두 계급"이며 "반도의 민도, 실정에 비춰 그 위에 고등한 교육기관의 설립은 그 필요를 인정하지 않음에 따라 (중등교육이 – 저자) 사

실상 고등교육기관"이라고 제안했다.[3]

그런데 2단계 학제 개편안은 이전 시기에 대한제국이 설립한 법학교(법관양성소의 후신)와 의학교의 처리 문제에 직면할 수밖에 없었다. 특히, 법학교는 일본인들도 "조선의 학교 중 가장 정도가 높은 것"이라고 여길 만큼 교육 수준이 높았다.[4] 그래서 구마모토 서기관은 법학교를 중등학교로 개편하려 했다. 이는 〈학정에 관한 의견〉의 제2장 '중등 정도의 교육'에 실린 '고등 정도 학교일람표'에 법학교가 포함되어 있다는 점을 통해 알 수 있다. 그는 법학교가 "법관 양성의 목적으로 설립된 것"으로 "졸업생은 사법관과 그 밖의 법률 사무에 종사하게 하는 것을 목적"으로 하며, "실무의 학습을 주로 하는 중등교육기관"이라고 명시했다. 그런데 여기서 '실무의 학습을 주로 하는 중등교육기관'은 본래 '실제 법률 전문의 중등교육기관'이었는데 '실제 법률 전문'이 '실무의 학습을 주로 하는'으로 수정된 것이다.

한편 제3장 '사립학교의 감독'에 실린 표를 보면, 사립학교와 관립학교의 현황이 나와 있다. 여기서 사립학교는 고등·실과·보통이라는 세 항목으로 이루어져 있으며, 관립학교는 '전문'이라는 항목이 더해져 네 항목으로 이루어져 있다. 그리고 관립학교 중 '전문'에 해당하는 학교 수가 경성부 '4교'로 적혀 있다. 이는 관립학교 중 비교적 교육 수준이 높았던 학교를 나타낸 것이다. 그렇다면 이는 법학교와 의학교를 빼고는 생각할 수 없다. 그런데 이 관립학교 전체에 × 표시가 되어 있다. 이는 이 표가 실린 제3장의 제목이 '사립학교의 감독'인 만큼 그것과 직접적인 관계가 없는 관립학교 항목을 삭

제한 것으로 보인다. 다만, 이를 통해 구마모토 서기관도 법학교와 의학교의 교육 수준을 '전문'이라고 여겼다는 점, 그럼에도 두 학교를 중등학교로 개편하려 했다는 점을 알 수 있다.[5]

〈학제안 수정 요점〉에서도 구마모토 학무과장은 2단계 학제 개편안을 제안했다. 이를 위해 그는 '외국어학교와 법학교의 처분안'으로 관립 경성고등학교 내에 국어(일어)·외국어·법학 전수과의 설치를 제안했다. 즉, 그는 법학교를 관립 경성고등학교 내에 설치되는 법학의 전수과로 개편하는 형태로 중등학교 내에 편입시킬 것을 제안했다. 여기에 첨부된 '수정 학제안'을 보면 전수과의 수업연한은 모두 3년이다.

그런데 주목할 것은 전수과의 입과 자격이 국어·외국어 전수과는 보통학교 졸업이지만, 법학 전수과는 그보다 높은 고등학교 3년 수료라는 점이다.[6] 즉, 법학 전수과는 형식적으로 중등학교 내의 한 과정으로 설치되지만, 실질적으로는 고등학교나 국어·외국어 전수과보다 한 단계 상위의 학교급으로 여겨질 수 있는 위치로 설정됐다. 이는 구마모토 학무과장이 법학교를 2단계 학제 내에 편입시키는 문제로 고심했다는 점을 시사하는 대목이다.

마지막으로 〈조선 공립 보통학교와 관립 제학교 정리안〉에서 구마모토는 법학 전수과를 운영하는 방법에 대해 좀 더 구체적으로 설명했다. 그는 여기서 법학교 학생들을 법학 전수과에 수용하고, "장래에 모집 인원을 줄여 점차 생도 수를 적어지게" 해야 하며, 교육과정은 국어와 한문에 중점을 두고 그 밖에 편의한 과정으로 개정해야

한다고 제안했다.[7]

이후 「제1차 조선교육령」이 제정되기 약 한 달 전인 1911년 7월 12일에 조선총독부가 작성해서 내무부 내에서 검토한 문서인 〈조선교육령 제정의 건〉에는 '전문학교'가 규정되어 있지 않았다. 여기서 조선총독부는 "새로운 학제에서 교육의 대본을 나눠 보통교육·사범교육·실업교육"으로 하며, 전문교육은 "시세의 진보와 민력의 발전에 의해 그 필요에 따라 서서히 실시를 도모해야 한다"고 해서 이를 제외했다.[8] 이는 구마모토의 2단계 학제 개편안이 관철된 결과였다.

법학교와 의학교의 처리

데라우치 총독은 「제1차 조선교육령」의 입안 과정에서 "스스로 방침을 제시하고 입안하게 하며, 부하 관리들을 모아 회의하고 몸소 의견을 교환하며 펜을 들어 정정·가필하는 바가 많았다"고 전해질 만큼 적극적으로 참여했다.[9] 따라서 「제1차 조선교육령」은 그의 의지나 적어도 그의 승인하에 이루어진 것이다. 데라우치의 학제 개편안은 그가 구마모토 학무과장의 학제 개편안을 검토한 후 작성한 것으로 보이는 〈조선 학제안의 요지〉와 훈시 등을 통해 엿볼 수 있다.

〈조선 학제안의 요지〉에서 데라우치는 "학교·학년의 연장과 고등교육의 시설은 시세가 변천하고 민력이 충실할 때 해도 아직 늦었다고 할 수 없다"고 해서 구마모토와 마찬가지로 보통교육의 보급을 강조했다. 그런데 이와 함께 조선에 전문학교도 설립해야 한다고 주장했다.

> 고등학교는 고등 보통교육을 수학하고 상식을 갖추며 덕의德義를 중시하는 중류 인사를 길러 내는 곳이다. 뒷날 전문학교를 설치할 경우에 모름지기 고등과 본과 졸업생으로부터 선발해서 입학시켜야 하며, 특히 인간의 권리·재산에 관한 법학, 인간의 생명에 관한 의학을 수학하려는 사람은 반드시 이 문으로부터 들어가게 해야 한다. 단순히 보통학교를 졸업한 사람에게 법학과 의학의 학술을 가르치는 것은 위험하다고 생각한다.[10]

데라우치 총독은 장래에 법학과 의학의 전문학교를 설립해야 한다고 주장했다. 그 이유는 두 가지를 생각해 볼 수 있다. 첫째는 당시 일본의 학제 내에서 법학과 의학 교육이 주로 전문학교 이상의 고등교육기관에서 교수되고 있었다는 점이다.

둘째는 데라우치가 법학교와 의학교의 처리 문제를 고려했을 가능성이다. 그 근거는 그의 〈조선 학제안의 요지〉가 구마모토의 〈학정에 관한 의견〉에 대한 답변인 만큼 맥락상 위의 인용문은 구마모토가 법학교를 실무의 학습을 주로 하는 중등교육기관으로 편입시킬 것을 제안한 데 대한 답변이라는 점이다. 이에 대해 구마모토는 다시 자신의 학제 개편안을 수정해서 법학교를 관립 경성고등학교 내에 설치되는 법학의 전수과로 개편할 것을 제안했지만 이 역시 데

제1부. 전문학교로 시작된 한국 대학의 역사

라우치의 주장, 즉 법학과 의학 전문학교를 설립해야 한다는 주장과는 거리가 있었다.

1911년 7월에 열린 제2회 도장관회의에서 데라우치는 조선의 학제 등에 대해 훈시했다. 이는 「제1차 조선교육령」이 제정되기 한 달 전쯤 나온 훈시로, 그의 학제 개편안의 대략을 확인할 수 있다는 점에서 주목할 만하다. 특히, 그는 훈시의 끝에서 "이 취지에 기초해서 머지않아 조선 학제의 발포를 볼 것"이라고 말했다.

> 조선 구래의 제도 대부분은 구태를 남기고 있어 세운世運의 진보에 맞지 않으며, 그렇지 않으면 헛되이 형식에 치우쳐 보통교육기관이 아직 갖추어지지 않았는데도 이르게 이미 고등전문학교를 설립한 모양이 없지 않다. (…) 그 정리에 관해 매우 신중한 고려를 필요로 하기 때문에 총독부가 설치됐을 때에는 잠시 구제를 남겨 두어 함부로 개폐를 가하지 않고, 먼저 상세한 조사를 거듭해서 시세와 민도에 적응하는 시설을 하려고 했다. 대개 앞으로 조선의 교육은 오직 유용한 지식과 온건한 덕조를 길러 내서 제국 신민의 자질과 품성을 갖추게 하는 것을 주장으로 해야 한다. 그러므로 먼저 보통교육의 완비를 기하며, 또한 중점을 실용교육에 두고, 이에 더해서 고등 보통교육을 하며, 나아가서는 전문교육을 실시해서 각자 그 분에 응해서 몸을 세우고, 가문을 일으킬 여지를 만듦으로써 국가의 진운에 맞게 할 필요가 있다.[11]

데라우치는 이전 시기에 대한제국이 "보통교육기관이 아직 갖추어지지 않았음에도 이르게" 설립한 '고등전문학교'를 비판했다. 그렇다면 이 '고등전문학교'란 무엇일까. 이는 법학교와 의학교를 빼고는 생각할 수 없다. 이에 따라 병합 이후 조선총독부는 일단 고등전문학교를 포함한 "구제를 남겨 두고 함부로 개폐를 가하지 않"은 채로 "상세한 조사를 거듭"했다. 데라우치가 법학교와 의학교의 처리 문제로 고심했다는 점을 시사하는 대목이다. 그러나 결국 그는 "보통교육의 완비"를 기하고, "이에 더해서 고등 보통교육을 하며, 나아가서는 전문교육을 실시"하기로 했다.

일제는 1911년 8월 23일에 「제1차 조선교육령」을 제정해서 '전문학교'를 규정함으로써 조선에 식민지 전문학교 제도를 도입했다. 데라우치의 학제 개편안이 관철된 결과였다. 다만 그는 11월 1일에 각 도와 관립학교에 훈령을 공포해서 전문학교의 설립을 "보통교육의 발달을 기다린 후"로 미뤘다.[12] 그래서 조선총독부는 10월 20일에 각 학교의 규칙을 제정했지만, 전문학교 관계 법령은 제정하지 않았다. 법학교와 의학교는 각각 1911년 2월 20일에 제정된 「조선총독부 의원부속 의학강습소 규칙」과 1911년 10월 20일에 제정된 「경성전수학교 규정」에 의해 경성전수학교(각종학교)와 조선총독부 의원부속 의학강습소(이하 '의학강습소')로 개편됐다.

그러나 이 시기에 조선총독부가 전문학교를 설립할 계획이 전혀 없었던 것은 아니다. 오히려 조선총독부는 이미 「제1차 조선교육령」의 제정 직후부터 관립 전문학교의 설립을 계획하고 있었다. 예를 들면, 총독부 기관지 《매일신보》는 1911년 9월 24일에 "어떤 곳

제1부. 전문학교로 시작된 한국 대학의 역사

에서 확실하게 들은 바를 들면 동교(법학교－저자)는 현재와 같이 그대로 두기로 결정했다는데 그 교육 방침은 (…) 현재 일본의 고등상업학교와 같이 사회 전반에 유용한 인물을 길러 내기에 전력할 방침"이라고 보도했다. 당시 일본에서 고등상업학교는 전문학교였다.

10월 29일에는 의학강습소가 "완전히 일본 의학전문학교의 학제와 대만총독부의학교의 상황을 참고하고 (…) 교수하는 중"이라고 보도했다. 이는 총독부가 의학강습소를 일본의 의학전문학교에 준하는 학교로 여겼다는 점을 의미한다. 나아가 당시 조선총독부의원 의육과장 사토 고조佐藤剛藏는 1913년 12월에 우사미 가쓰오宇佐美勝夫 내무부장관으로부터 경성의학전문학교의 설립이 결정됐다는 공문서와 관계 서류를 받았다고 회고했다.[13] 이는 총독부가 적어도 그 이전부터 경성의학전문학교의 설립을 계획하고 있었다는 말이 된다.

이후 1914년 11월에 총독부는 법학·의학·공업·농업의 관립 전문학교를 설립하기로 했다. 이를 위해 총독부는 1915년 3월 24일에 「전문학교 규칙」을 제정했다. 같은 날에 데라우치는 「전문학교 규칙 제정 등에 관한 건」이라는 훈령을 발포해서 이 규칙을 제정한 이유로 "바야흐로 보통교육의 시설이 진보함과 함께 법률·경제·의술·공업·농림 등에 관한 전문교육을 실시할 학교에 적용할 규정을 마련할 필요"가 있었다고 밝혔다.

이어 총독부는 1916년 4월 1일에 「조선총독부 전문학교 관제」를 제정해서 경성전수학교(전문학교), 경성의학전문학교, 경성공업전문학교를, 1918년에 4월 1일에 수원농림전문학교를 설립했다. 총독부

| 그림 1-1 | 조선총독부 의원부속 의학강습소

는 본래 1916년에 수원농림전문학교도 설립하려 했지만, 당시에는 예산 문제로 1917년 3월에 수원농림학교에 전문과를 설치하는 것에 그쳤다.[14]

그렇다면 조선총독부가 「제1차 조선교육령」에 '전문학교'를 규정하고 3년 7개월이 지난 후 「전문학교 규칙」을 제정하고, 그로부터 다시 1년이 지난 후 관립 전문학교를 설립한 이유는 무엇일까. 이는 조선총독부가 「전문학교 규칙」을 제정하고, 관립 전문학교를 설립하는 데 그만큼의 시간이 필요했기 때문이다.

1911년 7월 12일에 작성된 〈조선교육령 제정의 건〉에는 '전문학교'가 규정되어 있지 않았다. 달리 말하면 조선총독부가 최종적으로 「제1차 조선교육령」에 '전문학교'를 규정하기로 결정한 시점은 길게 보아도 이 법령이 제정되기 겨우 한 달 전이었다. 통감부기에 일제가 대한제국의 학제를 초등-중등교육의 2단계 학제로 개편하려 했

제1부. 전문학교로 시작된 한국 대학의 역사

다는 점을 고려하면, 이는 기존의 학제에 없던 하나의 학교급을 새롭게 설정해야 했다는 것을 의미한다.

조선총독부는 보통학교와 고보의 경우, 통감부기의 보통학교와 고등학교를 거의 그대로 계승하는 형태로 운용할 수 있었지만, 전문학교의 경우는 그 설립과 운영의 세부적인 사항을 모두 새로 결정해야 했다. 예를 들면, 총독부는 조선의 전문학교에 일본의 전문학교 관계 법령인 「전문학교령」을 확대·적용할 것인지 아니면 별도의 법령을 제정할 것인지, 또는 경성전수학교(각종학교)와 의학강습소를 전문학교로 개편할 것인지 등의 문제를 결정해야 했다. 짧은 기간에 결정할 수 있는 문제는 아니었다.

재일 조선인 유학생이라는 문제

통감부기 이후 제국교육회 등의 일본 교육계는 대한제국 학제에 관해 여러 의견을 냈다. 이는 「제1차 조선교육령」의 제정 과정에서도 예외는 아니었다.[15] 그중에는 조선에 고등교육기관을 설립해야 하는가 하는 문제도 있었다. 이는 〈교화 의견서〉의 저자가 '일부 동화론자'의 주장을 인용한 대목을 통해서도 알 수 있다.

일본 교육계가 이 문제에 대해 목소리를 내기 시작한 계기 중 하나는 재일 조선인 유학생 문제였다. 일제는 강화도조약을 체결한 직후부터 친일 세력을 길러 내기 위해 조선에 조선인의 일본 유학을 요구했다. 그러나 일제는 을사늑약을 체결한 후부터 재일 조선인 유학생 중 사비생이 늘어나고, 특히 그들의 반일운동이 자주 일어나자 조선인의 일본 유학을 억누르는 쪽으로 정책 방향을 선회했다.[16]

이는 일제의 재일 조선인 유학생에 대한 부정적인 인식에서 비롯된 정책이었다. 1905년 12월에 일본 정부는 일본 내 조선인과 재일 조선인 유학생 중 을사늑약의 체결에 불만을 품은 사람이 있고, 특히 그중에는 귀국해서 어떤 "변사를 담당할 자가 없을지 헤아리기 어렵다"는 이유로 이를 단속하기로 했다. 또한 1908년 12월 25일에 열린 제65회 시정개선협의회에서 이토 통감은 "일본에 학생을 보내는 것도 차라리 폐하는 것이 좋다고 판단한다. 왜냐하면 이는 오히려 한국의 진흥을 방해하는 것일 뿐이기 때문"이라고 지적했다.[17] 즉, 이 시기에 일제는 조선인의 일본 유학이 친일 세력보다 오히려 반일 세력을 길러 낼 우려가 있다고 판단했다. 이에 일제는 1907년 3월 4일에 「학부소관 일본국 유학생 규정」을 제정하게 하는 등 조선인의 일본 유학 억제정책을 실시했다.

이런 인식은 일본 교육계도 갖고 있었다. 당시 일본 교육계는 재일 조선인 유학생의 반일 성향에 비판적인 의견을 냈다. 《교육시론 教育時論》은 1905년 9월 5일에 일본에 청국과 대한제국의 유학생이 많이 와 있는데, 그중에는 "학생으로는 자못 저속한 추행을 노출하는 경우가 있다. (…) 따라서 그들은 나날이 불량의 경우에 빠지고 있는 상태"라고 썼으며, 12월 25일에도 청국과 대한제국 유학생들의 "분쟁 즉 일종의 학교 소동은 바야흐로 교육 사회의 문제로서뿐

만 아니라 어떤 의미에서 국제 문제로서 식자의 뇌를 자극하고 있다"고 썼다.[18]

《실험교수지침實驗敎授指針》은 1905년 9월 20일에 청국과 대한제국 유학생이 "1만여 명에 이르며 그중에는 적지 않은 타락 서생"이 있다고 썼다. 《동인同仁》도 1907년 3월 10일에 재일 조선인 유학생 중에 "이름을 유학으로 적을 걸고 학자의 공급을 받으면서도 항상 학사를 소홀히 해서 도저히 업을 이룰 전망이 없는 경우가 적지 않다"고 적고 있다.[19]

일본 교육계의 이런 인식은 「제1차 조선교육령」의 제정 과정에서도 그대로 이어졌다. 《교육시론》은 1910년 6월 15일에 최근 재일 조선인 유학생 등이 "발칙하게도 배일운동을 시도하기 위해 현재 족족 귀국"하고 있으며, "한국인 중 다소 교육이 있는 사람은 극히 편벽한 일종의 사이비 애국심을 갖고 있다"고 썼다. 《동인》도 1911년 8월 1일에 재일 조선인 유학생이 "왕왕 악풍에 물들어 게으름으로 흐르는 경우가 있으며, 혹은 정치의 공론에 열중하는 경우가 있다"고 지적하고 "가능하면 조선 내지의 학교에서 면학하는 편이 편리할 것"이라고 썼다.[20]

그런데 일본 교육계의 일부는 이런 인식에서 한 걸음 더 나아가 재일 조선인 유학생 수를 줄이기 위해 조선에 고등교육기관을 설립해야 한다고 주장했다. 먼저 제국교육회 내에 설치된 한국교육조사부회는 1904년 9월에 22조로 이루어진 「한국학제 대강」을 작성했다. 이는 소학교·중학교·고등학교뿐만 아니라 대학교의 설립까지 포함하고 있었다. 이에 대해 제국교육회는 "경성에 설치할 대학교와 고등학교를 스스로 경영"할 것이며, 이를 위해 "한국 황실과 정부는 물론 일본 정부로부터 상당한 원조를 바랄 것"이라고 적고 있다.[21]

또한 《교육시론》은 1906년 4월 25일에 "한국 보통교육의 보급에 관해서는 대개 어떤 사람도 이의가 없다고 해도 그 고등교육에 관해서는 이의가 없다고 할 수 없다"고 지적하고, 어떤 사람들은 대한제국에 고등교육기관을 설립하는 것에 대해 "때로 이를 불평하게 하며 그 몸의 불행 나아가 치안의 해가 되는 외에 아무런 얻을 바가 없을 것이라고, 심하게 말하기를 한국민은 (…) 결코 깊고 높은 학문을 소화할 타고난 성질이 없고, 그러므로 이에 고등교육을 주어도 전연 무익하다"고 주장하고 있다는 점을 인용한 후 "우리는 이런 극단론에 동의하지 않으며, 이에 고등교육을 실시할 필요를 인정한다"고 썼다. 다만 《교육시론》은 조선에 고등교육기관을 설립할 경우 "식산흥업 바꿔 말하면 농공업의 개량·발달을 촉진하는 학과에 중점을 두고 (…) 정치·법률은 별도로 관리양성소를 두고 교수해야 한다"고 해서 실업계 고등교육기관의 설립을 제안했다.

한국 교육상 또 하나 주의해야 할 것은 청국 학생과 같이 함부로 타국에 유학하지 않게 하는 것이다. 우리나라 교육가 중에는 한국 교육 발전을 위해 그 나라의 준수한 사람을 우리나라에 와서 공부하게 해야 한다고 말하는 경우가 있다. 이는 우리들이 찬성할 수 없는 바다. 원래 그들이 와서 공부하는 것은 저 나라 교육상 유익하다고 해도 또한 해가 없다고

제1부. 전문학교로 시작된 한국 대학의 역사

할 수 없다. 청국 학생을 보아도 또한 그 해가 어떤가를 알 수 있다. 그래서 설령 그 규모가 크지 않더라도 위와 같은 고등교육을 실시하는 학교를 한국 내지에 설치해서 이를 받으려는 학생을 수용하고, 이를 만족하게 할 만한 교육을 실시해야 한다. 만약 그렇게 하지 않고 함부로 다른 나라에 유학하게 해서 법률제도의 피상을 보고 경박재자輕薄才子가 되게 하는 것은 오히려 한국의 온건한 발달을 방해하고, 나아가 우리나라의 근심거리가 될 것이다.[22]

《교육시론》은 조선인의 일본 유학이 '경박재자'를 길러 낼 우려가 있으므로, 재일 조선인 유학생 수를 줄이기 위해 조선에 고등교육기관을 설립해야 한다고 주장했다. 여기서 경박재자는, 당시 재일 조선인 유학생의 반일운동을 고려하면 결국 반일 세력을 의미한다. 그래서 《교육시론》은 조선인의 일본 유학이 일본의 근심거리가 될 것이라고 지적한 것이다.

「제1차 조선교육령」의 제정 과정에서도 일본 교육계의 일부는 계속해서 조선에 고등교육기관을 설립해야 한다고 주장했다. 《교육실험계教育實驗界》 1910년 12월 5일자에서 필명 구마가와세이는 조선에 "3년 내지 4년의 각종 고등 전문교육기관을 두어야 하는 것은 물론"이라고 주장했다. 다만 그는 전문학교가 "과학과 예술의 각 종류에 이르며, 일시에 설치할 필요는 없지 않을까. 마땅히 사회의 사정에 적응해서 그 필요한 것을 먼저 해야 한다"고 해서 실업계 전문학교를 차례로 설립할 것을 제안했다.[23]

또한 《조선》은 1911년 2월 1일에 조선에 고등교육기관을 설립하는 것은 "위험 분자를 길러 낼 우려가 있으며, 오히려 그들을 해치는 것이 되므로 그들에게는 소학교 정도로 충분하다, 전문적인 학교로는 오직 간이한 실업학교만으로 가하다, 그 밖에는 유해무익하다고 논단하는 사람이 있다"고 인용하고 "우리도 (…) 소학교를 많이 설립하는 것의 급무를 주창하는 한 사람"이지만 "소학교만으로 가하다, 그 밖의 고등학교는 쓸모없다고 말하는 것은 조금 난폭한 경향이 없지 않다"고 지적했다. 이어 "소학교육의 보급이 일단락을 고하면, 중등교육·고등교육기관의 증설은 시대의 요구로서 부득이한 것"이라고 주장했다.

흥미로운 것은 《조선》이 일부 일본인들이 식민지 고등교육의 실패 사례로 인용하는 영국의 식민지 고등교육 정책에 대해 알고 있었다는 점이다. 즉 《조선》은 영국이 식민지 이집트와 인도에 고등교육기관을 설립한 결과, 이집트인과 인도인들이 "대부분은 학술을 위해 입학하기보다는 관리가 될 희망으로 입학하는 경우가 많고, 심하게는 위험한 사상에 사로잡혀 비분강개의 무리로 바뀌는 경우도 많다"고 지적했다. 그럼에도 불구하고 조선에 고등교육기관을 설립하지 않는 것은 "조금 난폭한 사태로서 또한 결코 시대의 요구가 허하지 않는 바일 것이며, 오직 즐겨 고등교육을 장려함에는 이르지 말아야 한다"고 주장했다.[24] 즉, 조선에 고등교육을 장려할 필요는 없지만 그렇다고 배제해서도 안 된다고 주장했다.

한편 1916년 4월 1일에 「조선총독부 전문학교 관제」가 제정됐을 당시 데라우치는 〈전문학교 설치에 관해 학교장·교관에 대한 훈시〉를 작성해서 각 관립 전문학교에 하달했다. 여기서 그는 조선에 전문학교를 설립한 이유를 다음과 같이 밝혔다.

1911년 본부가 학제를 제정해서 「조선교육령」 중 전문학교에 관해 규정한 바 있었지만 전문교육을 실시할 시기에 도달하지 않았기 때문에 그 세목에 대한 규정을 두지 않았는데, 이후 보통교육에 관한 시설이 크게 나아가 공립 보통학교 수가 4백여를 헤아리고, 고보와 실업학교 입학자는 매년 증가하는 현상에 비춰 지난 1915년 3월에 「전문학교 규칙」을 제정·발포해서 그 향하는 바를 명확하게 했다. 또한 종래 존재하는 경성전수학교(각종학교-저자), 의학강습소, 공업전습소는 모두 대체로 전문학교에 상당하는 소지를 가진 곳이기 때문에 이를 정리·개선해서 명실공히 「전문학교 규칙」에 준거하는 학교가 되도록 했다. (…)

전문학교는 「조선교육령」에 의한 조선인에 대한 교육기관이다. 이에 일본인을 수용하는 것은 국가 재정의 상황에 비춰 편의하게 그 기관을 이용하는 데 있다. 따라서 일본인의 수용 수도 학교 생도 정수의 3분의 1 이내에 그치는 것이 적당하다고 인정한다. 그리고 조선인과 일본인 두 종류의 생도를 수용할 경우에는 적절한 교수·훈육을 해서 항상 공평을 제일로 해서 둘의 친밀과 융화를 도모하는 데 유의해야 한다.

전문학교의 설치는 (…) 막연히 고등교육을 받기 위해 많은 학자를 써서 일본 또는 외국에 유학해서 조선의 현황에 적절하지 않은 교육을 받아 결국 생애의 방침을 그르치는 사람이 적지 않은 실정에 비춰 이를 방지하기 위해 조선 내에 적절한 전문교육을 실시할 기관을 둠으로써 유학의 번거로움을 덜고, 학자의 절약을 도모하게 해서 그대로 있으면서 수학의 편의를 얻게 할 목적에서 나온 것이다.[25]

데라우치는 조선에 전문학교를 설립한 이유로, 첫째 보통교육의 발달, 둘째 재조 일본인(조선 거주 일본인)의 고등교육 기회, 셋째 재일 조선인 유학생 문제를 들었다. 그런데 조선총독부는 이미 「제1차 조선교육령」의 제정 직후부터 관립 전문학교의 설립을 계획하고 있었으므로 '보통학교의 발달'이라는 이유는 납득하기 어렵다. 따라서 총독부가 조선에 전문학교를 설립한 또 다른 이유는 재조 일본인의 고등교육 기회와 재일 조선인 유학생 문제로 볼 수 있다.

먼저 총독부는 "전문학교는 「조선교육령」에 의한 조선인에 대한 교육기관"이라고 규정했음에도, 재조 일본인의 고등교육 기회를 위해 일정한 정원 제한하에서 일본인의 입학도 허용했다. 이는 국가 재정 상황, 즉 일본인만을 위한 전문학교를 별도로 설립하는 데 재정 문제가 있었기 때문이다. 실제로 《조선총독부 관보》를 보면 경성의 학전문학교와 경성공업전문학교는 1917~1921년, 수원농림전문학교는 1919년에 일본인을 선발할 때 조선총독부중학교 졸업자와 조선에 주소지를 갖고 있는 사람을 우선했다.

더욱 주목할 점은 재일 조선인 유학생 문제다. 이는 《매일신보》가 관립 전문학교의 설립 직후인 1916년 5월 3일에 "본년도부터 신설한 전문학교 3개소가 있으니 이에 입학해도 가한지라. 어찌 많은 학자와 길고 오랜 세월을 써서 일본에 유학할 필요가 있으리오"라고 해서 조선인에게 관립 전문학교에 진학할 것을 권유하고, 또한 "이후로는 일본에 유학하는 사람도 격감할 것은 필연의 세"라고 예상하기도 했다는 점을 통해서도 알 수 있다. 이는 데라우치의 훈시에 호응하는 것이다.

일제는 이미 을사늑약을 체결한 뒤부터 재일 조선인 유학생 문제로 고심하고 있었다. 그러나 조선인 유학생 수는 계속 늘어났다. 《학지광學之光》에 따르면, 유학생 수는 1900년 148명에서 1905년 449명, 1909년 886명으로 늘어나고, 이후 1910년 600명, 1911년에 542명으로 약간 줄어들지만 이전 시기에 비해서는 여전히 높은 수치였다.[26] 아이러니하게도 이는 일제가 대한제국의 학제를 축소 개편해서 고등교육 단계를 폐지하려 하자 일종의 풍선효과처럼 조선인 중에 일본 유학을 통해 고등교육 기회를 얻으려는 사람이 늘어났기 때문이기도 하다.

총독부는 재일 조선인 유학생 수의 증가에 대해 우려했다. 시데하라 학정참여관은 1919년에 저술한 《조선교육론朝鮮敎育論》에서 "구한국 시대부터 국비로 일본에 유학생을 보낸" 결과가 "항상 반드시 양호하지 않다. (…) 일본을 그다지 좋게 생각하지 않는 것도 중국의 유학생과 일반"이라고 지적했다.[27] 또한 1910년대에 학무과장에 재직 중이었던 유게 고타로弓削幸太郎는 1923년에 저술한 《조선의 교육》에서 당시 재일 조선인 유학생에 대해 다음과 같이 회고했다.

「조선교육령」 시행 당시 일본에 유학한 사람은 관비생 50명, 사비생 약 5백 명을 헤아렸다. 이런 사비생 중에는 몹시 과격한 사상을 지닌 사람이 많고, 일본 재류 중에는 시종 경찰의 미행을 받았다는 일당도 적지 않았다. 이런 청년도 한 번 조선에 돌아오면 대부분은 봉급생활을 바라며, 총독부 학무 당국의 중개에 의해 취직하고, 동시에 대부분 온건한 인물로 바뀌었지만, 그중에는 언제까지나 배일적 행동을 하는 경우도 있었다. 요컨대 「조선교육령」하에서 교육받은 경우는 온건한 사상인 경우가 많더라도 일본 재학생 중에는 배일자가 되는 경향이 있는 경우가 적지 않았기 때문에, 당시 유학생의 지도에 있어 문부성과 학교 당사자 등과도 연락을 취해 진력했지만 충분한 효과를 보지 못했다. 결국 일본 유학은 가능한 한 장려하지 않는 것을 방침으로 했다.[28]

유게 학무과장은 재일 조선인 유학생이 '배일자가 되는 경향'을 우려했다. 주목할 것은 "「조선교육령」하에서 교육받은 경우는 온건한 사상인 경우가 많더라도 일본 재학생 중에는 배일자가 되는 경향이 있는 경우가 적지 않았"다고 쓴 대목이다. 일본 교육계의 일부가 주장한, 말하자면 '식민지 전문학교 설립론'과 비슷한 인식이다.

이에 따라 조선총독부는 병합 직후 조선인의 일본 유학 억제정책을 더욱 강화했다. 즉, 총독부는 「제1차 조선교육령」의 제정 직전인 1911년 6월 27일에 「조선총독부 유학생 규정」과 「조선총독부 유학생 감독에 관한 규정」을 제정해서 조선인의 일본 유학을 더욱 까다롭게 규정했다. 우사미 내무부장관은 〈조선 유학생 감독에 관한 건〉

을 각 도장관에게 통첩해서 "특히 유학하지 않으면 이수할 수 없는 학술·기예를 제외하고 조선 내지에서 수업하는 것이 편의하다고 인정한다"고 지시하기도 했다.[29] 이를 보면 총독부가 조선에 전문학교를 설립한 것, 또한 그 이전에 데라우치가 「제1차 조선교육령」에 '전문학교'를 규정한 것은 조선인의 일본유학 억제정책과 그 취지를 같이한다는 점을 알 수 있다.

1910년대에 조선총독부가 설립한 관립 전문학교 중 조선인의 일본유학을 흡수하는 데 가장 충실한 역할을 한 것은 경성전수학교(전문학교)였다. 당시 일본 교육계의 일부가 식민지 전문학교 설립론을 주장했을 때 이는 주로 실업계 전문학교를 염두에 둔 것이었다. 또한 실제로 일제가 「제1차 조선교육령」의 제정을 전후한 시기에 이른바 '외지(일본 본토 이외의 일본 영토)'에 설립한 전문학교는 모두 실업계였다. 일제는 1909년에 관동주關東州에 여순공과학당旅順工科学堂, 1911년에 남만주철도주식회사가 설립하는 형식으로 남만의학당南滿醫學堂을 설립했으며, 1919년에 대만에 고등상업학교와 상업·의학·농림전문학교를 각각 설립했다. 바꿔 말하면, 일제가 '외지'에 설립한 전문학교 중 법학 전문학교는 경성전수학교(전문학교)가 유일했다.

이는 재일 조선인 유학생의 최다 전공이 법학이었다는 점과 관계가 있었다. 《학지광》에 따르면, 재일 조선인 유학생(졸업자) 중 정경·법률 전공자의 비율은 1908년 42.3%, 1909년 50.0%, 1910년 64.2%, 1911년에 32.7%로 거의 절반을 차지했다.[30] 그런데 조선총독부는 재일 조선인 유학생의 법학 선호를 우려했다. 이는 일제가

특히 법학 전공의 재일 조선인 유학생이 반일 성향이 강하다고 인식하고 있었기 때문이다. 《매일신보》는 1913년 2월 26일에 재일 조선인 유학생이 "정치, 법률 등의 과에 향하는 사람이 많고 (…) 사람을 대하면 격렬한 정담을 시도해서 자기가 유지고사有志高士로 자처할 뿐 아니라, 동시대의 사람들도 이를 추앙"한다고 비판했다.

이에 따라 병합 직후부터 이미 조선총독부는 경성전수학교(각종학교)에 조선인의 일본 유학을 흡수하는 역할을 일정 부분 담당하게 했다. 즉, 총독부는 경성전수학교(각종학교) 졸업자가 "각종 특전이 있을 뿐 아니라, 종래의 성적에 의하면 막대한 학자를 쓰고 내지에 유학한 사람보다 우량하다더라"거나 "도쿄에 유학해서 많은 비용과 세월을 허비하고 졸업하는 법률학교에서 공부하는 사람보다는 조선에 대한 법률의 지식을 얻기는 매우 적당"하다고 해서 조선인에게 경성전수학교에 입학할 것을 권유했다.

이는 경성전수학교(각종학교)가 전문학교로 승격된 후에도 마찬가지였다. 1918년 2월에 경성전수학교의 아비코 마사루吾孫子勝 교장은 "일본 유학생은 대개 실제에 소원한 듯하오. 이는 내지 학교의 교육이 그다지 책임을 지지 않는 폐가 없지 않아 있지만, 그에 비해 우리 학교에서는 전 책임을 지고 상세하게 실지적으로 가르치는 까닭으로 실제에 소원한 일은 결코 없소"라고 자평하고 "대학자가 됨에는 어떨지 (모르지만-저자) 실제 응용상에는 아무래도 일본 유학생이 본교 졸업생을 당할 수가 없을 것"이라고 해서 마찬가지로 조선인에게 경성전수학교에 입학할 것을 권유했다.

또한 1910년대에 경성전수학교(전문학교)가 그 밖의 관립 전문학교와 달리 일본인의 입학을 허용하지 않은 것도 이와 관계가 있을 것이다. 이는 조선총독부가 조선인의 법학 선호를 고려해서 경성전수학교에 그들을 최대한 수용함으로써 재일 조선인 유학생 수를 줄이기 위한 조치였다.

이렇듯 법학교·의학교의 처리 문제와 재일 조선인 유학생 문제는 일제가 조선에 식민지 전문학교 제도를 도입하는 데 영향을 미쳤다. 바꿔 말하면, 이는 일제가 아무것도 없는 빈 터가 아니라 조선의 고등교육과 그 유산이라는 '내재적 요인' 위에서 식민지 전문학교 제도를 쌓아 올릴 수밖에 없었다는 점을 의미한다. 그런 의미에서 앞으로도 개항기와 일제 강점기 고등교육사 간의 연속과 단절에 대해서는 좀 더 주목할 필요가 있다.

제 2 장

민족별 정원 제도에서
'실력주의'로

―관립 전문학교의 조일공학 정책

일본인 정원제도의 폐지

차별 철폐와 실력주의라는 허상

관립 전문학교의 척식학교화

일본인 정원제도의 폐지

1910년대에 조선총독부는 관립 전문학교(경성전수학교 제외)에 일본인의 입학을 일정한 정원 이하로 제한하는 제도, 말하자면 민족별 정원제도를 실시하도록 했다. 이에 따라 경성의학전문학교와 경성공업전문학교는 정원의 약 1/3, 수원농림전문학교는 정원의 약 1/4 이하로 일본인 정원을 규정했다.[1]

그 이유는 두 가지를 생각해 볼 수 있다. 첫째는 총독부가 전문학교 제도를 도입한 이유 중 하나가 재일 조선인 유학생 문제, 즉 조선인의 일본 유학을 억누르기 위한 것이었다는 점이다. 둘째는 총독부가 관립 전문학교를 완전히 새롭게 설립한 것이 아니라 그중 일부를 대한제국이 설립한 법학교와 의학교의 후신인 경성전수학교(각종학교)와 의학강습소를 개편하는 형태로 설립했다는 점이다. 원래 법학교와 의학교는 조선인을 위해 설립된 학교이며, 경성전수학교(각종학교)와 의학강습소도 조선인만을 선발했다. 총독부는 이런 점을 고려해서 관립 전문학교에 조선인의 입학을 일정 정도 보장해 줄 필요가 있었다.

물론 조선 내 조선인과 일본인의 인구 비율이 1916년에 약 51 대 1(조선인 16,309,179명/일본인 320,938명)이었다는 점을 고려하면 일본인 정원을 전체의 1/3 또는 1/4 이하로 규정한 것이 과연 공정한 것이었는지 의문이 든다.[2] 또한 〈표 2-1〉을 보면 알 수 있듯이 1910년대에 관립 전문학교는 일본인 정원 제한을 지키지 않은 경우도 있었다. 그럼에도 이 시기에 관립 전문학교의 민족별 정원제도는 조선인의 입학을 어느 정도 보장하는 제도적 장치로 기능했다.

그런데 3·1운동 이후 「제2차 조선교육령」의 제정 과정에서 총독부는 관립 전문학교의 조일공학(조선인과 일본인의 공학)의 실시와 민족별 정원제도의 폐지를 본격적으로 논의하기 시작했다. 총독부 학무국은 1919년 말에 작성한 「조선학제 개정안 요령」에서 소학교에서는 조선인과 일본인 간에 "국민성·언어·생활 상태·향학심 등이 같지 않다"는 이유로, 중학교에서는 조일공학을 실시하면 "점차 조선인 자제가 다수를 차지해서 내지인 자제가 입학할 여지가 줄고 또한 다행히 입학한 학생도 다수(조선인—저자)에 제압되어 자연히 조선인화 될 우려"가 있다는 이유로 조일공학을 실시하지 않지만, 대학과 전문학교에서는 조일공학을 제안했다.[3]

이어 총독부는 1921년 2월 28일에 「임시교육조사위원회 규정」을 제정해서 조선총독의 자문에 따라 조선 교육에 관한 중요한 사항을 조사·심의하는 임시교육조사위원회를 설치했다. 이는 1921년 5월 2~5일에 제2회 회의를 열어 마찬가지로 대학과 전문학교의 조일공학을 제안했다.[4]

일본 정부도 마찬가지였다. 1921년 12월에 추밀원은 특별위원회를 설치해서 조선총독부가 제출한 「조선교육령안」을 5회에 걸쳐 심의했다. 특별위원회는 그 답신으로 작성한 《조선교육령과 대만교육령 심사보고》에서 대학과 전문학교의 조일공학을 제안했다.[5]

결국 일제는 1922년 2월 4일에 「제2차 조선교육령」을 제정해서 조선의 전문학교도 일본의 전문학교 관계 법령인 「전문학교령」에 의해 설립·운영되는 것으로 규정하고, 이와 동시에 관립 전문학교의 조일공학 정책을 실시했다. 이에 따라 관립 전문학교는 민족별 정원제도, 즉 일본인 정원 제한을 폐지했다. 이에 대해 시바타 젠자부로柴田善三郎 학무국장은 "현재 실행하고 있는 바를 「조선교육령」에 나타내려고 할 뿐인 것으로 (⋯) 전문학교와 실업학교를 공학으로 한다는 방침으로 현재 실행하고 있는 바"라고 해서 관립 전문학교의 조일공학이 이전 시기의 민족별 정원제도와 별다른 차이가 없는 것으로 선전했다.[6] 그러나 민족별 정원제도는 일본인의 입학을 일정한 정원 이하로 제한하는 것이며, 조일공학은 이런 제한이 없는 것으로 둘은 엄연히 다른 제도였다.

이는 어떤 결과를 낳았을까. 〈표 2-1〉은 1916~1942년 관립 전문학교의 민족별 입학자 수다. 관립 전문학교의 조선인 입학자 수와 비율은 조일공학이 실시된 1922년부터 갑자기 줄어든다. 반대로 이

표 2-11 1916~1942년 관립 전문학교의 민족별 입학자 수

구분	경성법학전문학교			경성의학전문학교			경성고등공업학교			수원고등농림학교			경성고등상업학교			경성광산전문학교			부산고등수산학교			계		
	조	일	계	조	일	계	조	일	계	조	일	계	조	일	계	조	일	계	조	일	계	조	일	계
1916	57	.	57	49	25	74	23	19	42	.	.	.	.	.	.	.	.	.	.	.	.	129	44	173
1917	51	.	51	25	26	51	31	31	62	.	.	.	.	.	.	.	.	.	.	.	.	107	57	164
1918	53	.	53	58	25	83	32	18	50	14	5	19	.	.	.	.	.	.	.	.	.	157	48	205
1919	48	.	48	69	25	94	40	21	61	9	1	10	.	.	.	.	.	.	.	.	.	166	47	213
1920	52	.	52	34	62	96	25	19	44	8	11	19	.	.	.	.	.	.	.	.	.	119	92	211
1921	54	.	54	65	37	102	25	22	47	22	17	39	.	.	.	.	.	.	.	.	.	166	76	242
1922	54	4	58	47	53	100	14	34	48	18	46	64	.	78	78	.	.	.	.	.	.	133	215	348
1923	74	3	77	47	56	103	17	38	55	25	55	80	14	68	82	.	.	.	.	.	.	177	220	397
1924	41	17	58	26	56	82	21	26	47	20	52	72	13	76	89	.	.	.	.	.	.	121	227	348
1925	31	16	47	22	66	88	18	30	48	29	32	61	9	81	90	.	.	.	.	.	.	109	225	334
1926	48	16	64	18	65	83	20	46	66	24	30	54	9	56	65	.	.	.	.	.	.	119	213	332
1927	40	29	69	16	65	81	10	40	50	25	31	56	14	66	80	.	.	.	.	.	.	105	231	336
1928	49	19	68	26	64	90	12	53	65	26	37	63	15	64	79	.	.	.	.	.	.	128	237	365
1929	45	20	65	30	60	90	12	50	62	20	42	62	16	82	98	.	.	.	.	.	.	123	254	377
1930	43	26	69	22	63	85	7	53	60	15	46	61	13	84	97	.	.	.	.	.	.	100	272	372
1931	44	15	59	15	66	81	12	53	65	8	17	25	17	73	90	.	.	.	.	.	.	96	224	320
1932	44	19	63	12	68	80	13	47	60	15	49	64	17	71	88	.	.	.	.	.	.	108	247	355
1933	48	13	61	21	59	80	11	49	60	15	42	57	19	75	94	.	.	.	.	.	.	105	247	352
1934	47	17	64	21	59	80	17	46	63	15	51	66	19	75	94	.	.	.	.	.	.	119	248	367
1935	52	16	68	21	58	79	17	53	70	19	46	65	21	78	99	.	.	.	.	.	.	130	252	382
1936	51	16	67	21	59	81	28	43	71	25	43	68	21	77	98	.	.	.	.	.	.	146	237	383
1937	52	18	70	22	61	84	20	59	79	22	62	84	21	79	100	.	.	.	.	.	.	137	277	414
1938	57	10	67	18	61	79	45	109	154	20	62	82	25	75	100	.	.	.	.	.	.	165	317	482
1939	53	16	69	16	68	84	28	86	114	20	65	85	39	66	105	40	53	93	.	.	.	196	354	550
1940	43	38	81	19	61	80	28	100	128	26	68	94	30	77	107	52	42	94	.	.	.	198	386	584
1941	49	46	95	15	63	78	18	109	127	23	82	105	37	74	111	28	64	92	15	37	52	185	475	660
1942	44	46	90	20	70	90	21	193	214	33	108	141	29	87	116	20	76	96	9	61	70	176	641	817

－ 《조선총독부통계연보》(각 연도판).

때부터 일본인 입학자 수와 비율은 갑자기 늘어난다. 이는 관립 전문학교가 조일공학의 실시를 계기로 일본인을 다수 선발했기 때문이다. 경성법학전문학교를 제외한 관립 전문학교는 전체 입학자 중 약 1/3이나 1/4 또는 그 이하로만 조선인을 선발했다. 즉, 조선인과 일본인 입학자 수의 역전 현상이 일어났다. 당시 한 조선인은 "현존하는 몇 개의 전문학교가 일본인 전용이 될 날도 몇 해 못 갈 듯 싶다"고 우려하기도 했다.[7]

이에 따라 관립 전문학교의 조선인 입학자 수는 1921년에 166명에서 1942년에 176명으로 약 1.1배 늘어나는 데 그쳤지만, 일본인 입학자 수는 1921년에 76명에서 1942년에 641명으로 약 8.4배 늘어났다. 즉, 관립 전문학교의 조일공학 정책은 관립 전문학교를 통한 조선인의 고등교육 기회를 제자리걸음하게 한 반면 일본인의 고등교육 기회는 크게 늘렸다.

그 결과 조선인은 조선 내에서는 주로 사립 전문학교나 전문 정도 사립 각종학교를 통해 고등교육 기회를 얻을 수밖에 없었다. 또한 이 시기에도 총독부는 조선인의 일본 유학을 억눌렀지만, 조선인이 일본 유학을 통해 고등교육 기회를 얻으려는 경향은 더욱 강해졌다. 이에 따라 재일 조선인 유학생 중 고등교육기관 재학생 수는 1920년 453명에서 1926년 1,713명, 1930년 1,978명, 1935년 3,162명, 1940년 5,929명, 1941년 7,573명으로 크게 늘어났다.[8]

차별 철폐와 실력주의라는 허상

병합 후 일제는 '일시동인一視同仁'이라는 말을 즐겨 사용했다. 이는 중국 당나라 문장가 한유韓愈가 쓴 《원인原人》에 나오는 문장으로 "성인은 만물을 하나로 보고 똑같이 사랑한다"는 뜻이다. 그러나 일제는 본래 의미를 왜곡해서 현실에 존재하는 민족차별 정책에 대해 마치 그런 것이 없다는 식으로 식민지 지배를 정당화하기 위해 이를 이용했다.

특히, 3·1운동 이후 일제는 기존의 식민지 통치 방식인 무단통치를 문화정치로 고치고, 내지연장주의內地延長主義라는 기만적인 조치를 취하는 과정에서 다시 일시동인을 이용했다. 1919년 8월 19일에 다이쇼천황大正天皇은 칙서를 공포해서 "짐은 일찍이 조선의 강녕을 바라여 민중을 애무하는 것이 일시동인과 같았다"고 주장했다. 또한 사이토 마코토齋藤實 총독도 부임 직후인 1919년 9월 10일에 발표한 유고諭告에서 "조선 통치의 방침인 일시동인의 대의에 따라 민중의 복리를 증진하고 동양의 평화를 확보하는 데 있어서는 광대한 계획이 일찍이 정한 바"라고 주장했다.[9] 즉, 일제는 3·1운동이 낳은 통치 위기에 직면해서 기존의 민족차별 정책 중 일부만 개정한 것을 과대 선전하고, 여전히 남아 있는 대부분의 민족차별 정책을 눈 가리기 위해 일시동인을 이용했다.

교육정책의 경우에도 마찬가지였다. 1921년 1월 7일에 열린 임시교육조사위원회 제1회 회의에서 사이토 총독은 "조선의 교육은 더욱 문화의 촉진에 힘쓰고, 일시동인의 성지를 실현하는 것을 근본으로 해야 하며, 그 제도와 기관을 정비"해야 한다고 말했다. 또한 「제2차 조선교육령」이 제정된 직후 미즈노 렌타로水野錬太郎 정무총감은 "새로운 교육제도는 일시동인의 성지에 의해 차별 철폐를 기해 내지와 같은 제도에 의한 주의로 하고 있다. 그 결과 옛 법령은 단지 조선인에 대한 학제였으나, 새로운 법령은 조선 내 교육에 인종적 구별을 두지 않고 이 한 법령에 통합하게 된 것"이라고 말했다.[10] 즉, 일제는 「제2차 조선교육령」이 보통학교·고보의 수업연한을 일본의 소학교·중학교와 같게 늘린 것이나 「실업학교령」, 「전문학교령」, 「대학령」을 조선에도 적용한 것 등을 일시동인에 의한 차별 철폐 사례로 선전했다.

총독부는 관립 전문학교의 조일공학 정책을 정당화하는 데도 일시동인을 이용했다. 1926년 12월에 사립 남녀중등학교 교장으로 조직된 친화회親和會는 월례회를 열어 "입학률을 어느 정도까지 적당하게 한정해서 조선인 자제를 가급적 현상보다는 다수 수용해 달라"고 결의하고, 1927년 1월 10일에 이를 총독부에 제출했다. 즉, 친화회는 관립 전문학교가 일본인을 다수 선발하는 상황에서 이전 시기처럼 일정한 정원 이하로 일본인의 입학을 제한하는 민족별 정원제도의 실시를 요구했다.

이에 대해 총독부 학무국 관리는 "일시동인으로 차별이 없이 하는 이상 학교에 일본인과 조선인의 등별을 제한하는 것은 불가"하며, 시정 방침에 "무차별이라는 간판이 있어 모든 것에 차별을 붙이지

제1부. 전문학교로 시작된 한국 대학의 역사

않는 것이 총독부 정책의 근본 방책"이라고 답했다. 이전 시기에 관립 전문학교의 민족별 정원제도는 조선인의 입학을 어느 정도 보장하는 제도적 장치였으며, 차별정책이 아니었다. 그럼에도 총독부는 일시동인이라는 논리로 이를 차별이라고 물리치고, 조일공학 정책을 무차별이라고 정당화했다.

또한 총독부는 관립 전문학교의 조일공학 이후 민족별 입학자 수의 역전 현상이 일어난 것을 정당화하기 위해 실력주의라는 논리를 폈다. 이에 대해 《동아일보》 1936년 2월 1일자에서 한 기자는 다음과 같이 적었다.

> 오래전인 데라우치 총독 시대에는 조선 내의 관립 전문학교 입학률에 대해 조선인 2와 일본 내지인 1의 비율을 엄격하게 지키게 하고 있었다. 그랬던 것이 사이토 총독 시대에 교육령이 개정되는 동시에 종래의 비율제도가 없어지고 실력 표준으로 입학을 허하게 되었다는 것이다. 당시 관립 전문학교 당국자들이 집합했을 때 일부에서는 장래에도 종전 2대 1의 비율제도를 답습하자는 의견이 있었으나 이것은 극히 미약한, 마치 여름날의 모깃소리 정도에 불과했다는 것이다. 그리고 다만 실력주의로만 나가게 된 바 조선인 학생의 실력이 일본 내지인만 못하니까 결국은 할 수 없이 그와 같은 하늘과 땅과 같은 차이가 생기게 되는 것이라 한다.

총독부는 관립 전문학교의 '종래의 비율제도', 즉 민족별 정원제도의 폐지와 이를 계기로 생겨난 민족별 입학자 수의 역전 현상을 "실력주의로만 나가게 된 바 조선인 학생의 실력이 일본 내지인만 못"한 결과라고 주장했다. 일반적으로 실력주의란 인종, 민족, 신분, 계급, 학벌, 연고 등과 관계없이 능력만을 기준으로 개인을 평가하는 태도를 말한다. 따라서 앞의 인용문에서 실력주의란, 관립 전문학교가 입학자 선발 과정에서 '민족'을 배제하고 오직 실력, 즉 학업 능력만을 기준으로 입학자를 선발했다는 점을 의미한다. 즉 총독부는 실력주의라는 논리로 민족별 입학자 수의 역전 현상을 학업 능력을 기준으로 한 공정한 선발의 결과라며 정당화했다.

이에 대해 조선인은 대체로 세 가지 점에서 비판했다.

첫째, 조선인은 일시동인이라는 논리가 기만적이라고 비판했다. 《동아일보》는 1927년 1월 20일에 "만일 총독부 학무국이 '무차별'이라고 내세우는 간판에 기만이 없을 것 같으면, 조선인이나 일본인을 평등하게 취급해야 할 것"이라고 전제하고, 그 논리적 귀결로서 일본에서 소학교의 의무교육을 실시하는 것과 같이 조선에서도 의무교육을 실시할 것을 주장했다. 즉, 《동아일보》는 일제가 일시동인이라는 차별 철폐의 논리를 관립 전문학교의 민족별 정원제도를 폐지하는 데만 적용하고, 보통학교의 의무교육을 실시하는 데는 적용하지 않고 있다고 지적했다.

또한 《동아일보》는 1929년 2월 22일에 "항상 시세時勢와 민도民度가 틀리다 해서 언론·집회 등 모든 제도에 특수한 대우로 임하는 당국이 고등교육에만 한해서 일률적으로 기회균등을 주장"한다고 지적했다. 즉,《동아일보》는 일제가 대부분의 민족차별적 제도에 대해서는 '시세와 민도'라는 논리로 정당화하고 있음에도, 관립 전문학교의 민족별 정원제도에 대해서는 차별 철폐의 논리로 이를 폐지했다고 지적했다.

둘째, 조선인은 총독부가 관립 전문학교의 민족별 정원제도를 폐지했지만 실제로는 여전히, 그러나 이번에는 조선인의 입학을 제한하는 암묵적인 민족별 정원제도를 실시하고 있는 것이 아닌가 의심했다.《동아일보》는 1929년 3월 11일에 관립 전문학교가 일본인을 다수 선발하는 것에 대해 "학력의 차이에 의한 것으로 보기에는 매년의 통계로 보아 너무나 그 민족별 입학률에 일정성이 있음"을 지적하고 차라리 진정한 실력주의, 즉 "자유경쟁에 방임만 할지라도 지원자 수로 항상 다수를 점하는 조선인 학생의 입학률이 현재보다 많을 것"이라고 주장했다.

《동아일보》는 1930년 3월 23일에도 "차별 철폐의 미명하에 같은 과제로 수험하게 하고, 그 내면에서는 계획적 입학 제한이 노골로 실행되는 것은 공공연한 비밀"이라고 주장하고 구체적으로 조선인 입학자의 비율이 "의전이 1/3, 고공·고상이 1/5임은 매년 거의 불변"하다고 지적했다. 또한 1931년 2월 14일에도 관립 전문학교에서 조선인 입학자가 소수인 것에 대해 "각 학교에 두 민족의 비율 내규가 있다는 일반의 의심"이 있다고 지적했다.

나아가 1936년 2월 20일부터 3월 4일까지 열린 경기도 도회에서 신현익 의원은 "관립 전문학교의 입학률 및 조선인 및 일본인 비율"

에 대해 "이것이 몇 년이라는 오랫동안 같은 비율이라는 것은 무언가 그 입학시험 제도에 있어 차별적 제한이 있는 결과가 아닐까?" 하는 의심은 자신뿐만 아니라 "적어도 도민 전체가 인정"하고 있는 것이라고 지적하고, "이런 차별적 제한이 있는지 없는지, 만약 있다면 어떻게 해서라도 이 차별적 제한을 철폐"해야 한다고 주장했다. 이에 대해 기노 후지오 도 학무과장은 "그 문제에 관해서는 작년 이 자리에서 내무부장이 답한 대로 총독부 당국에서도 별도로 그러한 비율을 두고 있을 리는 없다"고 답했다.[11]

셋째, 조선인은 입학시험의 형식을 들어 실력주의라는 논리 자체를 문제 삼기도 했다. 《동아일보》는 1932년 3월 1일에 전문학교 등의 입학시험에서 일본인이 조선인에 비해 "중요한 편의"가 있으며, 그것이 조선인 입학자가 소수인 이유인데, 즉 국어(일어 - 저자) 시험의 경우 고보와 중학교의 국어과 간에 교재의 차이, 그리고 조선인과 일본인 간에 상용어의 차이가 있으며, 한문 시험의 경우 "읽는 방법과 상용어의 다름으로 인해 조선인 학생은 점수를 얻기가 어렵고", 영어 시험의 경우 "그것을 화역(일어를 영어로 번역하는 것-저자)함에 조선어를 상용으로 하는 사람에게는 득점에 불편"하며, 역사·지리 시험과 이화학 시험의 경우 "조선인 학생은 어학의 불편을 통절히 깨닫는 것"이고, 특히 구술시험의 경우 "조선인 학생의 불편은 그 극에 달하는 것"이라고 조목조목 지적했다.

이렇게 《동아일보》는 관립 전문학교가 조선인과 일본인 간의 상용어의 차이, 즉 일본어 능력의 차이를 고려하지 않고, 일률적으로

| 그림 2-1 | 경성고등상업학교

같은 입학시험을 부과하는 상황에서는 실력주의를 말할 수 없다고
꼬집었다.

실제로 관립 전문학교의 입학시험에서 높은 점수를 얻는 데는 일
본어 능력이 중요했다. 예를 들면, 1924년에 경성고등상업학교는 입
학시험 중 국어 시험에서 3개의 지문을 제시했다. 여기서 1번 문제
의 지문인 시마자키 도순의 〈치쿠마강의 스케치〉는 1911년에 작성
된 것으로 현대문이지만, 2번 문제의 지문인 가모노 초메이의 〈방장
기〉와 3번 문제의 지문인 겐코법사의 〈도연초〉는 각각 1212년과
1330~1331년경에 작성된 작품으로, 가마쿠라시대에 해당하는 시기
의 고문古文이다. 이런 고문을 해석하는 것은 일본인 학생도 무척 어
렵다고 느낄 정도였다. 이런 식으로 입학시험 문제가 출제되는 한
조선인은 일본인에 비해 불리할 수밖에 없었다.

나아가 조선인은 관립 전문학교가 일본인을 다수 선발하기 위해
일부러 국어 시험을 어렵게 내는 것은 아닌가 하고 의심했다. 1923년

| 그림 2-21 | 경성고등공업학교

에 경성고등공업학교에 입학한 안동혁은 "입학생의 한일인 비율 3:1
의 불문율을, 그리고 이를 꾸미기 위하여 여러 가지 트릭(그 대표적
인 것은 꽤 까다로운 일본어 시험이다)을 시도해 온 것도 명백"하다고
회고했다.[12] 《동아일보》는 1930년 3월 20일 "조선인·일본인 공학제
의 중등·전문학교의 입학 선발 시험 문제에 영어, 수학은 쉽고, 국
어, 한문이 극히 어렵다는 비평은 비평자의 편견인가?"라고 질문하
고, "만일 조선인을 고려하는 성의가 있다고 하면 그와 반대라야 할
것"이라고 주장했다.

이에 따라 오히려 일부 조선인은 형식적인 실력주의를 넘어 관립
전문학교가 입학자 선발 과정에서 조선인을 적극적으로 우대할 것
을 요구하기도 했다. 《동아일보》는 앞의 사설에서 "공학제 학교의
입학시험에서 일본인 학생에게는 어학에 대한 일종의 핸디캡을 부
여함이 당연할 것"이라고 제안했다. 《조선일보》도 1937년 7월 6일

에 조선인과 일본인이 "설사 성적이 같다 할지라도 조선인 학생은 국어(일어)를 배우는 노력이 있으니 그만큼 핸디캡을 주어 온점을 줄 것이 아닌가"라고 주장했다. 또한 앞서 말한 경기도 도회에서 신현익 의원은 "전문학교 입학시험에 차별을 붙여주기를 바란다는 희망"하에 "입학시험의 답안에서 예를 들면 조선인 측의 국어의 불충분 때문에 입학이 비상히 어렵다"는 점을 고려해서 "조선인의 80점은 내지인의 100점과 같게 봐 주거나 뭔가 해서 또는 정도를 동정해서 특별한 제도를 마련해 주도록" 할 것을 제안했다.[13]

관립 전문학교의 척식학교화

그렇다면 1920년대 초반에 조선총독부가 관립 전문학교의 민족별 정원제도를 폐지하고, 조일공학 정책을 실시한 이유는 무엇일까. 이에 대해서는 재조 일본인(조선 거주 일본인)의 고등교육 기회와 식민지 개척을 위한 척식인력의 현지 양성이라는 측면을 생각해 볼 필요가 있다.

먼저 재조 일본인 사회는 이미 1910년대부터 그 자녀의 고등교육 기회를 요구했다. 이는 재조 일본인 수의 증가와 관련이 있다. 일본인 수는 1910년에 171,543명에서 1920년에 347,850명, 1922년에 386,493명으로 크게 늘어났다. 이와 함께 일본인 이주자의 가족 형태에도 변화가 생겨났다. 병합 전에는 주로 장년 남성이 홀로 이주하는 경우가 많았지만, 병합 이후에는 이주 후 가족을 데려오거나 처음부터 가족과 함께 이주하는 경우가 늘어났다.[14]

이에 따라 재조 일본인 사회는 그 자녀의 교육을 위해 학교 설립을 요구했다. 그 결과, 중학교 수는 1909년 1교, 1913년 2교, 1916년 3교, 1918년 5교, 1921년 7교로 늘어났으며, 그 졸업자(일본인) 수도 1915년 84명, 1920년 183명, 1922년 271명으로 늘어났다.[15] 그러자 이번에는 중학교 졸업자의 상급 학교 진학 문제가 불거졌다. 물론 1910년대에도 관립 전문학교는 일본인의 입학을 허용하고 있었지만, 그것은 일본인 정원 내의 제한적인 것에 불과했다. 이런 상황에서 재조 일본인이 일본 내 고등교육기관에 입학하는 것은 경제적 부담이 적지 않았다. 예를 들면, 1919년 5월 23일에 조선상업회의소연합회는 하세가와 요시미치長谷川好道 총독에게 제출한 〈고등상업학교의 설립에 관한 청원서〉에서 "재조 일본인의 자녀들이 중학을 마치고 상급 학교에 진학하고자 하면 일본의 학교에 들어가지 않을 수 없으리라. 이와 같음은 자못 불편을 느끼는 바"라고 지적했다.

다음으로 1910년대에 조선 내에서는 고등교육을 수료한 척식인력이 부족했다. 이에 따라 총독부는 주로 일본으로부터 척식인력을 공급받으려 했지만, 이는 여러 사정으로 원활하게 이루어지지 않았다. 이를 법조, 의사, 고급 기술자(이공계 전문학교 졸업 이상의 학력을 가진 사람)[16]를 중심으로 살펴보자.

법조의 경우, 병합 전후에 일제가 조선의 사법제도를 개편함에 따라 사법관 수요가 늘어났다. 이에 총독부는 1910년 9월 30일에 「조선총독부재판소 직원정원령」을 제정해서 통감부재판소 직원을 조선총독부재판소 직원으로 유임하게 했다. 그런데 1910년에 유임된 사법관 317명 중 157명(49.5%)은 1910년대에 퇴직했지만, 이 시기에 새로 임용된 사법관은 133명에 그쳤다.[17] 그 결과 사법관 수는 정원에 비해 항상 부족했다. 이에 총독부는 일본으로부터 일정 정도 사법관을 공급받으려 했지만, 이 역시 원활하게 이루어지지 않았다. 그 이유 중 하나는 조선이 일본 내 사법관들에게 "개인적 영달을 위해 좋은 장소가 아니었"기 때문이다.[18]

의사의 경우도 이미 통감부기에 일제가 대한제국의 의료제도를 정비함에 따라 수요가 늘어났다. 일제는 1907년 3월 10일에 「대한의원 관제」를 제정하게 해서 중앙병원인 대한의원大韓醫院을 설립하게 했으며, 1910년 9월 30일에는 「조선총독부의원 관제」를 제정해서 이를 조선총독부의원으로 개편했다. 또한 1909년 8월 21일에 「자혜의원 관제」를 제정하게 해서 지방 병원인 자혜의원慈惠醫院을 설립했다. 이후 자혜의원 수는 1909년 3곳에서 1921년 23곳으로 늘어났다.[19] 또한 총독부는 1913년 11월 15일에 「공의규칙公醫規則」을 제정해서 자혜의원이 미칠 수 없는 의료 소외 지역에 의료 혜택을 제공하기 위해 공의제도를 실시했다.

그런데도 여전히 의사는 부족했다. 의사 수는 1912년에 조선인 72명, 일본인 353명, 외국인 32명, 총 457명에서 1920년에 조선인 402명, 일본인 604명, 외국인 29명, 총 1,035명으로 늘어나는 데 그쳤다.[20] 그 결과, 1920년에 조선의 인구 천 명당 의사 수는 0.060명에 불과했다. 이는 같은 해 일본의 인구 천 명당 의사 수 0.813명의 1/13에도 미치지 못하는 수치였다.[21] 이는 조선에 심각한 의료 공백을 낳았다. 또한 이는 일본인이 조선으로 이주를 결정할 때 해당 지역에 경비기관, 소학교와 함께 근대식 의료기관이 있는지를 "최소한도의 필요적 시설"로 여겼다는 점에서도 문제가 됐다.[22]

1910년대에 총독부는 일본으로부터 어느 정도 의사를 공급받으려 했지만, 일본 내 의사들은 주로 경영상의 이유로 조선에 이주하는 것을 꺼려 했다.[23] 실제로 1910년대에 경성의학전문학교 교수로 재직했던 사토 고조는 당시 총독부가 경성의학전문학교를 설립하고, 이에 일본인의 입학을 허용한 이유 중 하나가 "그때 일본의 의학전문학교를 나온 의원급으로 적임자를 얻기 힘들었기 때문에 현지에서 일본인을 길러 내서 의사가 된다면 이를 의원급으로 보충"하기 위한 것이었다고 회고했다.[24]

이런 상황에서 총독부는 의사시험을 통해 일정 정도 의사를 확보하려 했지만, 이 역시 합격자 수가 충분하지 않았다. 이에 대해 1918년 5월에 조선총독부의원의 하가 에이지로 원장은 "시험 보는 사람의 수효에 비해 어느 때든지 합격하는 사람이 매우 적은 것은 우리가 항상 유감으로 여기는 바"라고 말했다.

고급 기술자의 경우, 「조선회사령」이 1920년 4월 1일에 폐지된 후 일본의 대자본이 조선에 진출해서 회사와 공장 등을 설립함에 따라 그 수요가 늘어나기 시작했다. 종업원 200명 이상의 공장 수는 1915년 18개에서 1930년 51개, 일본의 대자본에 의해 설립된 공장 수는 1919년 9개에서 1929년 27개로 늘어났다. 여기서 특히 일본의 대자본 회사는 일본인 고급 기술자를 다수 고용했다.[25]

이에 따라 재조 일본인 실업가들은 고급 기술자의 확보를 시급한 문제로 인식했다. 1921년 6월 6일에 조선상업회의소연합회가 설치한 조선산업조사위원회는 9월 15~20일간 회의를 열어 산업기술원 수를 증가시킬 것 등을 제안했다. 여기서 산업기술원이란 전문학교 또는 갑종실업학교(5년제 실업학교) 졸업자를 말한다.[26] 또한 조선 내에서 상대적으로 공업과 상업이 발달한 경성, 평양, 부산 등 대도시의 상업회의소는 고등공업학교나 고등상업학교의 설립운동을 일으키기도 했다.[27]

특히, 일본인 실업가들은 실업계 전문학교에 '내지 일본인(일본 본토 거주 일본인)'을 적극적으로 유치할 것을 요구했다. 1919년 5월에 조선상업회의소연합회는 하세가와 총독에게 고등상업학교의 설립을 청원해서 내지 일본인을 유치해서 조선 개발에 유용한 인재를 길러 낼 것을 주장했다. 또한 1920년대 초에 경성고등상업학교의 일본 내 입학시험장 철폐 문제가 일어났을 때, 이를 반대하는 측(주로 일본인)은 조선 내 일본인의 경제적 기초를 확실하게 하기 위해 경성고등상업학교뿐만 아니라 경성고등공업학교와 수원고등농림학교에서도 가능한 한 내지 일본인을 유치해야 한다고 주장했다.

이렇게 1910년대에는 조선 내에 법조, 의사, 고급 기술자 등의 척식인력이 부족했으며, 이를 일본으로부터 공급받는 것도 원활하게 이루어지지 않았다. 이에 따라 앞서 사토 교수가 회고했듯이 총독부

| 그림 2-3 | 수원고등농림학교

　는 관립 전문학교를 통해 식민지 현지에서 척식인력을 길러 내려 했다. 또한 재조 일본인 실업가들도 관립 전문학교에 내지 일본인을 적극적으로 유치할 것을 요구했다. 이에 총독부는 척식인력의 부족 현상을 타개하기 위해 관립 전문학교에서 일본인의 입학을 제한하고 있던 민족별 정원제도를 폐지하고, 조일공학 정책을 실시했다.

　총독부는 관립 전문학교에 내지 일본인을 유치하기 위해 많은 노력을 기울였다. 먼저 관립 전문학교에서 일본인을 선발할 때 조선총독부중학교 졸업자와 조선에 주소지를 갖고 있는 사람을 우선했던 것을 폐지하도록 했다. 또한 1928~1936년에 《일본국 관보》에는 조선 내 관립 전문학교의 모집 인원, 시험 과목, 시험 기일, 입학원서 접수 기한, 시험 장소, 수험 자격, 무시험 검정 여부, 선발 방법, 출

　　　　　　　제1부. 전문학교로 시작된 한국 대학의 역사

원 수속 등을 자세하게 써 놓은 입학 안내 광고를 실었다. 이는 총독부가 관립 전문학교에 내지 일본인을 유치하기 위해 그들에게 적극적으로 입학 정보를 제공했다는 사실을 의미한다.

그렇다면 이후 관립 전문학교는 내지 일본인을 얼마나 유치했을까. 《동아일보》는 1932년 3월 12일에 같은 해 경성고등공업학교의 일본인 입학 지원자 223명 중 "약 100명은 일본에서 건너오는 지원자이며, 그중에서도 더욱 심한 것은 경성의학전문학교"라고 보도했다. 또한 1934년 3월 27일에 경성법학전문학교의 입학시험 합격자와 그 출신 학교를 기재했는데, 이를 보면 일본인 합격자 20명 중 조선 내 중학교 출신 5명, 일본 내 학교 출신 15명이었다. 또한 일부 조선인은 "전문학교 교장들 사이에 일정한 불문율의 내규가 있어 일본에서 중등학교를 졸업하고 건너오는 학생에게 우선권을 주어 모집 인원 총수의 5할은 그들을 위해 제공하고, 그 나머지 5할을 가지고 조선 출신의 일본인 학생과 조선인 학생을 수용"한다고 의혹을 제기했다. 이렇게 관립 전문학교 입학 지원자와 입학자 중 내지 일본인의 비율은 결코 적지 않았다.

그렇다면 실제로 관립 전문학교의 일본인 입학자들은 졸업 후 척식인력으로 활약했을까? 〈표 2-2〉는 《조선총독부 관보》의 '관·공·사립학교 생도 졸업자 현황'을 토대로 한 1927년 관공립 전문학교 민족별 졸업자(본과)의 1928년도 말 취직 현황이다. 관립 전문학교의 일본인 졸업자는 졸업 직후 관공서에 취직하는 비율이 매우 높았다. 그 비율은 경성법학전문학교 64.3%, 경성의학전문학교 86.7%,

졸업 연도	경성법학 전문학교		경성의학 전문학교		경성고등 공업학교		수원고등 농림학교		경성고등 상업학교	
	조선인	일본인	조선인	일본인	조선인	일본인	조선인	일본인	조선인	일본인
관공서 취직자	13 (72.2)	9 (64.3)	8 (100.0)	39 (86.7)	8 (53.3)	11 (40.7)	12 (54.5)	13 (46.4)	1 (12.5)	12 (21.1)
학교 교원	· (0.0)	· (0.0)	· (0.0)	· (0.0)	2 (13.3)	1 (3.7)	5 (22.7)	2 (7.1)	1 (12.5)	3 (5.3)
은행· 회사·상점 취직자	5 (27.8)	1 (7.1)	· (0.0)	· (0.0)	3 (20.0)	11 (40.7)	2 (9.1)	4 (14.3)	4 (50.0)	31 (54.4)
가업 종사자	· (0.0)	· (0.0)	· (0.0)	· (0.0)	· (0.0)	4 (14.8)	1 (4.5)	3 (10.7)	1 (12.5)	1 (1.8)
학교 입학	· (0.0)	· (0.0)	· (0.0)	· (0.0)	1 (6.7)	· (0.0)	· (0.0)	· (0.0)	1 (12.5)	2 (3.5)
사망	· (0.0)	1 (7.1)	· (0.0)	· (0.0)	1 (6.7)	· (0.0)	1 (4.5)	· (0.0)	· (0.0)	· (0.0)
기타	· (0.0)	3 (21.4)	· (0.0)	6 (13.3)	· (0.0)	· (0.0)	1 (4.5)	6 (21.4)	· (0.0)	8 (14.0)
계	18	14	8	45	15	27	22	28	8	57

l 표 2-2 l 1927년 관·공립 전문학교 민족별 졸업자(본과) 1928년도 말 취직 현황 (괄호는 %)

- 《조선총독부 관보》. 1930. 1. 9.

경성고등공업학교 40.7%, 수원고등농림학교 46.4%, 경성고등상업학교 21.1%였다. 또한 경성고등공업학교와 경성고등상업학교의 일본인 졸업자는 상대적으로 관공서 취직 비율은 낮았지만, 은행·회사·상점에 취직하는 비율이 각각 40.7%, 54.4%로 매우 높았다. 관공서와 은행·회사·상점은 척식인력이 활약하는 대표적인 직종이다. 이렇게 실제로도 관립 전문학교의 일본인 졸업자는 그 대부분이 척식인력으로 활약했다는 점을 알 수 있다.

제1부. 전문학교로 시작된 한국 대학의 역사

제 **3** 장

사립학교의 비중이
높아진 이유

– 말뿐인 관립 전문학교 증설 계획

중등학교 졸업자와 척식인력 수요의 증가

끝내 설립되지 않은 음악·미술학교와 체육전문학교

교원양성소에 그친 고등사범학교 설립 계획

전시체제기에야 설립된 부산고등수산학교

수의축산과로 축소된 수의전문학교

사립 여자전문학교로 대체된 관립 여자전문학교

조선인의 고등교육 기회와 사립 전문학교

중등학교 졸업자와 척식인력 수요의 증가

1920년대부터 1930년대 후반까지 조선총독부는 관립 전문학교 증설에 소극적이었다. 이것이 총독부가 관립 전문학교 증설을 전혀 계획하지 않았다는 것을 의미하지는 않는다. 오히려 총독부는 몇몇 관립 전문학교 증설을 계획했다. 다만 이후 그중 대부분은 미뤄지거나 취소됐다. 그래서 결과적으로 관립 전문학교의 증설은 이루어지지 못했다. 그렇다면 이 시기에 총독부가 몇몇 관립 전문학교 증설을 계획한 이유는 무엇일까?

첫째는 중등학교 졸업자 수의 증가와 그에 따른 조선인·재조 일본인의 관립 전문학교 증설 요구다. 고등보통학교와 중학교 졸업자 수는 1915년 217명에서 1925년 1,518명, 1935년 3,261명, 1942년 5,388명으로 계속해서 늘어났다.[1] 특히, 1920년대 초·중반과 1930년대 중·후반에 고보와 중학교 졸업자 수가 크게 늘어났다. 이는 조선인과 재조 일본인의 관립 전문학교 증설 요구로 이어졌다.

조선인의 경우, 1920년 5월 2일에 부산 유지 100여 명으로 조직된 조선교육개선기성회는 임시교육조사위원회 제2회 회의에 제출한 건의서에서 고등사범학교와 법률·정치·경제·문학·의학·농업·공업·상업 등에 관한 고등 학술과 기예를 교수하는 전문학교 또는 대학의 설립을 요구했다.

또한 박사직, 김병규, 김종범, 장덕수 외 70여 명으로 조직된 조선교육개선회도 임시교육조사위원회 제2회 회의에 제출한 건의안에서 "중등학교 수료자가 점점 늘어남에 따라 고등교육을 받을 사람이 증가하고, 또한 증가하는 지원자를 그 취미와 지망에 따라 전문을 자유 선택하게 하려면 각종 전문학교를 다수 설치할 필요가 긴급하기 때문에 농업·공업·상업·의학·수산·잠사 등의 전문학교를 설립할 것"을 요구했다.

특히 김종범은 《동아일보》 1921년 7월 3일자에 투고한 글에서 "현재 조선의 실업교육기관으로는 중앙에 한둘의 전문학교와 각 도에 20여의 농업·상업 등의 학교가 있어 수용되는 생도 수는 겨우 2천 명 내외에 불과"하다고 지적하고, "앞으로 이와 같은 교육기관을 완비해서 사업 경영에 필요한 기술자를 길러 내기를 간절히 바란다"고 썼다. 이는 총독부가 관립 전문학교의 증설을 계획하는 하나의 압력 요인으로 작용했다.

둘째는 척식인력의 수요 증가다. 일제는 식민지 조선의 지배 방식으로 '동화주의'와 '직접 통치'를 내세워 실시한 만큼 많은 척식인력이 필요했다. 한 예로 1920년에 조선총독부와 그 소속 관서의 직원 수(괄호 안의 수는 일본인 직원 수)는 칙임관 87명(43명), 주임관 1,053명(741명), 판임관 27,113명(16,475명)으로 총 28,253명(17,259명)이었다.[2] 이는 영국이 약 2천 명의 영국인 관리로 인도를 지배한 것과 비교하면 훨씬 큰 규모였다.[3]

그런데 1910년대에 총독부는 관립 전문학교 4교를 설립하고, 이를 통해 적은 수의 척식인력을 배출했을 뿐이다. 그래서 이 시기에 총독부는 척식인력만을 주로 일본으로부터 공급받으려 했다. 그러나 이는 여러 사정으로 원활하게 이루어지지 못했다. 기본적으로 당시 일본인 관리들이 조선에 부임하기를 꺼렸기 때문이다. 1919년에 부임한 미즈노 렌타로 정무총감은 제1차 예산을 편성하는 과정에서 일본의 대장대신이 식민지 조선의 예산 부족을 해결하기 위해 일본인 관리의 가봉제도를 폐지하도록 권유하자 "경성, 부산, 대구 등은 일본의 지방과 그다지 차이가 없다는 사람도 있지만 한 걸음 오지로 들어가 보면 실로 비참한 상태로 의료기관이 없고, 가족의 위안도 없으며, 또한 불안도 있다. 특히, 국경 부근에서 근무하고 있는 관리는 밤낮으로 위험에 처해 있다"고 지적하고 "가봉을 폐지하면 앞으로 조선에 오는 사람은 거의 없을 것"이라며 반대했다.[4]

이런 상황에서 1920년대 초·중반에 조선의 각 부문이 개발됨에 따라 척식인력의 수요는 크게 늘어났으며, 특히 전시체제기(1937~1945)인 1930년대 후반 이후에는 그 수요가 더욱 크게 늘어났다. 이에 비해 일본으로부터의 척식인력 공급은 여전히 원활하지 못했다. 이에

제1부. 전문학교로 시작된 한국 대학의 역사

따라 조선 내 각 산업의 조합, 단체, 상업회의소, 상공회의소 등은 총독부에 관립 전문학교의 설립을 요구했다. 이에 따라 총독부는 관립 전문학교를 증설하여 척식인력의 일부를 식민지 현지에서 길러 내고자 했다.

끝내 설립되지 않은 음악·미술학교와 체육전문학교

1920년대 초반에 조선총독부는 음악학교와 미술학교의 설립을 계획했다. 그런데 본래 이 계획은 미즈노 정무총감이 교육적 목적보다는 식민지 지배라는 정치적 목적하에서 구상한 것이다.

조선인은 어쨌거나 정치를 좋아하고, 이론을 좋아한다. (…) 내가 일찍이 고등보통학교에 참관했을 때 4학년생에 대해 군들의 장래 희망은 무엇인가 질문했더니 모든 학급의 거의 대부분이 법과 또는 정치과에 들어가 법률·정치·경제 등의 학과를 배우고 싶다고 말하는 것이다. (…) 그런데 어느 때 나는 청년 조선 화가의 주최에 관련되는 서화 전람회에 간 적이 있다. 보면 상당히 글씨도 솜씨가 좋고, 그림도 상당히 훌륭한 것을 봤다. 여기서 이 방면의 장려에 약간 뜻을 둔다면 미술가로서 훌륭한 사람도 나올 것이고, 또한 조선인의 무취미한 정치론 등을 그런 방면으로 향하게 할 수 있을 것이라고 생각했다. 여기서 나는 조선에 의과, 법과 전문학교 외에 미술학교와 음악학교를 설립해서 그쪽으로 인심을

향하게 해서 소위 취미교육과 정조교육情操敎育을 실시하려고 기획한 것
이다.[5]

미즈노 총감은 조선인의 법학 선호를 음악과 미술 쪽으로 돌리기
위해 음악학교와 미술학교의 설립을 계획했다. 이때 실질적으로 두
학교의 설립 계획안을 작성한 사람은 마쓰무라 마쓰모리 학무과장
이다.[6] 1921년 7월 8일에 그는 관립 도쿄미술학교 교장에게 문서를
보내 총독부가 음악학교와 미술학교를 신설하려고 하니 관립 도쿄
미술학교의 학과별 생도 정원, 각 학과별 매주 교수 시수, 교관 배치
표, 경비와 예산 등을 조사해서 답신해 줄 것을 부탁했다.[7]

《매일신보》 1921년 8월 7일자에 실린 음악학교의 설립 계획안을
보면 학교의 위치는 경성, 개설 과정은 예과 1년, 본과 3년, 연습과
1년, 교육과정은 피아노와 오르간 등의 양악을 비롯해서 조선의 고
악 등의 연구를 포함하며, 조일공학을 실시할 예정이었다.

1921년에 총독부는 음악학교와 미술학교의 설립 예산을 1922년
도 예산에 올리려고 했다. 그런데 8월에 이듬해 예산이 이미 과중하
다는 이유로 반려됐다. 이에 따라 1922년 봄에 총독부는 두 학교의
설립 예산을 다시 올렸지만, 이번에는 제국의회에서 부결됐다. 이렇
게 반복해서 설립 예산이 문제가 되자, 1922년 겨울 총독부는 독립
된 음악학교와 미술학교를 설립하는 대신 기존의 건물에 음악과 미
술 전공의 학교를 설립하는 방식으로 계획안을 고쳐 다시 설립 예산
을 제출하려 했지만 이 역시 실현되지 못했다.

조선인은 반발했다. 1921년 8월에 서화협회 회장 김돈희는 "찬란하던 조선 고대의 미술이 위축·쇠퇴한 현재 상태가 된 것은 여러 원인이 허다하나고 하지만 결국은 예술적 교육기관의 불비와 미술적 천재를 키울 기회가 없음에 귀착"한다고 성토했다. 또한 경성악대京城樂隊 악대장 백우용白禹鏞은 "나는 음악에 종사하는 관계상 일찍부터 당국에 음악학교의 설치를 직간접적으로 종용했고, 학교를 설립하지 못한다면 강습소라도 설립할 것을 희망"한다고 말했다.

이후 1930년대 후반에 총독부는 다시 음악학교와 미술학교 그리고 체육전문학교의 설립을 계획했다. 같은 시기에 총독부가 '정조교육情操敎育'또는 '정서교육情緒敎育'을 내세운 정책의 연장선상에서 나온 계획이었다.

이 정책의 일환으로 총독부는 1938년 3월 15일에 「중학교 규정」을 개정해서 음악을 선택과목에서 필수과목으로 바꾸고, 매주 교수 시수를 기존의 1학년 1시간(총 1시간)에서 매 학년 1시간(총 5시간)으로 늘렸으며, 또한 체조의 매주 교수 시수를 기존의 매 학년 3시간(총 15시간)에서 매 학년 5시간(총 25시간)으로 늘렸다. 총독부는 같은 날에 「고등여학교 규정」도 개정해서 도화의 매주 교수 시수를 기존의 1~3학년 1시간(총 3시간)에서 매 학년 1시간(총 4시간)으로 늘리고, 음악의 매주 교수 시수를 기존의 1~2학년 2시간, 3학년 1시간(총 5시간)에서 1~2학년 2시간, 3~4학년 1시간(총 6시간)으로 늘렸다.

이에 따라 총독부는 음악·미술·체육을 더욱 장려하고, 매주 교수 시수의 증가에 따른 해당 교원의 수요 증가에 대비하기 위해 음악학교·미술학교·체육전문학교의 설립을 계획했다.

같은 시기에 조선인도 음악학교·미술학교·체육전문학교의 설립을 요구했다. 1935년 7월에 화가 (동양화가이자 서양화가였던) 고희동高義東은 조선의 미술계가 침체한 원인은 미술학교가 설립되어 있지 않기 때문이라고 지적하고 조선 미술계의 최대 급무는 미술학교의 건설이라고 주장했다.

또한 1937년 1월에 《삼천리三千里》 주간 김동환은 "적어도 현재의 이왕직아악대를 확장해서 도쿄의 우에노음악학교, 석조전石造殿의 미술품 진열을 확대해서 도쿄미술학교 정도로 미술학교를 만들어 이 땅의 예술을 키워 주는 모태가 되게 할 수 없을까?"라고 제안했다.[8]

1938년 5월 7일에 동양화가 김은호는 총독부가 매년 조선미술전람회를 개최하는 데도 미술학교를 설립하지 않는 것에 대해 "미술학교가 존재하고, 비로소 이곳에서 면학한 수재들이 자기가 연구한 작품을 출품"하는 것이 순서라고 지적하고 미술학교의 설립을 요구했다. 또한 1938년 1월 3일에 휘문고보 교원 이규현은 국민 체위의 향상을 위해 체육연구소의 설립을 요구했다.

이에 대해 1938년 6월 12일에 김대우 사회교육과장은 현재 음악학교·미술학교·체육전문학교의 설립 계획이 구체화된 것은 아니지만, 계획을 세우고 조사를 진행하는 등 그 실현을 위해 노력하고 있다고 밝혔다. 이어 6월 20일에 오노 로쿠이치로大野綠一郎 정무총감도 총독부 출입기자단과의 회견에서 "머지않아 공예전문연구기관 설치는 구체화할 것"이라고 말했다. 이에 따라 8월에 총독부는 음악학교의 예산을 편성했다. 다카오 진조 학무과장은 "음악학교는 예산만 통과되면 명년에 개교"하려고 한다고 말했다.

그런데 1938년 10월에 총독부는 음악학교와 미술학교의 설립에 많은 경비가 든다는 이유로 우선 음악학교의 설립 예산만을 이듬해 예산에 올리기로 했다. 이는 총 경비 200만 원, 3개년 계획으로 음악학교를 설립하며, 여기에 기악부와 성악부를 설치하고 기악부에는 피아노과와 바이올린과를 둔다는 내용이었다.

이어 1939년 8월에 총독부는 전력 증강과 체위 향상을 지도하고, 또한 이후 설립될 청년양성소의 교원을 길러 내기 위해 체육전문학교의 설립까지 계획했다. 이는 일본정신을 창립의 근본으로 하는 체육전문학교를 설립하고, 교련, 체조, 무도의 3과를 개설한다는 내용이었다.

그러나 결국 1939년에 음악학교와 미술학교의 설립 예산은 재무국에서 반려됐다. 그래서 7월에 총독부는 독립된 음악학교와 미술학교를 설립하는 대신 경성사범학교에 음악과 미술의 강습과를 두는 방안을 고려하기도 했다. 또한 총독부는 체육전문학교의 설립 계획도 미뤘다.

조선인은 다시 반발했다. 《동아일보》는 1939년 4월 5일에 총독부가 그해 예산에 음악학교 설립 예산을 올리지 못한 것과 미술학교의 설립을 구체화하지 못한 것을 지적하고 음악학교·미술학교·체육전문학교의 설립을 요구했다.

또한 《삼천리》의 1941년 4월호에서 숙명고등여학교 교원 김영환, 음악가 이인선, 조선음악가협회 조선악부 부장 함화진, 간도 용정국민고등학교 교원 윤극영, 배재중학교 음악교유 이홍렬李興烈, 연희전문학교 음악교수 현제명玄濟明 등도 음악학교의 설립을 요구했다.[9] 그러나 끝내 음악학교·미술학교·체육전문학교는 설립되지 않았다.

교원양성소에 그친 고등사범학교 설립 계획

고등사범학교란 중등교원의 양성을 목적으로 하는 고등교육기관을 말한다. 일제는 「제2차 조선교육령」에서 초등교원의 양성을 목적으로 하는 '사범학교'를 규정했지만, '고등사범학교'는 규정하지 않았다. 그 결과 조선 내에서는 고등사범학교가 설립되지 않았다. 다만, 조선총독부는 1920년 6월 26일에 「중등교원 위탁생 규칙」을 제정해서 일본의 고등사범학교와 그 밖에 조선총독이 적당하다고 인정하는 학교의 재학생 중 일부를 위탁생으로 선정해서 이들에게 학비와 피복비 등을 제공하는 대신 졸업 후에 학비를 받은 기간만큼 총독이 지정한 학교에 취직해 근로할 의무를 부여해서 중등교원의 수요 중 일부를 충당하려 했다.

이에 대해 조선인은 반발했다. 《동아일보》는 1922년 2월 7일에 일제가 「제2차 조선교육령」에 고등사범학교를 규정하지 않은 것을 지적하고, 총독부에 고등사범학교를 설립해서 중등교원을 길러 낼 것을 요구했으며, 2월 9일에도 조선에 고등사범학교 제도가 없는 것은 유감이라며, 총독부에 해명을 요구했다. 《조선일보》도 1923년 1월 22일에 「제2차 조선교육령」의 제정 이후 조선에 중등교원이 부족해서 일본까지 가서 초빙해 오는 형편이라고 비판하고, 총독부에 고등사범학교를 설립하거나 중등교원양성소를 설치할 것을 요구했다. 실제로 이 시기에는 중등교원의 수요가 대폭 늘어났다.

첫 번째 이유는 중등학교의 증설이다. 즉, 고등보통학교 수는 1920년 14교(관립 5교/사립 9교)에서 1923년 20교(공립 12교/사립 8교), 중학교 수는 1920년 5교(공립 5교)에서 1923년 8교(공립 8교)로 늘어났다.[10] 병합 후 총독부는 주로 일본으로부터 중등교원을 공급받으려 했다. 그런데 1910년대 말에 일본에서는 제1차 세계대전의 영향으로 산업이 발달하자 고등교육기관 졸업자가 주로 산업계로 진출하고, 고등사범학교와 같은 중등교원 양성기관으로의 입학 지원자는 감소했다. 이에 따라 일본 내에서도 중등교원의 공급이 벅찬 상황이었다. 그 결과 일본으로부터의 중등교원 공급은 원활하게 이루어지지 않았다.[11]

두 번째 이유는 사립 중등학교 교원 자격의 엄격화이다. 1910년대에 총독부는 사립학교 교원 자격을 비교적 느슨하게 규정했다. 1911년 10월 20일에 제정된 「사립학교규칙」은 사립학교 교원의 결격사유만을 규정했으며, 1915년 3월 24일에 개정된 「사립학교 규칙」은 교원 자격을 "국어(일어)에 통달하고 해당 학교의 정도에 응하는 학력을 가진 사람"이라고 조금 추상적으로 규정했다. 그런데 총독부는

1922년 3월 28일에 「사립학교 교원의 자격과 원수에 관한 규정」을 제정해서 사립 중등학교의 교원 자격을 공립 고보와 같게 "사범학교, 중학교, 고등여학교 또는 고등학교 고등과의 교원면허장을 가진 사람" 등으로 규정했다. 그 결과, 사립 중등학교는 급히 교원면허장을 가진 사람을 수소문해야 했다.

이에 대해 1923년 5월에 나카라이 기요시 학무과장은 고등사범학교를 설립하는 대신 경성제국대학 예과에 고등사범과를 설치하는 안을 고려하기도 했다. 그러나 이는 임시방편으로 조선인이 요구하는 독립된 고등사범학교의 설립과는 거리가 있었다.

《동아일보》는 1923년 5월 6일에 중등학교의 교원난을 지적하고, 고등사범과 설치안에 대해 "종래의 고식적 미봉책을 일소하고 (…) 완전한 사범교육기관의 설치를 절실히 바라노라"고 주장했다. 1923년 6월 6일에 중앙학교 교장 현상윤玄相允은 중등학교를 경영하는 데 제일 힘든 문제로 교원 부족을 들고, 고등사범학교가 설립되지 않으면 조선의 중등교육은 발전할 수 없다고 말했다.

이에 따라 1924년에 총독부는 고등사범학교의 설립을 고려했다. 또한 1925년 3월에 이진호 학무국장도 "조선에도 빨리 고등사범 설립의 필요가 있다"고 말하기도 했다. 그러나 이 시기에도 고등사범학교의 설립은 미뤄졌다.

이후 1930년대 후반에 총독부는 다시 고등사범학교의 설립을 계획했다. 첫째는 이 시기에 중등학교 증설 계획이 세워짐에 따라 앞으로 중등교원의 수요가 크게 늘어날 것으로 예상됐기 때문이다.

1936년 5월에 총독부는 중등교육 문제 등을 연구하고 입안하기 위한 목적으로 중등교육조사위원회를 설치했다. 그해 7월부터 중등교육조사위원회는 일련의 회의를 연 결과 1937년부터 10개년 계획으로 「중등교육 확충 계획」을 실시하기로 했다.

이어 1937년에 총독부는 「제2차 조선인 초등교육 보급·확충 계획」이 본래 10개년 계획에서 6개년 계획으로 단축됨에 따라 「중등교육 확충 계획」도 6개년 계획으로 단축했다.[12] 이는 1937~1942년 간 중등학교 75교, 700학급을 증설한다는 계획이었다. 여기서 남학교는 420학급, 여학교는 280학급이며, 인문중등학교는 280학급, 실업중등학교는 420학급이었다.

둘째는 중일전쟁으로 기술자 수요가 늘어남에 따라 중등교원 중 기술자로 전직하는 사례가 늘어났기 때문이다. 특히 이는 이과계 중등교원의 부족 현상을 낳았다. 《매일신보》는 1941년 6월 17일 그해에 부족한 중등교원 수가 총 225명인데, 이를 과목별로 보면 수학 36명, 물리·화학 27명, 체조 15명, 영어 11명, 이과 9명, 박물 9명 등의 순이라고 보도했다. 이에 앞서 4월에 총독부는 문부성에 중등교원 261명의 공급을 요청했지만, 실제로 배정받은 중등교원 수는 36명에 그쳤다.

1941년 7월에 총독부는 조선 내에서 중등교원을 자급자족하기 위해 고등사범학교의 설립을 계획하고, 그 설립 예산을 이듬해 예산에 올리기로 했다. 같은 달에 설립 계획을 좀 더 구체화했다. 그 내용은 고등사범학교에 문과·이과·체조과를 두고, 각 과마다 한 학년의 정원을 50명으로 해서 매년 150명의 신입생을 모집하며, 수업연한은 4개년으로 하고, 부속중학교와 부속국민학교도 설치한다는 것이었다. 설립 예산은 임시비로 350~360만 원으로 예상됐다.

또한 같은 달에 총독부는 학무과의 가시와기 고지 사무관을 도쿄고등사범학교와 히로시마고등사범학교 등에 보내 고등사범학교의 설립과 운영에 대해 조사하도록 했다. 이어 8월에는 교육계의 권위자들을 망라한 고등사범학교 설립위원회를 조직해서 고등사범학교의 교수 내용, 정원, 과목 등을 정하기로 했다. 그 결과, 총독부는 같은 달에 고등사범학교에 문과(국한문과, 지리역사과)·이과(수학과, 물리화학과, 박물과)·체조과의 3부 6과제를 운영하고, 각 과마다 한 학년의 정원을 30명으로 매년 180명의 신입생을 모집해서 네 학년 총 720명의 정원을 수용하기로 했다.

그런데 1941년 11월에 총독부는 고등사범학교에 둘 학과를 물리화학과·수학과·지리박물과 즉 모두 이과계 학과로 바꾸고, 수업연한도 3개년으로 줄인 형태로 고등사범학교의 설립 예산 400만 원을 이듬해 예산에 올렸다. 이는 이과계 중등교원의 부족 현상이 심각해서 그 양성이 더욱 시급해졌기 때문이다. 이어 1942년 11월 24일에 구라시마 이타루 학무과장은 오노 정무총감과 함께 고등사범학교의 설립 예산을 포함한 교육 확충안의 예산을 확보하기 위해 일본 정부와 절충을 거듭한 끝에 이듬해 4월에는 고등사범학교를 개교할 예정이라고 밝혔다.

그러나 총독부는 또다시 고등사범학교의 설립을 미뤘다. 총독부는 그 이유를 명확하게 밝히지 않았지만, 고등사범학교의 설립을 계획했을 때 민간의 기부 등을 촉구했다는 점 등을 고려하면 아마도 재정 문제에 의한 연기였을 것이다. 결국 이를 전후한 시기에 총독부는 독립된 고등사범학교를 설립하는 대신 1936년 7월 13일 수원고등농림학교에 농업교원양성소, 1941년 4월 18일 경성고등공업학교에 이과교원양성소, 1942년 4월 1일 수원고등농림학교에 지리박물교원양성소, 1944년 7월 14일 경성제국대학에 이과교원양성소를 부설하는 데 그쳤다.

전시체제기에야 설립된 부산고등수산학교

1920년대 중반에 조선총독부는 고등수산학교의 설립을 계획했다. 수산조합과 수산단체가 계속해서 수산학교의 설립을 요구했기 때문이다. 제국수산연합회는 1920년 2월 10일에 조선 수산업의 개량과 발달을 위해 수산교육의 보급이 필요한 데도 조선에는 수산교육기관이 간이수산학교 2교에 불과하다고 지적하고, 갑종수산학교의 설립을 건의했다.[13]

조선수산조합도 1921년 3월 10일에 총회를 열어 수산업이 지지부진한 원인 중 하나로 수산교육기관이 불충분하다는 점을 지적하고, 마찬가지로 갑종수산학교의 설립에 관한 건의안을 총독부에 제출하기로 했다. 그 밖에 1921년 9월에 열린 조선산업조사위원회에서 조선인 모 위원도 수산업을 지도·장려할 방침 중 하나로 어업에 관한 지식을 가르치기 위해 수산전문학교의 설립을 요구했다.

이후에는 주로 조선수산회가 고등수산학교의 설립을 요구했다. 1925년 6월 23일에 조선수산회는 총회를 열어 「전문학교 정도의 수산학교 설치의 건」을 결의하고, 이를 이케다 히데오 회장의 이름으로 사이토 총독에게 건의했다. 당시 이케다 회장은 총독부 식산국장이기도 했다. 1927년 8월에 조선수산회가 연 전조선어업조합연구회는 「고등수산전문학교를 설치할 것」이라는 의안을 제출했다. 1928년 11월 14일에도 조선수산회는 조선수산대회를 열어 「수산전문학교 설치의 건」을 결의했다.[14]

같은 시기에 총독부 식산국 수산과도 수산전문학교의 설립이 필요하다고 생각했다. 1921년 3월에 고리 시게노리 수산과장은 수산업의 발전이 부진한 원인으로 수산교육에 관한 시설이 결여된 점과 수산기수, 즉 수산 전문인력이 부족하다는 점 등을 들었다.

이에 따라 우선 총독부는 5월 6일에 「조선총독부 수산시험장관제」를 제정해서 부산에 조선총독부 수산시험장을 설립했다. 수산시험장은 수산에 관한 시험·조사 등과 함께 수산에 관한 강습과 강화도 실시하는 기관이었다.

이어 1922년 1월에 고리 수산과장은 이듬해 고등수산학교를 설립할 계획이라고 밝혔다. 그는 간이수산학교와 수산학교의 증설과 함께 고등수산학교의 설립이 필요하다는 점을 인정했다.[15] 같은 해 5월에 열린 도지사회의에서 사이토 총독도 수산기술원의 배치가 필요한 인원의 절반에도 미치지 못하고 있다고 지적하고, 수산교육이 매우 필요하고 절실하다고 강조했다. 이렇게 총독부 식산국 수산과 는 수산 전문인력의 부족을 메꾸기 위해 수산전문학교를 설립하려 했다.

이후 1927년에 총독부 식산국 수산과는 수산업자들의 건의를 수 용해서 학무국과 수산전문학교의 설립 문제를 교섭하기 시작했다. 그런데 이때 학무국은 중등학교 정도의 수산보습학교 또는 공립 수 산학교의 증설이 우선이라는 이유로 수산전문학교의 설립을 반대했 다. 이에 따라 수산과는 수산전문학교 대신 일단 식산국 직할로 부 산에 수산강습소를 설립하는 것으로 계획을 바꾸었다. 그러나 이것 역시 예산 문제와 실업보습학교의 증설을 우선시하는 학무국의 방 침 등의 이유로 실현되지 못했다.

이에 대해 《조선일보》 1930년 5월 21일자에서 정문기는 조선의 수산업에 비해 수산학교가 모두 중등학교 정도인 것은 유감이며, 앞 으로 부산에 수산전문학교를 설립할 필요가 있다고 지적했다. 또한 1933년 8월 1일에 조선수산회는 조선수산대회를 열어 「수산전문학 교를 설치할 것」을 결의했다. 1934년에도 조선수산회 산하의 경상 남도수산회는 제12회 통상총대회를 열어 수산 전문인력의 자급자족 등을 위해 수산전문학교의 설립을 조선총독과 경상남도지사에게 요 구했다.[16]

나아가 조선수산회의 기관지인 《조선의 수산朝鮮之水産》 1936년 8월 10일자에서 황문달은 고등수산학교의 설립 계획을 구체적으로 제시했다. 그는 고등수산학교의 위치를 부산 또는 그 밖의 주요 어항으로 하고, 입학 자격을 중등학교 졸업자, 수업연한을 3년으로 어로과·제조과·양식과와 전공과를 둘 것을 제안했다.[17]

1933년에 총독부 수산과는 다시 학무국에 수산전문학교의 설립을 요구했다. 이때는 하야시 시게키 학무국장도 찬성해서 이듬해에 남북 연해의 주요지에 전문 정도 수산학교의 설립을 계획했다. 이후 총독부는 거의 매년 수산전문학교 설립 계획을 세웠다. 1934년에 학무국은 어촌갱생운동을 적극적으로 실시하기 위해 수산전문학교를 설립하기로 하고, 설치 장소로 경성과 부산을 꼽았다. 1935년에도 학무국은 수산전문학교의 설립 예산을 이듬해 예산에 올렸다.

1936년에 총독부 수산과는 조선산업경제조사회의 답신에 따라 수산 전문인력을 길러내기 위해 전문 정도 수산강습소의 설립을 계획했다. 구체적으로 보면 그 위치는 부산이

I 그림 3-1 I 부산고등수산학교 개교식

나 청진, 입학 자격은 중등학교 졸업, 수업연한은 3년, 재학생 수는 105명, 학과는 어로과·양식과·제조과를 둘 예정이었다. 이런 노력은 이후에도 계속됐다.

기나긴 과정 끝에 마침내 전시체제기인 1940년 12월에 일제는 부산에 고등수산학교를 설립하기로 했다. 관계 법령은 1941년 3월 24일에 법제국, 25일에 각의를 통과했다. 마침내 3월 28일에 일제는 「조선총독부 제학교 관제」를 개정해서 부산고등수산학교를 설립했다.

수의축산과로 축소된 수의전문학교

1920년대 중반에 조선총독부는 수의전문학교獸醫專門學校의 설립을 계획했다. 수의(가축에게 생기는 여러 가지 질병을 진찰하고 치료하는 의사, 수의사) 수요는 점차 늘어났지만 공급은 부족했기 때문이다.

《부산일보》는 1927년 6월 15일에 당시 조선에 약 3백 명의 수의가 필요하며 이를 전부 일본으로부터 공급받아야 할 형편이라고 지적하고, 총독부가 경비 약 10만 원으로 수업연한 3년의 수의전문학교 설립을 계획하고 있다고 보도했다. 또한 《부산일보》는 같은 기사에서 부산이 수역혈청제조소의 소재지이기 때문에 수의전문학교 설립의 최적지라고 평가하고, 14일에 수역혈청제조소와 경상남도 학무과 간에 논의가 있었다고 보도했다. 수역혈청제조소란 가축전염병의 예방접종액과 혈청의 제조·시험 등을 담당하는 기관으로 당시 부산에 설립되어 있었다. 이렇게 총독부는 부산의 수역혈청제조소라는 인적·물적 토대 위에서 수의전문학교를 설립하려 했다.

《부산일보》는 다음 날에도 산미 증산과 농촌진흥을 위해 축산업을 발전시켜야 하며, 특히 생우, 소가죽 등은 조선의 주요 수출품이라고 지적하고 수의전문학교를 설립해서 수의를 길러 내며, 또한 중등학교 졸업자의 진학 문제도 조금이라도 완화할 것을 요구했다. 그러나 이때도 수의전문학교의 설립은 미뤄졌다.

이후 1935년에 총독부는 남면북양 정책의 실시와 축우 증산 등에 따른 조선 축산계의 활황을 이유로 이듬해 예산에 수의전문학교의 설립 예산을 올리려고 했다. 그러나 그해에 총독부는 경비 문제로 독립된 수의전문학교를 세우는 대신 수원고등농림학교에 수의축산과를 두는 것으로 계획을 바꾸었다. 그리고 1936년 7월에 총독부는 그 설립 비용을 이듬해 예산에 올렸다. 결국 총독부는 1937년 4월 17일에 「수원고등농림학교 규정」을 개정해서 수원고등농림학교에 수의축산과를 두는 것에 그쳤다.

사립 여자전문학교로 대체된 관립 여자전문학교

1930년대 후반에 조선총독부는 관립 여자전문학교의 설립을 계획했다. 이는 조선 사회의 여성 고등교육기관 설립 요구에 의한 것이며, 또한 1937년부터 실시된 「중등교육 확충 계획」에 따른 고등교육기관 확충 계획의 일환이기도 했다.

당시 조선에는 여자전문학교가 이화여자전문학교밖에 없었다. 그만큼 조선 여성은 고등교육 기회를 얻기 어려웠다. 또한 남성에 비해 일본을 비롯한 외국에 유학을 가기도 어려웠다. 특히, 전시체제기에는 대한해협의 남쪽 바다가 전쟁의 장이 됨에 따라 일본 유학은 더욱 위험해졌다. 당시 대구고등여학교를 다녔던 스기야마 토미는 "제가 5학년 무렵에는 연락선이 위험하다는 소문이 돌고 바다에 기뢰가 있어서 현해탄을 건너는 것이 위험하여 배를 탈 때 전부 구명조끼를 입던 시대였지요. 일본에도 학교는 있었지만 그런 상황에 여자 혼자 현해탄을 건너는 것은 위험했고, 저희 집에서는 허락할 리가 없었지요"라고 회고했다.[18]

이에 따라 1936년 5월에 총독부는 각 도에 통첩해서 다음 달에 열릴 도지사회의에 "앞으로 전문 정도에 주력한다면 어떤 방면으로 할 것인가?"에 대한 의안을 제출하도록 했다. 이에 경기도 당국은 「여자전문학교 설치안」을 제출했다. 총독부 학무국은 이를 '시세에 적응한 제안'이라고 받아들이고 도지사회의를 거쳐 구체안을 작성한 후 수년 내에 이를 실현하기로 했다. 또한 1937년 2월 19일에 경성부 제1교육부회도 하마다 의원 등 33명이 연서해서 「경성에 관립 여자전문학교를 설치할 것」이라는 건의안을 제출했다. 이는 조선으로부터 일본의 도쿄나 그 밖의 도시에 있는 여자전문학교에 유학하는 사람 수가 매년 약 270명이나 되며, 또한 조선에 남성을 위한 대학은 설립되어 있는데도 관립 여자전문학교가 설립되어 있지 않은 것은 남부끄러운 일이라고 지적했다.

이에 따라 1937년에 총독부 학무국은 이듬해 봄 예정으로 관립 경성여자전문학교의 설립을 계획했다. 그러나 그해에 관립 여자전문학교 설립 예산은 통과되지 못했다. 이에 1938년 1월에 총독부는 다시 가사과·음악과·실업과 등의 학과를 둘 예정인 관립 여자전문학교의 설립 예산을 이듬해 예산에 올리기로 했다. 《조선일보》는 1938년 3월 18일에 경성여자고등보통학교(이하 '여고보')의 다카모토 치타카高本千鷹 교장도 중등학교 졸업자를 수용하고, 또한 장래 조선 사회의 지도적 인물을 길러 내기 위해 관립 여자전문학교를 설립해야 한다고 주장했다. 같은 달 25일에 열린 미나미 지로南次郎 총독의 제8회 정례면회에서 성신여학교 교장 이숙종李淑鍾도 남성 교육보다 여성 교육의 확충이 시급하기 때문에 빨리 여자전문학교를 설립해야 한다고 진정했다.

그러나 이후 관립 여자전문학교 설립 계획은 취소됐다. 그 이유는 무엇일까. 한 가지 주목할 것은 바로 그 직후인 1938년 4월 11일과 12월 21일에 조선총독부가 각각 사립 숙명여자전문학교와 경성여자 의학전문학교의 설립을 인가했다는 점이다. 총독부는 이 두 학교의 설립에 깊숙이 개입했다. 이를 보면 총독부는 많은 예산이 드는 관립 여자전문학교 설립을 취소하는 대신 조일공학의 사립 여자전문학교 설립에 개입해서 여성중등학교 졸업자의 고등교육기관 진학 욕구를 일정 정도 채워 주는 것으로 정책 방향을 선회했을 가능성이 있다.

조선인의 고등교육 기회와 사립 전문학교

지금까지 살펴본 것처럼 조선총독부는 중등교원이나 고급 기술자와 같은 척식인력의 수요가 늘어나고, 중등학교 졸업자 수도 늘어남에 따라 몇몇 관립 전문학교의 증설을 계획했지만 이후 이를 거의 대부분 미루거나 취소했다. 그 결과, 1922년에 사립 경성고등상업학교가 관립으로 이관된 후부터 1938년에 경성고등공업학교 광산과가 분리·독립되어 경성광산전문학교가 설립되기 전까지 관립 전문학교는 단 하나도 증설되지 않았다.

그 이유는 주로 재정 문제였다. 먼저 총독부 전체 예산에서 교육예산이 차지하는 비율은 약 3%에 불과했다.[19] 이를 일본과 비교하면, 당시 이여성은 《숫자조선연구》(1931)에서 1929년 총독부의 전체예산에서 교육비가 차지하는 비율이 3.53%, 일본 정부의 전체 예산에서 문부성비가 차지하는 비율은 8.2%라고 지적했다.[20] 이 수치에서도 알 수 있듯이 총독부는 일본과 비교해 상대적으로 교육 부문에 관심이 적었다.

학무과장과 학무국장을 역임한 오노 겐이치는 "내가 총독부의 학무과장으로서 경험한 것을 말씀드리면 (…) 아무래도 예산을 취하는데 교육비 예산은 가장 취하기 어려운 것"이라고 회고했다.[21] 나아가 총독부는 교육 부문 중에서도 특히 초등교육에 중점을 두고 여기에 가장 많은 예산을 배정했다. 이에 대해서도 오노는 다음과 같이 회고했다.

내가 약 3년 반 동안 가장 미움을 받은 것은 경성제국대학으로부터입니다. 대체로 관청의 신규 재원에서 교육비로 받을 수 있는 돈은 대략 (…) 총액에서 경험으로부터 보아 검토를 부치는 것입니다. 이를 어디로 돌릴까 하고 전후의 순서를 결정하는 경우에 나는 대학도 모처럼 생긴 것이니까 가능한 한 자립을 해야 하지만, 역시 조선으로서는 먼저 초등교육을 (…) 당시는 남녀 평균해서 학령아동의 취학률이 약 26%였습니다. 이것부터 먼저 착수하야 한다, 거기에는 사범교육의 확장, 이것은 상당히 임시비도 요하고, 급비도 필요하며, 무척이나 돈을 먹는 것입니다. 그래서 매년 경성제국대학으로부터 내는 예산은 상당한 사정이 없다면 신규 요구는 모두 삭감됐던 것입니다.[22]

총독부는 교육정책의 중점을 보통학교 취학률 상승에 뒀다. 따라서 경성제국대학 등의 예산은 '상당한 사정'이 있는 경우를 제외하면 대부분 삭감됐다. 앞의 인용문에서는 경성제국대학만 거론됐지만 같은 고등교육기관인 관립 전문학교도 사정은 마찬가지였다. 이는 각각의 관립 전문학교 증설 계획이 미뤄지거나 취소됐을 때 주로 예산 문제가 거론됐다는 점을 통해서도 알 수 있다.

게다가 1920년대 후반부터 총독부는 보통학교의 증설에 더욱 힘을 쏟았다. 1928년 4월에 총독부는 「조선총독부의 일반 국민의 교육 보급·진흥에 관한 제1차 계획」을 작성해서 앞으로 "소수자에 대한 교육의 향상을 도모하기보다 오히려 다수 민중에 대한 교육의 보급을 도모"하기로 하고, 보통학교의 '1면 1교제' 등의 계획을 세웠다.[23]

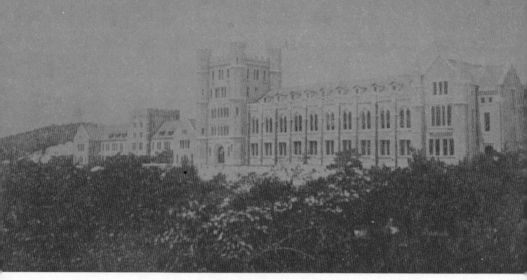

여기서 '소수자 교육'이란 중등 또는 고등교육, '다수 민중 교육'은 초등교육을 말한다. 이런 방침하에서 관립 전문학교 증설 계획은 더욱 후순위로 밀려났다.

이로써 조선인은 관립 전문학교를 통해 고등교육 기회를 얻는 것이 점차 어려워졌다. 이는 총독부가 1922년을 기점으로 관립 전문학교를 증설하지 않았을 뿐만 아니라, 같은 시점부터 관립 전문학교가 일본인을 다수 선발했기 때문이다. 이에 따라 조선인은 일본을 비롯한 외국으로 유학을 가거나 그것도 아니면 조선 내에서는 주로 사립 전문학교 또는 전문 정도 사립 각종학교를 통해 고등교육 기회를 얻을 수밖에 없었다.

기본적으로 총독부는 사립 전문학교의 설립 인가에도 소극적이었다. 그럼에도 총독부는 세브란스연합의학전문학교·연희전문학교 (1917), 보성전문학교(1922), 숭실전문학교·이화여자전문학교

| 그림 3-3 | 숭실전문학교

(1925), 경성치과의학전문학교(1929), 경성약학전문학교·중앙불교
전문학교(1930), 경성여자의학전문학교·대동공업전문학교·숙명여
자전문학교(1938), 명륜전문학교(1942)의 설립을 허가했다. 그 결과,
1938년에 관립 전문학교 5교, 공립 전문학교 2교가 설립되어 있었던
데 반해, 사립 전문학교는 11교가 설립되어 있었다. 또한 총독부는
제한적이나마 사립 전문학교의 정원 확대도 허가했으며, 게다가 사
립 전문학교는 정원 이상으로 입학자를 선발하는 경우도 흔했다.

〈표 3-1〉은 관·공·사립 전문학교의 민족별 재학생 수다. 전체
전문학교 조선인 재학생 중 관립 전문학교 조선인 재학생이 차지하
는 비율은 1910년대에 약 80%였지만, 1922년을 기점으로 줄어들어
1930년대 중반 이후에는 20% 이하로까지 떨어졌다. 이에 비해 사
립 전문학교 조선인 재학생이 차지하는 비율은 1910년대에 약 20%
였지만, 1922년을 기점으로 급격하게 늘어나 1930년대부터는 약

제1부. 전문학교로 시작된 한국 대학의 역사

구분	관립 전문학교			공립 전문학교			사립 전문학교			총합		
	조	일	계	조	일	계	조	일	계	조	일	계
1916	362	50	412	·	·	·	·	·	·	362	50	412
1917	382	100	482	·	·	·	112	·	112	494	100	594
1918	431	137	568	·	·	·	111	·	111	542	137	679
1919	330	171	501	·	·	·	62	·	62	392	171	563
1920	336	170	506	·	·	·	118	·	118	454	170	624
1921	424	200	624	·	·	·	108	·	108	532	200	732
1922	423	468	891	·	·	·	383	·	383	806	468	1,274
1923	502	566	1,068	·	·	·	443	·	443	945	566	1,511
1924	477	635	1,112	·	·	·	428	·	428	905	635	1,540
1925	376	600	976	·	·	·	644	5	649	1,020	605	1,625
1926	403	674	1,077	·	·	·	641	6	647	1,044	680	1,724
1927	374	697	1,071	·	·	·	573	·	573	947	697	1,644
1928	361	741	1,102	·	·	·	664	·	664	1,025	741	1,766
1929	355	784	1,139	·	·	·	925	224	1,149	1,280	1,008	2,288
1930	346	808	1,154	·	·	·	1,334	387	1,721	1,680	1,195	2,875
1931	355	819	1,174	·	·	·	1,073	388	1,461	1,428	1,207	2,635
1932	343	817	1,160	·	·	·	1,228	489	1,717	1,571	1,306	2,877
1933	351	837	1,188	202	326	528	1,493	578	2,071	2,046	1,741	3,787
1934	355	832	1,187	203	352	555	1,647	593	2,240	2,205	1,777	3,982
1935	373	827	1,200	199	368	567	2,150	571	2,721	2,722	1,766	4,488
1936	409	831	1,240	196	374	570	1,899	541	2,440	2,504	1,746	4,250
1937	437	855	1,292	198	372	570	1,886	504	2,390	2,521	1,731	4,252
1938	472	916	1,388	212	365	577	1,937	470	2,407	2,621	1,751	4,372
1939	528	1,013	1,541	224	369	593	2,279	472	2,751	3,031	1,854	4,885
1940	630	1,134	1,764	200	390	590	2,580	517	3,097	3,410	2,041	5,451
1941	617	1,327	1,944	216	364	580	2,806	632	3,438	3,639	2,323	5,962
1942	580	1,574	2,154	211	377	588	3,118	687	3,805	3,909	2,638	6,547

- 《조선총독부통계연보》(각 연도판).

| 그림 3-4 | 경성약학전문학교

75%까지 치솟았다.

이렇게 조선인은 조선 내에서는 주로 사립 전문학교를 통해 고등교육 기회를 얻었다. 이는 조선 내 고등교육기관 중에서 사립 전문학교가 조선인에게 고등교육 기회를 제공하는 데 가장 커다란 역할을 했다는 것을 의미한다. 바꿔 말하면, 이는 총독부가 조선인의 고등교육 기회에 대해서는 많은 예산이 드는 관립 전문학교를 증설하는 대신 소극적으로나마 사립 전문학교의 설립을 허가함으로써 그 비용을 조선 사회에 전가하려 했다는 것을 의미한다.

제 **4** 장

관립은 일류, 사립은 이류

– 전문학교의 서열 구조

관립 전문학교라는 '모델 학교'

관립 전문학교 졸업장은 전문직으로 가는 '패스포트'

사립 전문학교의 자격획득운동

전문학교 서열 구조의 고착화

관립 전문학교라는 '모델 학교'

조선총독부는 관립학교 우대정책을 실시했다. 그 기원은 통감부기에 일제가 실시한 '모범교육'으로까지 거슬러 올라간다. 학부는 1909년 9월에 간행한 《한국교육》에서 한국 교육의 연혁과 대요를 설명한 후 '모범교육'에 대해 다음과 같이 썼다.

학부가 시설하는 신교육은 교육의 모범을 보이는 데 있다. 인습이 오래된 한국 교육계의 적폐는 쉽게 개선할 수 없다. 뿐만 아니라 요즘 사립학교의 발흥에 따라 명목을 한국의 부강과 개발에 두더라도 그 실질이 그것에 따라가는 것은 적으며, 시세의 나아감에 부응해서 시행해야 할 교육의 방법을 알지 못한다. 옛 폐해는 다시 새로운 폐해를 낳아 소년 자제의 앞길을 그르치는 것 등이 모두 그것이다. 이에 학부는 요즘 세상의 교육제도를 참작하고, 한국의 국정과 민속에 비춰 국리민복을 증진

할 교육의 대본을 세우며, 몸소 솔선·경영해서 교육의 모범을 보이고, 교수·훈련·관리로부터 학교 건물, 그 밖의 설비까지 먼저 유감없음을 기해서 진정한 교육이 어떤 것인지를 사실로 증명함으로써 점차 혁신의 기운을 유치하려는 것에 힘썼다.[1]

일제는 조선의 전통 교육이나 갑오개혁기에 조선이 도입한 근대 교육제도 등을 '적폐'로, 또한 조선인이나 외국인 선교사가 설립한 사립학교를 성과가 없다고 비판하고, 이에 대비되는 '신교육의 모범'을 관립학교를 통해 보이려 했다. 즉, 일제는 관립학교를 식민지 학교의 모델 학교로 설정하고, 이를 모범으로 삼아 사립학교까지도 포함하는 대한제국의 교육체제를 통제하려 했다.

통감부기에 관립학교는 사립학교와 학생 유치 등에서 경합 관계에 있었다. 1910년에 학부는 기독교계 사립학교에 대해 "평양에는 규모가 다소 정돈된 중학교 2교를 갖고 있고, 또한 이미 대학교를 창설"했으며, "경성에는 장로파와 감리파 모두 다소 정돈된 중학교를 갖고 있고, 또한 장로파는 대학교를 건설"하고 있다고 해서 교육 내용은 불완전해도 교육기관의 계통은 갖추고 있다고 평가했다.[2] 또한 같은 해에 구마모토 서기관은 사립 중등학교를 견제하기 위해 관립 중등학교의 증설을 제안했다.[3]

이런 상황에서 일제는 관립학교가 사립학교와의 경합 관계에서 우위를 차지하도록 하기 위해 관립학교의 시설 등에 투자함과 동시에 졸업자에게 여러 자격을 주었다. 1906년 9월 24일에 제정된 「문관임용령」은 판임관의 임용 자격 중 하나로 "관립 고등학교 또는 학부대신이 동등 이상으로 인정한 공·사립학교 졸업증서가 있는 사람"을 규정했다. 이에 의거해서 관립 고등학교 졸업자는 판임관 임용 자격을 받았다.

또한 1908년 10월 16일에 한성사범학교·한성외국어학교·인천일어학교 본과·평양일어학교 본과, 12월 8일에 법관양성소, 1909년 9월 27일에 관립 농림학교 본과, 1910년 2월 17일에 법학교, 2월 23일에 선린상업학교 본과, 5월 25일에 인천실업학교 본과, 8월 12일에 부산실업학교 본과 졸업자도 학부대신의 인정을 받아 판임관 임용 자격을 받았다. 선린상업학교 1교를 제외하면 모두 관립학교나 공립학교였다.

이에 따라 관립학교 졸업자는 비교적 쉽게 취직할 수 있었다. 그 결과, 1910년에 학부는 중등 이상의 학교급에서 관립학교가 이전에는 입학 지원자가 적었지만, 최근에는 "졸업 후 취직이 쉽다는 등의 이유로 관립학교의 실적이 점차 발휘"되고 있다고 지적할 정도였다.[4] 즉, 관립학교 졸업자에 대한 자격 부여는 관립학교가 사립학교와의 경합 관계에서 우위를 차지할 수 있었던 하나의 주요한 요인이었다.

병합 후 조선총독부는 '모범교육'이라는 용어는 거의 사용하지 않았지만, 관립학교 우대정책은 계속 실시했다. 이는 전문학교의 경우에도 마찬가지였다. 즉, 총독부는 관립 전문학교를 식민지 전문학교의 모델 학교로 설정하고 이를 모범으로 삼아, 사립 전문학교를 포함하는 전체 식민지 전문학교 체제를 통제하려 했다. 이를 위해 총독부는 관립 전문학교 졸업자에게 여러 자격을 주었다.

사립 전문학교가 이런 자격을 얻기 위해서는 관립 전문학교의 설립·운영 방식을 모범으로 삼아야 했다. 달리 말하면, 이는 사립 전문학교가 체제 내로 어느 정도 포섭되는 것을 의미한다. 만약 어떤 사립 전문학교가 이를 거부한다면 어떤 일이 벌어질까. 그 사립 전문학교 졸업자는 아무런 자격을 받지 못한 채로 교문을 나서게 되고, 취업 경쟁에서 뒤처질 것이다. 이는 입학 지원자 사이에서 그 학교의 평판을 떨어뜨리고, 입학 지원자의 감소로 이어질 것이다. 이렇게 총독부의 교묘한 통제하에서 사립 전문학교는 자격 획득에 매달리게 됐다.

관립 전문학교 졸업장은 전문직으로 가는 '패스포트'

관립 전문학교 졸업자에게는 어떤 특권들이 주어졌을까? 대표적인 것으로는 관리 임용 자격, 고등시험 예비시험 면제, 변호사시험 예비시험 면제, 의사면허 부여, 중등교원면허 부여 등이 있다.

먼저 관리 임용 자격을 보면, 조선총독부는 1910년 10월 1일에 「조선인의 조선총독부 재판소 직원의 임용에 관한 건」을 제정해서 제국대학, 관립 전문학교 졸업자와 함께 총독이 지정한 학교에서 3년 이상 법률학을 수학해서 졸업한 조선인의 경우, 문관고등시험위원의 전형을 거쳐 특별히 조선총독부 판사 또는 검사에 임용할 수 있다고 규정했다. 이에 의거해서 총독은 1913년 4월 7일에 경성전수학교(각종학교)를 지정했다. 이에 따라 경성전수학교 졸업자는 조선총독부 재판소의 판검사에 임용될 수 있었다.

또한 일본은 1918년 1월 17일에 「고등시험령」을 제정해서 주임문관의 임용자격시험, 외교관과 영사관의 임용자격시험, 「재판소구성법」 제59조의 시험(사법관임용자격시험 - 저자)을 '고등시험'이라고 이름 붙인 후 이를 예비시험과 본시험으로 나누고, 고등학교, 대학 예과 졸업자와 함께 문부대신이 이와 동등 이상이라고 인정한 학교 졸업자에 한해 예비시험을 면제했다. 이에 의거해서 문부대신은 1924년 5월 22일에 조선총독부 전문학교, 즉 관립 전문학교를 고등학교, 대학 예과와 동등 이상의 학교라고 인정했다. 이에 따라 관립 전문학교 졸업자는 고등시험의 예비시험이 면제됐다.

변호사시험을 보면 조선총독부는 1921년 12월 2일에 「변호사 규칙」을 개정해서 조선변호사시험을 규정했다. 이어 총독부는 같은 날에 「조선변호사시험 규칙」을 제정해서 조선변호사시험을 예비시험과 본시험으로 나누고, 고등학교, 대학 예과 졸업자와 함께 총독이 이와 동등 이상이라고 인정한 학교 졸업자에 한해 예비시험을 면제했다. 이에 의거해서 총독은 1922년 6월 17일에 문부대신이 고등학교, 대학 예과 동등 이상이라고 인정한 학교를 마찬가지로 인정했다. 이후 문부대신이 1924년 5월 22일에 조선총독부 전문학교를 고등학교, 대학 예과와 동등 이상의 학교라고 인정함에 따라 관립 전

|그림 4-1| 1931년 경성법학전문학교 졸업 사진

문학교 졸업자는 조선변호사시험의 예비시험도 면제됐다.

그렇다면 조선변호사시험 예비시험 면제는 어느 정도의 특권일까? 조선변호사시험 예비시험은 꽤 까다로운 시험이었다. 이 시험의 합격률(조선인)은 1923년 28.8%, 1924년 37.5%, 1925년 44.4%, 1926년 47.1%, 1927년 47.1%, 1928년 52.1%로 1920년대 초반에는 약 30~40%, 중·후반에는 50% 정도에 그쳤다.[5] 게다가 응시자가 예비시험에 합격해도 같은 해 본시험에 불합격했을 경우에는 다시 예비시험부터 응시해야 했다. 예비시험을 면제받는 것은 적지 않은 특권이었다.

의사면허 부여를 보면, 총독부는 1913년 11월 15일에 「의사 규칙」을 제정해서 의사면허 취득 자격 중 하나로 총독이 지정한 의학교 졸업자를 규정했고, 이에 의거해서 총독은 1914년 3월 7일에 의학강습소를 지정했고, 의학강습소 졸업자는 무시험으로 조선총독부 의사면허를 받았다. 이어 총독부는 1917년 3월 1일에 「의사 규칙」을 개정해서 의사 자격으로 경성의학전문학교 또는 조선총독이 지정한 의학교를 졸업한 사람을 추가했다. 이에 따라 경성의학전문학교 졸업자도 무시험으로 조선총독부 의사면허를 받았다.

총독부 의사면허 부여는 어느 정도의 특권일까? 이 자격을 받지 못한 사람은 「의사 규칙」이 규정한 의사시험에 합격해야 조선총독부 의사면허를 얻을 수 있었다. 총독부는 1914년 7월 20일에 「의사시험 규칙」을 제정하고 같은 해부터 의사시험을 실시했다. 의사시험도 꽤 까다로운 시험이었다. 의사시험 합격률은 1914년 46.4%, 1915년 41.5%에 그쳤다.

그런데 일본의 의사법령인 「의사법」에 의해 주어지는 내무성 의사면허는 일본 제국 어디서나 효력이 있었지만, 「의사 규칙」에 의해 주어지는 조선총독부 의사면허는 조선 내에서만 효력이 있었다. 이에 대해 특히 경성의학전문학교에 재학하고 있거나 입학하려는 일본인은 불만을 갖고 있었다.[6] 이에 따라 총독부는 1918년 8월 13일에 「조선총독부 전문학교 관제」를 개정해서 경성의학전문학교에 일본인을 위해 특별의학과를 개설하고, 이를 "전문학교령에 의한다"고 규정했다. 이에 따라 특별의학과 졸업자, 즉 일본인 졸업자는 내무성 의사면허를 받았다.

이후 일제는 1923년 5월에 내무성 각위 제8호를 제정해서 경성의학전문학교 졸업자에게 「의사법」 제1조의 자격, 즉 내무성 의사면허

| 그림 4-2 | 1933년 경성의학전문학교 졸업 사진

를 주도록 규정했다. 이에 따라 경성의학전문학교 졸업자는 조선인
과 일본인을 막론하고 무시험으로 내무성 의사면허를 받았다.

또한 조선총독은 1930년 3월 19일에 대구의학강습소와 평양의학
강습소를 지정했다. 두 강습소의 졸업자도 무시험으로 총독부 의사
면허를 받았다. 이어 1933년에 두 강습소가 대구의학전문학교와 평
양의학전문학교로 승격된 후 1935년부터 두 학교의 졸업자는 내무
성 의사면허까지 받았다.

마지막으로 중등교원면허를 보면, 일본은 1900년 3월 30일에 「교
원면허령」을 제정해서, 교원면허장은 교원 양성의 목적으로 설치한
관립학교의 졸업자 또는 교원검정에 합격한 사람에게 문부대신이

부여할 것을 규정했다. 교원검정은 시험검정과 무시험검정으로 나 뉜다. 문부성은 1921년 3월 4일에 「교원검정에 관한 규정」을 개정 해서 무시험검정의 자격 중 하나로 "문부대신이 지정한 학교의 졸업 자"를 규정했다.

문부성은 1925년 3월 19일에 「교원 무시험검정에 관한 지정 학교 와 학과목」을 개정해서 경성의학전문학교 졸업자에게 '생리 및 위 생', 수원고등농림학교 농학과 졸업자에게 '농업', 경성고등상업학교 졸업자에게 '영어'·'상업'·'부기'의 교원 무시험검정 자격을 주었다. 이어 4월 24일에 다시 위의 법령을 개정해서 경성고등공업학교 응 용화학과 졸업자에게 '화학(색염부 졸업자는 염색)', 토목과 졸업자에 게 '수학', 건설과 졸업자에게 '서양화·용기화', 광산과 졸업자에게 '광물'의 교원 무시험검정 자격을 주었다.

중등교원면허 부여는 어느 정도의 특권일까? 이 자격을 받지 못 한 사람은 「교원면허령」이 규정한 교원검정시험, 즉 문부성 사범학 교·중학교·고등여학교 교원검정시험 이른바 '문검'에 합격해야 중 등교원면허를 얻을 수 있었다. 그런데 문검은 합격하기 어려운 시험 이었다. 문검의 합격률은 1916년 8.2%, 1921년 10.7%, 1926년 6.8%에 그쳤다.[7]

한편 1910년대에 조선총독부는 사립 중등학교 교원의 자격을 비 교적 느슨하게 규정했지만, 1920년대 이후에는 이를 더욱 엄격하게 규정했다. 즉, 총독부는 1922년 3월 28일에 「사립학교 교원의 자격 과 원수에 관한 규정」을 제정해서 사립의 중학교, 고보, 고등여학교

또는 여고보 교원의 자격을 해당 과목의 교원면허증을 가진 사람과
함께 총독이 지정한 사람으로 규정했다.

이에 의거해서 총독부는 1923년 7월 6일에 경성법학전문학교 졸
업자에게 '법제와 경제', 경성의학전문학교 졸업자에게 '생리 및 위
생'·'화학', 경성고등공업학교 방직학과 졸업자에게 '염색'·'기직',
응용화학과 졸업자에게 '화학'·'염색(색염부 종료자에 한함)', 토목학
과 졸업자에게 '수학'·'물리', 건축학과 졸업자에게 '연필화·용기화',
광산학과 졸업자에게 '광물'·'화학', 수원고등농림학교 농학과 졸업
자에게 '동물'·'식물'·'화학'·'농업', 임학과 졸업자에게 '수학'·'동
물'·'식물', 경성고등상업학교 졸업자에게 '영어'·'상업'·'부기'의 사
립 고보·여고보 교원 자격을 주었다. 〈표 4-1〉은 관·공립 전문학
교의 졸업자에 대한 자격 부여 현황이다.

이렇게 관립 전문학교 졸업자들은 다양한 특권을 받았다. 이를 통
해 그들은 학교를 졸업한 후 높은 사회적 지위를 갖는 직업군, 즉 고
위관료, 의사, 변호사, 관립학교 교사 등에 비교적 쉽게 들어갈 수
있었다. 즉 관립 전문학교 졸업장은 전문직으로 들어갈 수 있는 일
종의 '패스포트'와 같은 기능을 했다.

|표 4-1| 관·공립 전문학교의 졸업자에 대한 자격 부여 현황 [8]

교명	자격 부여(관계 규정)
경성 법학 전문 학교	• 조선총독부 재판소 판검사 특별임용(1913)〔경성전수학교(각종학교)〕 • 사립 고보·여고보 교원 자격(법제와 경제)(1922)(이전 시기 졸업자 소급 적용) • 조선변호사시험의 예비시험 면제(1922) • 사립 고보·여고보 교원 자격(법제와 경제)(1923) • 고등시험의 예비시험 면제(1924)
경성 의학 전문 학교	• 조선총독부 의사면허(1914)(의학강습소) • 조선총독부 의사면허(1917) • 사립 고보·여고보 교원 자격(생리와 위생)(1922)(이전 시기 졸업자 소급 적용) • 내무성 의사면허(1923) • 사립 고보·여고보 교원 자격(생리와 위생, 화학)(1923) • 고등시험의 예비시험 면제(1924) • 교원 무시험검정(생리와 위생)(1925)
경성 고등 공업 학교	• 사립 고보·여고보 교원 자격(광산과: 광물, 응용화학과: 화학, 요업과: 화학, 염직과: 화학, 수예 중 염색과 기직)(1922)(이전 시기 졸업자 소급 적용) • 사립 고보·여고보 교원 자격〔방직학과: 염색·기직, 응용화학과: 화학·염색(색염부 종료자에 한함), 토목학과: 수학·물리, 건축학과: 연필화·용기화, 광산학과: 광물·화학〕(1923) • 고등시험의 예비시험 면제(1924) • 교원 무시험검정(응용화학과: 화학(색염부 졸업자는 염색), 토목과: 수학, 건설과: 서양화·용기화, 광산과: 광물)(1925) • 사립 고보·여고보 교원 자격(방직학과: 수학)(1926)
수원 고등 농림 학교	• 사립 고보·여고보 교원 자격(농업)(1922)(이전 시기 졸업자 소급 적용) • 사립 고보·여고보 교원 자격(농학과: 동물·식물·화학·농업, 임학과: 수학·동물·식물)(1923) • 고등시험의 예비시험 면제(1924) • 교원 무시험검정(농업)(1925)
경성 고등 상업 학교	• 사립 고보·여고보 교원 자격(영어, 상업, 부기)(1923) • 고등시험의 예비시험 면제(1924) • 교원 무시험검정(영어, 상업, 부기)(1925)
대구 의전	• 조선총독부 의사면허(1930) • 내무성 의사면허(1935)
평양 의전	• 조선총독부 의사면허(1930) • 내무성 의사면허(1935)

사립 전문학교의 자격획득운동

사립 전문학교는 설립 초기에 자격 부여로부터 배제되어 있었다. 이에 대해 각 사립 전문학교는 조선총독부에 졸업자에 대한 자격 부여를 요구했다.

1919년 9월에 경성에서 열린 재조선신교복음전도연합회의는 억압적인 식민지 지배정책의 개혁을 요구하기로 결의하고, 회장 밀러와 간사 빌링스의 이름으로 사이토 총독에게 건백서를 전달했다. 사립학교 졸업자에게 관립학교 졸업자와 같은 자격을 부여해 달라는 요구였다. 특히, 경성의학전문학교 졸업자가 무시험으로 의사면허를 받고 있는데도, 세브란스연합의학전문학교 졸업자는 의사시험에 합격해야 의사면허를 받을 수 있는 것은 부당하다고 지적했다.[9]

또한 1921년 5월 2일에 조선교육개선기성회도 같은 날에 열린 임시교육조사위원회 제2회 회의에 제출한 건의서에서 사립학교 졸업자에게 관립학교 졸업자와 같은 자격을 줄 것을 요구했다.

같은 시기에 일제도 고등교육기관 졸업자에게 일정 정도 취직의 길을 열어 주어야 한다는 점을 인식하고 있었다. 1922년 1월 25일에 열린 추밀원 본회의에서 호즈미 노부시게穂積陳重 고문관은 식민지 교육의 완성을 위해 필요한 것이 "가르치고 쓰는 정책이며, 만약 그것이 없으면 이런 고등교육을 받은 사람은 쓰이지 않기 때문에 오히려 난민이 될 우려가 있다"고 전제하고 그들에게 "충분히 그 자리를 얻게 하는 제도를 고려"해야 한다고 지적했다.[10] 즉, 호즈미 고문관은 고등교육기관 졸업자가 실업자, 당시의 표현으로는 '고등 유민高等遊民'이 될 것을 우려해서 그들에게 취직의 길을 열어 주어야 한다고 주장했다.

일제는 '고등 유민'이 식민지 지배에 대한 불만 세력이 될 수 있다고 생각했다. 1922년 1월 27일에 열린 제국의회에서 아라카와 고로 의원은 총독부의 경성제국대학 설립 등의 계획에 대해 "보통교육과 고등보통교육을 졸업해도 (…) 일자리를 구할 수도 없으며, 총독부에서도 이들을 채용하는 경우가 드물기 때문에 이들은 (…) 총독 정치에 반항하는 태도를 취하고 있다"고 지적했다. 이어 그는 "교육을 진척시켜 그 졸업자, 지식계급의 무직업자를 늘린다는 것은 헛되이 불령불평의 무리를 길러 내는 것과 같은 결과에 빠지는 것은 아닙니까?"라고 질의했다. 이에 대해 사이토 총독은 "상당한 교육을 받은 조선인은 가능한 한 방향을 얻게 해서 관리나 공리 각각의 길에 취직하도록 힘쓰고 있다"고 답했다.

이에 따라 총독부는 관립 전문학교뿐만 아니라, 사립 전문학교에 대해서도 조사관 등을 보내 교육과정, 교수 자격, 교수 용어, 학교 시설, 재학생의 학업 능력 등을 조사하고, 그 결과에 따라 자격을 주었다.

세브란스연합의학전문학교는 1910년대 초반부터 조선총독부 의사 면허 자격을 얻는 데 힘썼다. 이 과정에서 1922년 9월 25일에 사이토 총독은 모리야 에이후 비서관과 함께 세브란스연합의학전문학교와 세브란스병원을 시찰하기도 했다. 그 결과, 총독부는 1923년 2월

24일에 세브란스연합의학전문학교 졸업자를 조선총독부 의사면허 취득 자격을 갖는 의학교 졸업자로 지정했다. 이에 따라 세브란스연합의학전문학교 졸업자는 무시험으로 조선총독부 의사면허를 받았다. 《매일신보》는 1923년 3월 14일에 "그 병원의 성적과 학교 직원이 성심 노력한 것을 당국자가 인정하여 졸업생에게 이와 같은 특권을 준 것"이라고 보도했다.

이후 세브란스연합의학전문학교는 조선총독부 의사면허에 만족하지 않고 내무성 의사면허 자격을 얻는 데도 힘썼다. 1926년 12월 3일에 세브란스연합의학전문학교는 총독부를 거쳐 문부성에 지정신청서를 제출했다. 1927년 2월에 학감 오긍선吳兢善은 "일각이 여삼추"라는 말로 지정에 대한 기대를 드러냈다. 그러나 이때 문부성은 검사관을 보내 세브란스연합의학전문학교의 세부 사항을 검사한 결과, 교수 용어로 일본어를 쓰지 않는 교수가 많다는 이유로 지정을 거부했다.

이후 1931년 5월에 총독부 경무국 위생과는 세브란스연합의학전문학교의 세부 사항을 다시 검사한 결과 이번에는 교수 용어로 일본어를 쓰지 않는 경향도 보이지 않고, 학교의 설비도 다른 전문학교와 비교해도 손색이 없다고 판단하고 다시 문부성에 지정신청서를 제출하도록 했다. 실제로 당시 에비슨 교장에 의하면, 이 시기에 세브란스연합의학전문학교는 일본어를 할 수 없는 외국인 교수들에게 교실 강의 대신 임상 강의에 주력하도록 했다.[11]

이에 대해 문부성은 1933년 1월 10일에 세브란스연합의학전문학

| 그림 4-3 | 1929년 세브란스연합의학전문학교 졸업 사진

교 등의 지정 문제를 논의하기 위해 사학위원회를 열었다. 여기서
전 도쿄제국대학 의학부장 이리사와 다쓰키치와 그 밖의 사학의원,
문부차관 아와야 켄 등은 협의한 결과, 세브란스연합의학전문학교
재학생을 대상으로 내과, 외과, 임상 등의 시험을 실시해서 그 결과
에 따라 몇 연도 졸업생부터 무시험검정 지정을 할 것인가를 확정하
기로 했다. 또한 에비슨 교장에 의하면, 총독부는 세브란스연합의학
전문학교에 박사학위를 갖고 있는 교수의 채용을 요구했다.[12]

　세브란스연합의학전문학교 부교장 오긍선은 지정을 위해 기금
모집과 기초의학실의 건설 등을 계획했다. 실제로 1933년 6월 9일

에 세브란스연합의학전문학교는 후원회발기인총회의 준비회를 열었으며, 윤치호尹致昊·조병학·여운형呂運亨·송진우宋鎭禹·방응모方應謨·위대모·박용균·홍석후·피득·심호섭·오긍선 등이 참석해서 만장일치로 후원회를 조직하고, 발기인 모집을 결정했다. 이때 발기인으로 자원한 사람은 세브란스연합의학전문학교 졸업자와 그 밖의 유지를 비롯해서 130여 명이나 됐다.

후원회의 목적은 문부성 지정을 받기 위해 시설 확충에 필요한 재원의 일부인 5~6만 원을 모금하는 것이었다. 창립 취지서를 보면 세브란스연합의학전문학교는 "문부성의 지정을 실현시키고자 부단한 노력을 해 온 결과 지금은 학교 기본금, 교실, 실험실 등의 확장과 내용 설비 개선의 필요를 인정"하고 있다.

이에 즉석에서 윤치호가 2,000원을 기부한 것을 비롯해서 1,300원을 내는 사람, 100원을 내는 사람 등이 있었다. 이어 같은 달 20일에 세브란스연합의학전문학교는 후원회발기인총회와 후원회총회를 열어 20명의 이사를 선출하고, 그중 윤치호를 이사장으로 선출했다.[13]

1933년에 문부성은 약학박사 하야시 하루오와 후지시마를 보내 세브란스연합의학전문학교의 설비와 4학년생의 학업 능력 등을 평가했다.[14] 또한 이듬해인 1934년 2월 7일에도 문부성은 관리 고이케 마스라와 미마사카 고이치로를 보내 세브란스연합의학전문학교 4학년생을 대상으로 내과와 외과의 학술시험을 실시했다.

그 결과, 3월에 사학위원회는 세브란스연합의학전문학교를 지정하기로 했다. 문부성은 1934년 4월 12일에 세브란스연합의학전문학교를 지정했다. 이에 따라 세브란스연합의학전문학교 졸업자는 무시험으로 내무성 의사면허를 받았다. 결과적으로 세브란스연합의학전문학교는 1917년 개교 이래 무려 17년이 지난 1934년에야 내무성 의사면허라는 자격을 얻게 됐다. 이는 경성의학전문학교가 1916년 개교 이래 겨우 7년이 지난 1923년에 같은 자격을 얻은 것과 대조적이다.

연희전문학교는 1920년대부터 사립 고보·여고보 교원 자격을 얻는 데 힘썼다. 그 이유는 사립 전문학교 졸업자의 주요 취직처 중 하나가 학교 교원이며, 또한 총독부가 1922년에 사립 중등학교 교원 자격을 좀 더 엄격하게 규정했기 때문이다. 이를 위해 연희전문학교는 총독부와 여러 차례 교섭했다. 그 결과, 총독부는 1924년 5월 13일에 연희전문학교 문과 졸업자에게 영어, 1926년 3월 18일에 상과 졸업자에게 영어·상업·부기의 사립 고보·여고보 교원 자격을 주었다.

이후 연희전문학교는 수물과의 졸업자도 사립 고보·여고보 교원 자격을 받을 수 있도록 학무국과 교섭했다. 학무국은 세 명의 조사관을 보내 장비의 현황, 교원의 지위, 학생의 학업 성적을 조사하도록 했다. 그 결과, 학생의 학업 능력은 우수하며, 교원의 지위는 만족스럽고, 장비도 훌륭하다는 평가를 받았다. 이에 따라 총독부는 1928년 2월 22일에 수물과 졸업생에게 수학·물리·화학의 사립 고보·여고보 교원 자격을 주었다. 다만, 같은 시기에 연희전문학교는 문과 졸업자들이 역사와 그 밖의 몇몇 과목의 사립 고보·여고보 교원 자격도 받을 수 있도록 학무국과 교섭했으나 이는 실패했다.[15]

| 그림 4-4 | 1932년 연희전문학교 졸업 사진

　연희전문학교는 1930년 11월에 고등시험 예비시험의 면제도 총독부를 거쳐 문부성에 신청했다. 그 결과, 문부성은 1932년 5월 31일에 연희전문학교의 문과와 상과를 고등학교 고등과 또는 대학 예과와 동등 이상으로 지정했다. 이에 따라 연희전문학교 문과와 상과 졸업자는 고등시험 예비시험이 면제됐다.

　보성전문학교도 1920년대부터 사립 고보·여자고보 교원 자격을 얻는 데 힘썼다. 그 결과, 총독부는 1923년 7월 6일에 보성전문학교 법과 졸업자에게 법제와 경제, 상과 졸업자에게는 상업·부기의 사립 고보·여고보 교원 자격을 주었다.

　또한 총독부는 1927년 1월 24일에 「조선인의 조선총독부 재판소 직원의 임용에 관한 건」에 의거해서 보성전문학교를 지정했다. 보성전문학교 졸업자는 조선총독부 재판소의 판검사에도 특별 임용될 수 있었다.

같은 시기에 보성전문학교는 고등시험 예비시험 면제라는 자격을 얻는 데도 힘썼다. 1928년 보성전문학교는 법과와 상과의 지정신청서를 문부성에 제출했다. 그 결과, 1929년 3월에 보성전문학교 법과는 지정을 받는 것으로 결정됐고, 상과는 기존의 교육과정에 약간의 수정을 가한 후 지정을 받는 것으로 결정됐다. 이후 문부성은 1929년 6월 28일에 보성전문학교를 지정했다. 이에 따라 보성전문학교 졸업자는 고등시험 예비시험이 면제됐다.

이 과정에서 보성전문학교가 상과의 교육과정을 수정한 내역을 살펴보면 첫째 일본어, 조선어·한문, 심리학이 배정된 것, 둘째 파산법이 폐지되고 법학통론, 민법, 상법의 매주 교수 시수가 3년 총합 각각 2시간, 15시간, 9시간에서 1시간, 5시간, 4시간으로 줄어든 것, 셋째 영어의 매주 교수 시수가 3년 총합 15시간에서 23시간으로 늘어난 것 등이다.[16] 즉, 당시 일제가 보성전문학교 상과에 요구한 사항은 일본어의 신설과 법학 과목의 축소, 영어의 확대였다. 이는 경성고등상업학교의 교육과정과 비슷한 형태였다. 덧붙이면 이 지정에 따라 보성전문학교 법과 졸업자는 조선변호사시험의 예비시험도 면제됐다.

이화여자전문학교도 1920년대부터 사립 고보·여고보 교원 자격을 얻는 데 힘썼다. 이화여자전문학교는 총독부와 여러 차례 교섭했다. 그 결과, 총독부는 1928년 2월 22일에 이화여자전문학교 문과

| 그림 4-5 | 1938년 이화여자전문학교 가사과 졸업 사진

졸업자에게 영어, 음악과 졸업자에게 음악의 사립 고보·여고보 교원 자격을 주었다.

　이어 이화여자전문학교는 1929년에 개설한 가사과에 대해서도 사립 고보·여고보 교원 자격을 얻는 데 힘썼다. 이를 위해 1935년에 이화여자전문학교는 가사과의 지정청원서를 문부성에 제출했다. 이에 3월 16일에 문부성은 니시노 미요시, 나리타 준 독학관과 야구치 유타카 이사관을 이화여자전문학교에 보내 학교 설비 등을 시찰하도록 했다.

　총독부는 1938년 1월 12일에 가정과 졸업자에게 가사의 사립 고보·여고보 교원 자격을 주었다. 부교장 김활란金活蘭은 이전에도 중등학교에서 이화여자전문학교 가사과 졸업자를 가사 교원으로 채용

|그림 4-6| 1935년 경성치과의학전문학교 졸업 사진

한 적이 있지만, 모두 말하기를 "채용 결과 성적은 좋으나 자격이 없는 것이 흠"이라고 한 것이 지정 신청의 이유라고 밝혔다. 또한 그는 이번 지정으로 앞으로는 가사과 졸업자가 이 자격을 얻기 위해 많은 돈을 들여 일본의 여자고등사범학교 등에 갈 필요가 없게 됐다고 의미를 부여했다.

경성치과의학전문학교의 전신인 경성치과의학교는 1920년대부터 치과의사면허 자격을 얻는 데 힘썼다. 총독부는 1913년 11월 15일에 「치과의사 규칙」을 제정해서 조선총독부 치과의사면허 취득 자격을 총독이 지정한 치과의학교 졸업자 등으로 규정하고, 1921년 2월 14일에는 「치과의사 규칙」을 개정해서 여기에 조선총독이 정한 치과의사시험 합격자를 덧붙였다.

이런 상황에서 1924년 11월에 경성치과의학교 3학년생 20여 명은 이듬해 졸업자부터 졸업시험으로 치과의사시험을 대신할 수 있게 해달라는 운동을 전개하고 학교에 진정서를 제출하기로 했다. 이후 총독은 1925년 2월 28일에 경성치과의학교를 지정했다. 이에 따라 경성치과의학교 졸업자는 무시험으로 총독부 치과의사면허를 받았다. 이에 대해 나기라 다쓰미柳樂達見 교장은 "승격이 된 금년에는 입학 지망자가 매우 많은 모양"이라고 말했다. 이렇게 자격 부여 유무는 사립 전문학교가 입학 지원자를 끌어들이는 데 큰 영향을 미쳤다. 이후 총독은 1930년 1월 17일에 경성치과의학전문학교도 지정했다.

한편 일본 정부는 1916년 9월 8일에 「치과의사법」을 개정해서 치과의사의 자격 중 하나로 "문부대신이 지정한 치과의학전문학교를 졸업한 사람"을 규정했다. 이에 의거해서 문부성은 1931년 3월 13일에 경성치과의학전문학교를 지정했다. 이에 따라 경성치과의학전문학교 졸업자는 무시험으로 내무성 치과의사면허도 받았다.

경성약학전문학교의 전신인 조선약학교는 1920년부터 조선총독부 약제사면허라는 자격을 얻는 데 힘썼다. 총독부는 1925년 3월 16일에 「약품과 약품영업 취체령 시행규칙」을 개정해서 약제사의 자격으로 연령 만 20세 이상으로 조선총독이 정한 약제사시험 합격자와 총독이 지정한 약학교 졸업자 등을 규정했다. 이에 의거해서 총독은 같은 날에 조선약학교를 지정했고, 조선약학교 졸업자는 무시험으로 조선총독부 약제사면허를 받았다. 이후 총독은 1930년 9월 26일에 경성약학전문학교도 지정했다. 이에 따라 경성약학전문학교 졸

| 그림 4-7 | 1932년 중앙불교전문학교 졸업 사진

업자 역시 무시험으로 조선총독부 약제사면허를 받았다.

이어 일본 정부는 1925년 4월 13일에 「약제사법」을 제정해서 약제사의 자격으로 「대학령」에 의한 대학에서 약학을 수학하고 학사라고 할 수 있는 사람, 관립·공립의 약학전문학교 등을 졸업한 사람 또는 문부대신이 이와 동등 이상이라고 인정해서 지정한 학교를 졸업한 사람을 규정했다. 이에 의거해서 문부성은 1933년 3월 1일에 경성약학전문학교를 지정했다. 이에 따라 경성약학전문학교 졸업자는 무시험으로 내무성 약제사면허를 받았다.

중앙불교전문학교는 1930년대부터 고등시험의 예비시험 면제 자격을 얻는 데 힘썼다. 1931년 8월 17일에 중앙불교전문학교는 문부성에 지정신청서를 제출했다. 그러나 문서가 제대로 갖추어져 있지

않다는 이유로 반려됐다. 이어 12월 15일에 다시 문부성에 지정신청
서를 제출했다.[17] 그 결과, 문부성은 1932년 5월 31일에 중앙불교전
문학교를 지정했다. 이에 따라 중앙불교전문학교 졸업자는 고등시
험 예비시험이 면제됐다.

또한 중앙불교전문학교는 사립 고보·여고보 교원면허 자격을 얻
는 데도 힘썼다. 이미 1930년에 중앙불교전문학교의 전신인 불교전
수학교는 전문학교로의 승격을 추진하는 과정에서 앞으로 수신과
조선어·한문의 사립 고보·여고보 교원면허 자격을 얻을 것으로 예
상했다. 《신동아新東亞》 1936년 4월호를 보면, 이때 중앙불교전문학
교는 앞으로 학과를 문과와 불교과로 분리하고, 그 졸업자를 위해
중등학교 교원면허 자격의 획득을 계획하고 있었다.[18] 그러나 《혜화
전문학교 일람》(1941년도판)이나 《조선총독부 관보》에서는 관계 법
령이 확인되지 않아서 그 자격을 받았는지는 알 수 없다.

경성여자의학전문학교는 1940년대부터 조선총독부 의사면허 자
격을 얻는 데 힘썼다. 그 결과, 조선총독부는 1942년 7월 17일에 경
성여자의학전문학교를 지정했다. 이에 따라 경성여자의학전문학교
졸업자는 무시험으로 조선총독부 의사면허를 받았다. 또한 이 과정
에서 1941년 가을에 경성여자의학전문학교는 내무성 의사면허 자격
도 얻기 위해 문부성이 실시하는 시험에도 응시했다. 이를 위해 경
성여자의학전문학교 학생들은 여름방학에도 학교에 나와 시험을 준
비했다. 마침내 이들은 평균 75점이라는 우수한 성적으로 합격했
다.[20] 문부성은 1942년 10월 1일에 「의사법」에 의거해서 경성여자

교명	자격 부여
세브란스 연합의학 전문학교	• 사립 고보·여고보 교원 자격(생리와 위생)(1922)(이전 시기 졸업자 소급 적용) • 조선총독부 의사면허(1923) • 사립 고보·여고보 교원 자격(생리와 위생)(1923) • 내무성 의사면허(1934)
연희 전문학교	• 사립 고보·여고보 교원 자격(농업과: 농업, 상과: 상업·부기)(1922)(이전 시기 졸업자 소급 적용) • 사립 고보·여고보 교원 자격〔문과: 영어(1924), 상과: 영어·상업·부기(1926), 수물과: 수학·물리·화학(1928)〕 • 고등시험 예비시험 면제(문과·상과)(1932)
보성 전문학교	• 사립 고보·여고보 교원 자격(법과: 법제와 경제, 상과: 상업·부기)(1923) • 조선총독부 재판소 판검사 특별임용(1927) • 고등시험 예비시험 면제(1929) • 조선변호사시험의 예비시험 면제(1929)
이화여자 전문학교	• 사립 고보·여고보 교원 자격〔문과: 영어, 음악과: 음악(1928), 가정과: 가사1938)〕
경성 치과의학 전문학교	• 조선총독부 치과의사면허(1925)(경성치과의학교) • 조선총독부 치과의사면허(1930) • 내무성 치과의사면허(1931)
경성약학 전문학교	• 조선총독부 약제사면허(1925)(조선약학교) • 조선총독부 약제사면허(1930) • 내무성 약제사면허(1933)
중앙불교 전문학교	• 고등시험 예비시험 면제(1932)
경성 여자의학 전문학교	• 조선총독부 의사면허(1942) • 내무성 의사면허(1942)

의학전문학교를 지정했다. 이에 따라 경성여자의학전문학교 졸업자는 무시험으로 내무성 의사면허를 부여받았다. 〈표 4-2〉는 사립 전문학교의 졸업자에 대한 자격 부여 현황이다.

전문학교 서열 구조의 고착화

조선총독부의 관립 전문학교 우대정책은 어떤 결과를 낳았을까? 결론부터 말하면 관립 전문학교와 사립 전문학교 간에 고착화된 서열 구조를 만들어 냈다. 즉, 식민지 고등교육 체제의 서열 구조 안에서 가장 꼭대기에는 경성제국대학이 있었으며, 그 아래에 관립 전문학교, 그 아래에는 사립 전문학교 그리고 맨 아래에는 전문 정도 사립 각종학교가 있었다. 이런 서열 구조는 관립 전문학교와 사립 전문학교 간에 교육의 질을 끌어올리기 위한 경쟁의 과정에서 자연스럽게 만들어진 것이 아니라, 총독부의 관립 전문학교 우대정책에 의해 인위적으로 만들어진 것이다.

따라서 그 안에서 사립 전문학교가 아무리 교육의 질을 끌어올리더라도 관립 전문학교보다 높은 서열로 올라서는 것은 불가능했다. 관립 전문학교와 사립 전문학교 간에 고착화된 서열 구조는 사회적으로도 관립 전문학교 졸업자를 우대하는 풍토를 만들어 냈다. 각 관청과 회사는 관립 전문학교 졸업자를 사립 전문학교 졸업자보다 우대했다. 《조선일보》는 1938년 1월 29일에 다음과 같이 썼다.

아직까지도 우리 사회에는 관존민비 사상이 뿌리 깊이 박혀 졸업생을 채용하는 데도 관공립 출신에게 우선권을 주는 현상이 있어서랴! 우리 사회에서는 사람을 쓰려 할 때 "너는 무엇을 할 줄 알며, 잘하느냐?" 하고 묻지 않는다. 그 대신에 "너는 어느 학교를 졸업하였느냐"고 묻는다.

그래서 그가 대답하는 학교가 관공립이고 사립임에 따라서 그의 실력을 저울질하고 그를 대우함에 차별을 둔다. 그것도 관공청에서와 같이 그들이 만든 학교 출신을 많이 써 주려는 의미와 또는 우대하려는 의미에서 관공립 출신에게 우선권을 주고 대우함에 차별을 두는 것이라면, 그럴 법한 일이라고 해도 관존민비 사상을 배격하고, 관리 만능주의를 타파해야 한다고 외치는 민간단체에서까지 이 차별 대우의 굴레를 벗어버리지 못하고 사학 출신을 천대(?)하는 곳이 거의 전부인 현재의 세태이니 그들 사학 출신의 취직에 대한 고심이야말로 여간한 것이 아닐 것이다.

또한 관청과 회사는 관립 전문학교와 사립 전문학교 졸업자 간에 임금 격차를 두었다. 1927년 총독부 철도국의 초임 임금은 공과대학 출신 150~160원, 관립 고등공업학교·고등상업학교 출신 최고 80원, 사립 고등공업학교·고등상업학교 출신 65원이었다.

1920년대 조선식산은행의 초임 임금은 제국대학 출신 75원, 일본 사립대학 출신 70원, 관립 고등상업학교 출신 65원, 일본의 사립 전문학교 출신 60원, 조선의 사립 전문학교 출신 55원, 상업학교 출신 35원이었다.[21] 이후에도 《동아일보》 1936년 3월 7일자에서 조선식산은행의 야스이 과장은 관립학교와 사립학교 간에 차별은 전혀 없다고 말했지만, 기자는 그 뒤에 괄호를 붙여 실제로는 "봉급에 있어서 관·사립은 차이가 전혀 없는 것은 아닌 모양"이라고 덧붙였다.

이 기사는 각 회사와 은행에 "관립학교와 사립학교 졸업자 간의 대우에 차별이 있습니까?"라는 질문을 하고 그 답변을 정리한 것인데, 이런 질문 자체가 이미 오랜 기간 관립학교와 사립학교 졸업자 간에 차별이 있었다는 전제하에서만 나올 수 있는 것이다. 이렇게 총독부의 관립 전문학교 우대정책은 관립 전문학교 졸업장에 사회적 · 경제적 힘을 실어 주었다.

그런데 관립 전문학교와 사립 전문학교의 교육 여건을 비교해 보면, 관립 전문학교의 높은 서열이나 그 졸업자에 대한 특권이 과연 정당한 것이었는가 하는 의문이 든다. 특히, 기독교계 사립 전문학교는 관립 전문학교에 비해 결코 교육의 질이 떨어지지 않았으며, 재학생 1인당 연간 경비나 총 자산 등에서는 더욱 뛰어난 점도 있었기 때문이다.

〈표 4-3〉은 1916~1942년의 관 · 공 · 사립 전문학교 재학생 1인당 연간 경비다. 기독교계 사립 전문학교의 재학생 1인당 연간 경비는 매우 높다. 전공별로 비교해 보면, 의학계의 경우 세브란스연합의학전문학교는 학생 1인당 연간 경비가 조선총독부 의사면허라는 자격을 얻기 전인 1923년까지 경성의학전문학교에 비해 약 3~6배 높고, 이후 내무성 의사면허라는 자격을 얻기 이전인 1934년까지도 경성의학전문학교에 비해 약 2배 정도 높다. 문과계의 경우, 연희전문학교는 재학생 1인당 연간 경비가 고등시험 예비시험 면제라는 자격을 얻기 전인 1932년까지 경성법학전문학교와 경성고등상업학교에 비해 약 2~6배 정도 높다.

총 자산을 비교해 보면, 문과계의 경우 연희전문학교 총 자산은

1930년 1,691,412원, 1937년 1,877,104원 79전, 이화여자전문학교
는 1937년 1,337,010원이었다.[22] 이에 비해 경성법학전문학교의 총
자산은 1930년 129,772원, 1937년 199,596원, 경성고등상업학교는
1930년 380,068원, 1937년 465,327원에 그쳤다.[23] 즉, 문과계의 경
우 기독교계 사립 전문학교는 관립 전문학교에 비해 총 자산이 훨씬
많았다. 이에 대해 타이페이제국대학의 이토 유텐 교수는 1940년 8월
말에 조선의 교육시설을 견학한 후 저술한《선만의 흥아교육鮮滿の興
亞敎育》(1942)에서 조선의 사립 전문학교 중 "○○(원문 그대로) 전문
학교는 130만 원의 자산가 ○○○가 100만 원을 투자·창립해서 건
물은 경성제대보다도 훌륭하며, 교수도 사비로 해외로 유학시킨다
고. 내가 언뜻 본 바로는 ○○○○전문학교도 학교 건물은 실로 당
당한 것"이라고 쓰기도 했다.[24]

　물론 같은 시기에 일본의 고등교육 체제 내에서도 관립대학과 사
립대학, 관립 전문학교와 사립 전문학교 간에 서열이 있었다. 그 안
에서 관립대학은 사립대학보다, 관립 전문학교는 사립 전문학교보
다 우위를 차지하고 있었다. 이를 보면 조선의 식민지 전문학교 체
제 내의 서열 구조는 일본 고등교육 체제 내의 서열 구조가 이식된
것이기도 하다. 그러나 둘 사이에는 결정적인 차이가 있다. 그것은
조선의 식민지 전문학교 체제 내의 서열 구조는 '민족'과 중첩되어
있다는 점이다.

　1922년을 기점으로 총독부는 관립 전문학교의 조일공학 정책을
실시했으며, 이를 계기로 관립 전문학교는 일본인을 다수 선발했다.

표 4-3 | 1916~1942년 관·공·사립 전문학교 재학생 1인당 연간 경비

(단위: 원)

구분	관립 전문학교							공립 전문학교		사립 전문학교											
	경성법전	경성의전	경성고공	수원고농	경성고상	경성광전	부산고수	대구의전	평양이전	세브란스	연희전문	보성전문	숭실전문	이화여전	경성치의	경성약전	중앙불전	경성여의	대동공전	숙명여전	명륜전문
1916	161	129	1,447	.	.	.	.	.	.	.	.	.	.	.	.	.	.	.	.	.	.
1917	154	94	722	.	.	.	.	.	.	.	.	.	.	.	.	.	.	.	.	.	.
1918	147	207	1,025	1,077	.	.	.	.	.	1,163	295	.	.	.	.	.	.	.	.	.	.
1919	185	454	1,708	705	.	.	.	.	.	1,655	1,491	.	.	.	.	.	.	.	.	.	.
1920	290	512	3,240	4,293	.	.	.	.	.	.	.	.	.	.	.	.	.	.	.	.	.
1921	387	358	2,299	2,051	.	.	.	.	.	.	.	.	.	.	.	.	.	.	.	.	.
1922	367	316	1,532	815	457	.	.	.	.	1,954	420	202	.	.	.	.	.	.	.	.	.
1923	332	216	1,256	808	698	.	.	.	.	.	.	.	.	.	.	.	.	.	.	.	.
1924	322	224	1,218	613	346	.	.	.	.	775	2,000	226	.	.	.	.	.	.	.	.	.
1925	375	342	1,058	482	365	.	.	.	.	.	.	.	.	585	.	.	.	.	.	.	.
1926	303	214	817	486	330	.	.	.	.	743	783	174	1,551	.	.	.	.	.	.	.	.
1927	422	302	955	764	493	.	.	.	.	.	.	.	.	.	.	.	.	.	.	.	.
1928	326	844	875	894	467	.	.	.	.	.	.	.	.	.	.	.	.	.	.	.	.
1929	327	1,107	931	781	464	.	.	.	.	2,340	1,327	228	867	409	350	.	.	.	.	.	.
1930	299	842	836	805	410	.	.	.	.	.	.	.	.	.	.	.	.	.	.	.	.
1931	275	892	708	549	372	.	.	.	.	1,978	781	181	774	441	404	261	419	.	.	.	.
1932	268	903	471	532	347	.	.	.	.	1,742	626	154	563	502	270	462	443	.	.	.	.
1933	270	949	643	655	332	.	.	616	225	1,738	472	96	499	380	305	244	306	.	.	.	.
1934	259	1,019	677	536	323	.	.	489	557	1,776	481	85	586	381	246	207	246	.	.	.	.
1935	266	1,052	619	554	321	.	.	220	205	1,833	198	99	542	366	285	276	248	.	.	.	.
1936	264	1,097	591	1,149	330	.	.	243	207	1,794	315	120	264	435	305	511	231	.	.	.	.
1937	703	1,154	707	1,181	329	.	.	242	221	1,881	339	150	721	411	312	284	203	.	.	.	.
1938	289	1,218	1,597	729	329	.	.	241	228	1,710	323	251	.	420	311	283	202	5,067	.	.	.
1939	283	1,122	1,166	691	323	970	.	234	253	1,829	349	257	.	440	306	234	203	2,841	1,511	402	.
1940	331	1,183	983	711	284	631	.	247	220	2,143	531	435	.	438	345	292	274	2,132	937	371	.
1941	262	1,676	693	728	312	726	2,879	224	238	2,347	353	324	.	359	386	321	122	2,214	459	429	.
1942	305	1,921	593	1,121	269	640	1,246	238	227	2,498	379	329	.	292	385	391	222	1,265	778	463	7,133

- 관공립 전문학교: 《조선총독부통계연보》(각 연도판).
- 사립 전문학교: 《조선제학교일람》(각 연도판).

그 결과, 관립 전문학교에 입학한 다수의 일본인은 졸업 후 높은 사회적 지위를 갖는 직업군(고위 관료, 의사, 변호사, 관립학교 교사 등)에 비교적 쉽게 들어갈 수 있었다. 그러나 조선인은 조선 내에서는 주로 사립 전문학교에 입학했으며, 그런 탓에 졸업 후 높은 사회적 지위를 갖는 직업군에 들어가기가 쉽지 않았다.

이렇게 관립 전문학교와 사립 전문학교 간의 서열 구조는 조선 내에서 일본인에게는 높은 사회적 지위를, 조선인에게는 그보다 낮은 사회적 지위를 분배하는 역할을 했다. 바꿔 말하면, 관립 전문학교와 사립 전문학교 간의 서열 구조는 조선인과 일본인 간의 불평등한 지위 배분을 민족 차별에 의한 것이 아니라, 마치 학업 능력이나 학교 이력, 즉 관립 전문학교를 나왔는가, 사립 전문학교를 나왔는가 하는 차이에 의한 것으로 정당화하는 역할도 했다.

제 **5** 장

전쟁(1937~1945)의 소용돌이, 전시 전문학교 정책

이과계 기술자를 양성하라

사립 전문학교의 조일공학 정책

수업연한 단축과 학교교련, 근로 동원

이과계 기술자를 양성하라

일제는 1931년 9월 18일에 만주사변, 1937년 7월 7일에 중일전쟁을 잇따라 일으켰다. 이어 일본 정부는 1938년 3월 31일에 전쟁 수행을 위해 모든 인적·물적 자원을 통제·운용할 수 있는「국가 총동원법」을 제정했다. 이런 상황에서 1936년 8월에 미나미 지로南次郎 전 관동군 사령관이 조선총독으로 부임했다.

1937년 4월에 열린 도지사회의에서 미나미 총독은 식민지 통치의 근본 방침으로 국체명징國體明徵·선만일여鮮滿一如·교학진작敎學振作·농공병진農工竝進·서정쇄신庶政刷新이라는 5대 강목을 제창했다. 이 중 교학진작이란 "교학에 있어 국민정신의 함양"으로 학생들에게 '우리는 일본 제국의 신민이다'라는 강한 신념과 긍지를 갖게 하는 것이었다. 이는 황국신민화 교육(이하 '황민화 교육')을 의미한다. 이어 그는 "중등·전문·대학의 각 교육은 적어도 장래 사회에서 지도적 지위를 담당해야 할 사람을 육성하는 것이기 때문에 그 요는 더욱 긴절"하다고 덧붙였다.

황민화 교육이란, 조선인을 '천황에게 절대 순종하는 인간', 단적으로 말하면 '웃으면서 순국하는 인간'으로 만드는 교육을 말한다. 조선총독부는 조선군(조선 주둔 일본군)의 요구를 수용해서 조선인을 병력 자원으로 동원하기 위한 전제로 황민화 교육을 실시했다. 이를 위해 일제는 1938년 3월 3일에 「제3차 조선교육령」을 제정했다.[1] 이에 대해 미나미 총독은 3월 4일에 유고를 공표해서 그 취지를 "신동아 건설로 향하는 우리 제국의 중책", 즉 전쟁 수행을 위해 국체명징·내선일체內鮮一體·인고단련忍苦鍛鍊이라는 3대 교육 방침을 철저하게 하는 것이라고 설명했다. 이는 황민화 교육의 기조였다. 이는 총독부의 전문학교 정책에도 영향을 미쳤다.

또한 미나미 총독은 조선의 병참기지화 정책도 실시했다. 이는 일제가 대륙 침략을 위해 조선을 공업화함으로써 인적·물적 자원의 보급기지, 즉 군수기지화하는 것을 목적으로 한 정책이었다. 이런 공업화는 많은 이과계 인력을 필요로 했다. 이를 위해 총독부는 이과계 전문학교를 증설하고, 기존의 문과계 전문학교도 이과계로 전환하거나 폐쇄함으로써 조선의 전문학교 체제를 전시전문학교 체제로 개편하는 전시전문학교 정책을 실시했다.

이미 중일전쟁이 일어나기 직전인 1936년 9월 8일에 총독부는 「조선산업경제조사회 규정」을 제정해서 총독의 자문에 응해 산업과 경제에 관한 중요한 사항을 조사·심의하는 것을 목적으로 하는 조선산업경제조사회를 설치했다. 이어 10월 12~15일에 조사회는 회의를 열어 자문 사항을 조사·심의하고, 답신을 작성했다.

여기서 '산업교육에 관한 건'을 보면, 그 내용은 실업전문학교를 확충해야 한다는 취지하에 고등상업학교, 고등공업학교, 고등농림학교를 각각 1교씩 증설하고, 또한 전문 정도 수산강습소의 설립도 제안했다.[2] 나아가 '산업교육에 관한 건'을 자문한 제4 분과회의에서 안도 히로타로 위원은 전문 정도 수산강습소가 아니라 고등수산학교의 설립을 요구했다.[3] 이는 이후 총독부가 이과계 전문학교의 증설을 추진하는 데 있어 하나의 계기가 됐다. 다만, 이 시기에 총독부는 1939년 4월 6일에 경성광산전문학교, 1941년 3월 28일에 부산고등수산학교를 설립하는 데 그쳤다.

1941년 12월 12일에 일제는 태평양전쟁을 일으켰다. 이어 점차 전황이 악화됨에 따라 일본 정부는 일련의 '전시 비상조치'를 제정하고, 그 연장선상에서 교육 부문에서도 1943년 10월 12일에 「교육에 관한 전시 비상조치 방책」을 제정했다. 이에 의거해서 10월 13일에 총독부도 다나카 다케오 田中武雄 정무총감 담화의 형식으로 「교육에

I 그림 5-1 I 경성광산전문학교 간판

제1부. 전문학교로 시작된 한국 대학의 역사

관한 전시 비상조치 방책」을 제정했다. 여기서 전문학교에 관한 내용은 다음과 같다.

(…)

(나) 이과계 전문학교의 확충에 대해 이미 설립되어 있는 학교의 학생 정원 증가와 학교 신설 등 적극적 조치를 강구함.

(다) 문과계 사립 전문학교를 이과계 전문학교로 전환할 것을 고려함.

(라) 그 밖의 문과계 전문학교는 적당히 정리·통합함.

(마) 문과계 여자전문학교에 대해서는 그 교육 내용을 개선해서 여자 교원·여자 실무자와 여자 지방보도원을 길러 내도록 필요한 조치를 강구함.

이 시기에 총독부는 적극적으로 이과계 전문학교를 증설하고 문과계 전문학교를 이과계로 전환하거나 폐쇄하려 했다. 이어 1941년 12월 24일에 총독부는 오노 학무국장 담화의 형식으로 「교육에 관한 전시 비상조치 방책」에 관한 법제·예산 조치를 발표했다. 그 내용은 문과계 대학과 전문학교의 정원을 줄이고, 이과계 대학과 전문학교의 정원을 늘리는 것과 1944년 4월에 새로 설립될 조선여자청년연성소의 지도원을 길러 내기 위해 당분간 이화여자전문학교와 숙명여자전문학교를 그 양성기관으로 개편한다는 것 등이다. 이를 좀 더 구체적으로 살펴보자.

첫째, 총독부는 이과계 전문학교를 증설·확충했다. 1944년 1월

22일에 총독부는 오노 학무국장 담화의 형식으로 「전시교육안」을 발표했다. 여기서 전문학교에 관한 내용은 이과계 전문학교 3교, 즉 평양고등공업학교·경성제이고등공업학교·대구농업전문학교를 신설하고, 기존의 이과계 전문학교를 확충해서 이과계 전문학교의 입학 정원을 기존의 약 8백 명에서 약 2천 명으로 늘린다는 것이다. 이에 의거해서 총독부는 4월 6일에 평양공업전문학교와 대구농업전문학교를 설립했다.

이어 총독부는 《조선총독부 관보》 1944년 1월 31일자에 경성고등공업학교의 '생도 추가 모집' 광고를 실어 토목공학과, 건축공학과, 제2기계공학과에 합격한 사람은 신설될 경성제이고등공업학교에 입학할 예정이라는 점을 알렸다. 2월에는 경성제이고등공업학교가 폐교가 결정된 혜화전문학교의 학교 건물을 사용한다는 방침까지 결정했다. 그러나 이후 이 계획은 기존의 경성고등공업학교를 확충하는 것으로 바뀌었다.

둘째, 총독부는 문과계 전문학교를 이과계로 전환하거나 폐쇄했다. 1944년 2월 8일에 오노 학무국장 담화의 형식으로 「전시교육 비상조치에 의한 전환정비 요강」을 발표했다.

여기서 전문학교에 관한 내용은, 경성법학전문학교와 경성고등상업학교는 새 학기부터 학생 모집을 중단하고 두 학교를 통합하는 형태로 경성경제전문학교를 설립한다는 것, 연희전문학교와 보성전문학교·혜화전문학교·명륜전문학교도 새 학기부터 학생 모집을 중단하고 연희전문학교는 경성공업경영전문학교, 보성전문학교는 경성

척식경제전문학교로 전환한다는 것이다. 이에 의거해서 총독부는 1944년 5월 10일 연희전문학교와 보성전문학교를 폐교하고, 12일에 두 학교를 각각 경성공업경영전문학교와 경성척식경제전문학교로 전환했다. 또한 이를 전후해서 혜화전문학교와 명륜전문학교도 폐교하고, 경성법학전문학교와 경성고등상업학교를 경성경제전문학교로 통합·전환했다.

셋째, 총독부는 문과계 여자전문학교를 교원과 조선여자청년연성소의 지도원 양성기관으로 전환했다. 1943년 12월에 총독부는 이화여자전문학교와 숙명여자전문학교를 조선여자청년연성소의 지도원 양성과정으로 개편한다는 방침하에 두 학교의 전교생을 1월 중순부터 3월 말까지 합숙·훈련시키기로 했다. 이를 위해 두 학교는 일단 1944년 1~3월에 1, 2학년생을 대상으로 속성 교육을 실시하고, 4월부터는 신입생을 선발해서 일 년간 정식 교육을 실시하기로 했다. 이어 1944년 1월에 총독부는 숙명여자전문학교의 경우 같은 달 19일부터, 이화여자전문학교의 경우 24일부터 기존의 학과를 조선여자청년연성소 지도원양성과(이하 '지도원양성과')로 개편하되, 교명은 그대로 두기로 했다. 이에 따라 3월 20일에 이화여자전문학교는 제1회 지도원양성과 수료생 343명, 26일에 숙명여자전문학교도 제1회 지도원양성과 수료생 190명을 배출했다.

이후 1944년 12월에 총독부는 이화여자전문학교와 숙명여자전문학교를 다시 개편했다. 그 내용은 1945년 새 학기부터 이화여자전문학교의 경우 지도원양성과를 교육전수과로 개편하고, 후생과·육아과·보육전수과를 개설하며, 숙명여자전문학교의 경우도 마찬가지로 지도원양성과를 교육전수과로 개편하고, 물리화학과·보건과·피복과를 개설한다는 것이었다.

이에 대해 엄창섭 학무국장은 두 학교의 개편이 전쟁으로 남성 교원이 부족해짐에 따라 이를 여성 교원으로 보충해야 하는 상황 등을 고려한 것이라고 설명했다. 여기서 교육전수과 졸업자는 조선여자청년연성소 지도원뿐만 아니라 초등교원으로도 종사할 수 있도록 했다. 각 과의 수업연한은 이화여자전문학교의 경우 후생과·육아과는 3년, 보육전수과·교육전수과는 1년이었으며, 숙명여자전문학교의 경우 물리화학과·보건과·피복과 3년, 교육전수과 1년이었다. 이어 1945년 신학기부터 이화여자전문학교는 교명이 경성여자전문학교로 바뀌었다.

사립 전문학교의 조일공학 정책

조선총독부는 「제3차 조선교육령」을 제정해서 기존의 조선인 대상 학교인 보통학교와 고보·여고보를 일본인 대상 학교와 동일하게 소학교와 중학교·고등여학교로 개편했다. 이에 대해 미나미 총독은 황민화 교육의 기조인 국체명징·내선일체·인고단련을 철저하게 하기 위해 "국어(일어)를 상용하는 사람과 국어를 상용하지 않는 사람", 즉 조선인과 일본인 간 학교의 구별을 철폐하고, 동일한 법령하에서 교육을 받는 길을 연 것이라고 말했다. 즉, 총독부는 황민화 교육을 더욱 철저하게 하기 위해 이전 시기에 관립 전문학교와 실업학교에서 실시했던 조일공학을 더욱 확대해서 초등학교와 중등학교에서도 확대·실시했던 것이다.

이와 동시에 총독부는 사립 전문학교에 대해서도 조일공학을 강요했다. 먼저 1938년 3월에 총독부는 그때까지 사립 전문학교가 일본인의 입학을 환영하지 않는 경향이 있었다고 지적했다. 실제로 1938년 3월에 사립 전문학교 8교 중 일본인이 유의미한 정도로 다니고 있던 곳은 총독부가 설립에 개입한 경성치과의학전문학교와 경성약학전문학교 2교에 그쳤다. 이에 따라 총독부는 「제3차 조선교육령」의 제정을 계기로 사립 전문학교에 운영의 쇄신과 함께 조일공학, 즉 일본인의 입학도 허용할 것을 강요했다. 그 대신 총독부는 이미 조일공학을 실시하고 있던 경성치과의학전문학교와 경성약학전문학교가 총독부로부터 보조금을 받고 있다고 지적하고, 그 밖의 사립 전문학교에도 보조금 지급과 민간 유력자의 원조를 고려하기로 했다.

먼저 총독부는 1938년에 새로 설립될 경성여자의학전문학교·대동공업전문학교·숙명여자전문학교의 설립 과정에 적극적으로 개입함과 동시에 세 학교에 조일공학을 실시하도록 했다. 이는 경성여자의학전문학교와 숙명여자전문학교의 사례에서 가장 뚜렷하다.

경성여자의학전문학교는 선교사 로제타 홀 등이 설립한 경성여자의학강습소를 전신으로, 1938년 4월 11일에 고故 김종익의 기부를

I 그림 5-2 I 대동공업전문학교 개교식

토대로 하여 전문학교로 승격됐다. 그런데 이 과정에서 1937년 7월
에 고故 김종익의 부인은 로제타가 귀국한 후 경성여자의학강습소를
운영하고 있던 김탁원과 길정희를 배제하고, 경성의학전문학교의
사토 고조 교장에게 경성여자의학전문학교의 설립 사무를 위임했
다. 이에 따라 경성여자의학전문학교의 설립은 사토 교장과 니시자
와 신조 사무관 등 주로 총독부의 일본인 관리들에 의해 추진됐다.[4]

　이런 상황에서 1938년 1월 총독부는 경성여자의학전문학교에 매
년 보조금을 주기로 했다. 이에 대해 당시 경성여자의학전문학교 교
수로 재직했던 정구충은 "여의전(경성여자의학전문학교-저자)에 총
독부에서 보조를 매년 5천 원을 하였음은 기금 1백만 원에 대한 정
기예금 이자를 정부에서 부담하겠다는 의미요, 또 한 가지는 일본인

| 그림 5-3 | 숙명여자전문학교 개교식

학생을 입학하게 한다는 조건"이라고 회고했다.[5] 총독부는 경성여자
의학전문학교에 보조금을 지급하는 대가로 조일공학을 강요했다.

숙명여자전문학교는 1938년 12월 24일에 설립됐다. 이에 앞서
1937년 1월 21일에 열린 숙명재단 평의원회는 숙명여자전문학교 창
립위원을 선정했다. 위원장 시노다 지사쿠篠田治策(숙명재단 이사장),
간사장 오다 쇼고小田省吾(숙명여고보 교장), 그 밖에 일반 위원 30명
중 전 정무총감 3명, 전 학무국장 3명, 전 내무부장관 1명 등을 포함
해서 상당수가 총독부의 전·현직 관리들이다.[6] 이를 보면, 총독부
는 숙명여자전문학교의 설립에도 적극적으로 개입했다는 점을 알
수 있다. 이어 1937년 3월 6일에 숙명여자전문학교 창립위원회는 제
1회 회의를 열어 조선인과 일본인 여성을 막론하고 수용·교육하기
로 했다.

이후 총독부는 기존에 있던 사립 전문학교에도 조일공학을 강요하기 시작했다.

1940년 4월에 총독부 학무국은 중앙불교전문학교를 경영하고 있던 친일 성향의 조선불교중앙교무원에 학교의 시설과 경비가 빈약한 것을 문제 삼아 재단 기본재산 확충, 교장 교체, 중국어과 설치, 교명 변경 등을 지시했다.

총독부는 조선불교중앙교무원이 위의 지시를 따르지 않을 경우 중앙불교전문학교의 경영을 다른 독지가에게 맡기려고 할 정도로 강경한 태도를 취하고 있었다. 5월 30일에 조선불교중앙교무원은 임시 이사회를 열어 교명을 혜화전문학교로 바꿀 것, 전 경성제국대학 교수 다카하시 도루高橋亨를 신임 교장으로 임명할 것, 기존의 불교과 외에 흥아과興亞科를 개설할 것 등을 결의했다. 이와 함께 중앙불교전문학교는 불교과에 일본인 승려 자녀의 입학을 허용함과 동시에 흥아과에서도 조일공학을 실시하기로 했다. 실제로 「학칙」을 보면, 흥아과의 목적은 "대륙에서 활동을 희망하는 내선 유위의 청년", 즉 조선인과 일본인을 대상으로 "대륙 사정에 관한 고등한 학술을 교수"하는 것이다.[7]

1941년 12월 세브란스연합의학전문학교 이사회는 '세브란스'라는 교명을 "미국·영국 격멸의 오늘에 있어서 더욱이 황민 교육을 맡은 우리로서는 도저히 이런 비시국적인 이름을 둘 수 없는 것"이라는 이유로 '아사히'로 바꾸기로 했다. 이는 1942년 2월 1일부로 총독부의 인가를 받았다.

제1부. 전문학교로 시작된 한국 대학의 역사

이어 1942년 8월 18일에 열린 아사히의학전문학교 교수회에서 신임 교장 이영준은 이듬해부터 실행할 혁신안으로 조선인과 일본인 교직원을 확충할 것, 황국신민으로서의 훈육 연성을 철저하게 할 것과 함께 조일공학을 실시하기로 했다. 실제로 1943년에 아사히의학전문학교는 일본인 두 명을 선발했다.[8]

총독부는 1942년 8월 17일에 연희전문학교를 적산敵産으로 지정하고, 조선교육회의 마사키 나가토시 부회장을 관리인으로 선임했다. 마사키 부회장은 학무국장이기도 했다. 이에 대해 학무국의 다카하시 하마키치 교학관은 대체로 기독교

| 그림 5-4 | 아사히의학전문학교 간판

계 사립학교는 그 밖의 사립학교에 비해 황민화 교육이 뒤떨어져 있다고 지적하고, 이 조치가 연희전문학교를 명실상부한 황민학교로 갱생·존속시키기 위한 것이라고 설명했다.

같은 해에 다카하시 교학관은 연희전문학교의 신임 교장으로 부임했다. 이때 그는 자신의 교육 정신이 황민화 교육의 확립에 있다

| 표 5-1 | 1943년 사립 전문학교의 민족별 학생 수

아사히(세브란스)의학전문학교			연희전문학교			보성전문학교			이화전문학교			경성치과의학전문학교			경성약학전문학교			혜화전문학교			경성여자의학전문학교			대동공업전문학교			숙명여자전문학교			명륜전문학교		
조	일	계	조	일	계	조	일	계	조	일	계	조	일	계	조	일	계	조	일	계	조	일	계	조	일	계	조	일	계	조	일	계
283	2	285	531	·	531	571	·	571	617	5	622	180	270	450	115	251	366	306	5	311	224	86	310	125	28	153	198	96	294	100	1	101

- 《조선제학교일람》(1943년도판), 213~216쪽.

고 전제하고, 과거 연희전문학교의 영미적인 교육을 일소하고 동양적이고 일본적인 교육을 실시해서 국가가 요구하는 인재를 길러 내겠다고 밝혔다.

이에 따라 1943년에 연희전문학교는 기존의 문과와 수물과의 학생 모집을 중단하고 동아과를 신설했으며, 상과를 상업과로 개편했다. 동아과는 중국과 만주, 나아가 대동아 공영권에서 활약할 인물을 길러 내는 것을 목적으로 했다. 이어 1944년 5월 16일에 연희전문학교는 경성공업경영전문학교로 개편됐다. 그리고 같은 해부터 경성공업경영전문학교는 '내선일체의 실효'라는 명목하에 조일공학을 실시했다.[9]

한편 1944년에 보성전문학교에 입학한 송기철은 그해에 폐교된 혜화전문학교와 명륜전문학교 중 어느 한쪽을 다니고 있던 일본인 학생이 경성척식경제전문학교(보성전문학교) 2학년에 편입했다고 회고했다. 즉, 경성척식경제전문학교도 조일공학을 실시했다.[10]

〈표 5-1〉은 1943년 사립 전문학교의 민족별 학생 수다. 이를 보면 1944년부터 조일공학을 실시하는 연희전문학교와 보성전문학교

를 제외한 모든 사립 전문학교가 일본인의 입학을 허용했다는 점을 알 수 있다.

사립 전문학교의 조일공학 정책이 그 정책 목표인 조선인 학생의 황민화에 어느 정도 영향을 미쳤는지는 알 수 없다. 다만, 그것이 조선인이 사립 전문학교를 통해 고등교육 기회를 얻는 데 부정적인 영향을 미쳤다는 점만은 분명하다.

수업연한 단축과 학교교련, 근로 동원

일본 정부는 1941년 10월 7일에 「대학학부 등의 재학연한 또는 수업연한에 관한 건」을 제정해서 대학·고등학교·전문학교 등 고등교육기관의 수업연한을 각각 6개월 이내로 단축할 수 있으며, 조선에서는 조선총독이 이를 행한다고 규정했다. 이는 주로 장교 또는 광공업을 비롯해 전시에 필수적으로 요구되는 전문 인력을 좀 더 빠르게 보충하기 위한 것이었다.[11]

이에 따라 조선총독부는 1941년 10월 23일에 「대학학부 등의 재학연한과 수업연한의 1941년도 임시 단축에 관한 건」을 제정해서 경성제국대학과 관·공·사립 전문학교 수업연한을 3개월 단축했다. 이 시점에서 전문학교의 조선인 학생은 병역과 관계가 없었으므로 그들은 주로 산업 전사로 활약할 것이 기대됐다. 각 고등교육기관의 졸업식도 1942년 3월에서 1941년 12월로 앞당겨졌다. 이어 총독부는 11월 12일에 「대학학부 등의 재학연한과 수업연한의 1942년도 임시 단축에 관한 건」을 제정해서 경성제국대학과 관·공·사립 전문학교 수업연한을 6개월 단축했다. 이후 같은 법령은 1945년까지 매년 제정됐다.

이에 따라 전문학교의 수업 손실은 불가피했다. 총독부가 내놓은 대책은 연장 수업, 중점주의, 여름방학 단축 등이었다. 연장 수업은 말 그대로 주간 또는 일간 수업 시간을 늘리는 것을 말한다. 이에 따라 광공업계 학교는 매주 교수 시수를 39~40시간에서 45시간으로, 법문계 학교는 매주 교수 시수를 35~36시간에서 42시간으로 늘렸다. 중점주의는 국어(일어)·한문, 외국어와 같이 자습할 수 있는 과목은 교육을 중지하고, 실습이나 학교 시설을 이용해야 하는 과목을 중점적으로 교수하는 것을 말한다.

여름방학 단축도 말 그대로 그 기간을 줄이는 것을 말한다. 1942년 5월에 총독부는 각 전문학교 등에 여름방학을 1~3주간까지 줄이도록 지시했다. 그 결과 같은 해에 각 전문학교의 여름방학 기간은 경성고등상업학교 7월 21일~8월 10일(21일간), 수원고등농림학교 7월 15~31일(17일간), 경성고등공업학교 7월 22일~8월 10일(21일간), 연희전문학교 7월 13~25일(13일간), 보성전문학교 7월 27일~8월 15일(20일간), 경성약학전문학교 7월 25일~8월 10일(17일간), 혜화전문학교 7월 20일~8월 8일(20일간), 경성치과의학전문학교 방학 없음으로 정해졌다. 전에 비해 거의 절반 이하로 준 것이다.[12]

총독부는 각 전문학교에 육군 현역장교를 배속하고 이를 통해 학교교련을 강화했다. 앞서 일본 정부는 1925년 4월 11일에「육군 현역장교 학교배속령」을 제정해서 관·공립 중·고등교육기관의 교련을 담당하도록 육군 현역장교를 배속하고, 사립 중·고등교육기관에도 신청에 따라 육군 현역장교를 배속할 수 있다고 규정했다. 이는 군대에 의한 국민통합 정책의 일환이며, 또한 학교교육을 감시하고 학생들에게 군인 정신을 주입하기 위해 실시된 것이다.[13] 이에 따라 1920년대 중반부터 일본의 전문학교에서는 육군 현역장교에 의한 학교교련이 시작됐다.

이후 문부성은 1925년 7월 2일에「문부대신 소할 외 학교에 육군 현역장교를 배속하는 건」을 제정해서 총독부로부터 협의가 있을 때는 조선의 학교에도 육군 현역장교를 배속할 수 있다고 규정했다. 이에 그해부터 총독부는 조선의 학교에도 육군 현역장교를 배속받기 위한 준비에 착수했다. 그 결과, 1926년에 일본인 학생 위주의 중학교와 실업학교 등에 육군 현역장교가 배속됐다. 다만, 이때 총독부는 조선인에게 학교교련을 실시하는 것이 국책상 적당하지 못하다고 판단해서 조선인 학생 위주 또는 조일공학의 중·고등교육기관에는 육군 현역장교의 배속을 요구하지 않았다.

그런데 이후 점차 조일공학의 중·고등교육기관에서 조선인 때문에 일본인도 학교교련을 받지 못하는 것은 문제가 있고, 조선인도 학교교련을 받아야 한다는 의견이 나왔다. 이에 따라 1928년 4월에 총독부는 조일공학의 관·공립학교부터 학교교련을 실시하고, 이후 사립학교에도 점차 이를 확대하기로 했다. 그 결과, 7월 2일에 육군성

은 경성제국대학과 관립 전문학교에 배속될 육군 현역장교를 임명
했다. 이어 1934년 7월 28일에는 대구의학전문학교와 평양의학전문
학교도 육군 현역장교를 배속받았다.

총독부는 원칙적으로 사립 전문학교도 각 학교의 희망에 따라 경
비 등을 해당 학교가 부담하는 경우에 한해 육군 현역장교를 배속할
수 있다는 방침을 정하고 있었다. 이에 따라 1929년 5월 16일에 경성
치과의학전문학교의 나기라 교장은 야마나시 한조山梨半造 총독에게
육군 현역장교 배속원을 제출했다. 그 결과, 경성치과의학전문학교
는 1930년 8월 18일에 사립 전문학교 중 처음으로 육군 현역장교를
배속받았다.[14] 다만, 이 시기에 사립 전문학교가 육군 현역장교의
배속을 희망하는 것은 매우 예외적인 일이었다.

이와 함께 총독부는 전문학교의 교련 교수요목도 규정했다. 즉,
1926년 6월 1일에 제정된 「육군 현역장교의 배속을 받아 교련을 행
하는 학교의 교련 교수요목(이하 '교련 교수요목')」은 교육 내용을 각
개 교련·부대 교련·사격·지휘법·진중근무·기신호·거리 측량·측
도·군사 강화·역사·기타로 규정하고, 1928년 9월 21일에 개정된
법령은 전문학교 학교교련의 매주 교수 시수를 1.5시간, 매년 야외
연습 일수를 4일로 규정했다.

그런데 1930년대 후반부터 총독부는 관·공립 전문학교뿐만 아니
라 사립 전문학교에도 학교교련을 확대했다. 이는 일본 정부가 1938
년 2월 22일에 제정한 「육군특별지원병령」에 의해 육군특별지원병
제도가 실시되는 등 조선인을 병력 자원으로 동원하기 위해 실시된

정책의 연장선상에서 취해진 조치였다.

1942년 7월 4일에 매일신보사가 연 반도청년 군사교련 좌담회에서 경성사단 병무부의 후쿠나가 소좌는 종래의 교련이란 단지 심신을 단련·향상시키는 것이 목적이었지만, 지금의 교련은 청소년들에게 군사 기초훈련을 가르쳐서 그들의 국방 능력을 기르기 위한 것이라고 해서 학교교련이 군사교육이라는 점을 분명히 했다. 이에 따라 1939년부터 연희전문학교와 보성전문학교는 학교교련을 실시했다. 다만, 이때 두 학교는 육군 현역장교를 배속받지 않고 조선인 예비역 장교를 채용해서 학교교련을 실시했다.

이후 1942년 5월 8일에 일본 정부는 각의에서 1944년도부터 조선인의 징병제를 실시한다고 발표했다. 이를 전후해서 총독부는 관·공·사립 전문학교를 막론하고 육군 현역장교를 배속받아 학교교련을 실시하도록 했다. 그 결과, 대동공업전문학교는 1942년 4월 18일, 보성·연희·혜화·아사히의학전문학교는 1943년 5월 1일, 명륜전문학교는 1943년 9월 1일, 경성척식경제·경성공업경영전문학교는 1944년 9월 1일부로 육군 현역장교를 배속받았다.

나아가 총독부는 전문학교의 교련 교수 시수도 확대했다. 총독부는 1942년 5월 23일 「교련 교수요목」을 개정해서 3년제 전문학교의 경우 매주 교련 시수를 1·2학년 2시간(연간 70시간), 3학년 2시간(연간 60시간), 연간 야외연습 일수를 1·2학년 7일, 육군 군사강습을 3학년 7일, 4년제 전문학교의 경우 매주 교련 시수를 2시간(연간 60시간), 연간 야외연습 일수를 1·2·3학년 4일, 육군 군사강습을 4학년

7일로 규정했다.

이어 1944년 3월 18일에 다나카 다케오 정무총감은 「교육에 관한 전시 비상조치 방책에 따르는 학도 군사교육 강화 요강(이하 '학도 군사교육 강화 요강')」을 각 도지사에게 통첩해서 이를 1학기부터 실시하기로 했다. 「학도 군사교육 강화 요강」에 따르면 각 전문학교의 매주 교련 시수는 3~7시간(연간 84~196시간, 재학 중 336~420시간)으로 확대되고,

I 그림 5-5 I 1943년 5월 대학·전문학교 연합 야외연습

연간 군사교습 시수는 30~60시간(의과 제외)이 배정됐다. 의과계 전문학교는 군사교습 대신 '군진의학'을 교수하도록 했다. 징병연령의 저하에 따라 각 학교의 군사교육을 강화하고, 특히 고등교육기관의 경우 지휘 능력의 향상과 특별훈련의 강화를 꾀하기 위한 것이었다.

이렇게 전문학교 교육과정에서 학교교련이 차지하는 비중은 점차 커졌다. 그만큼 전문학교의 수업 시간은 점차 줄어들었다. 학생들은 전보다 학업에 집중하기가 어려워졌다. 1942년에 경성법학전문학교에 입학한 이종성과 1944년에 경성척식경제전문학교에 입학한 송기철은 다음과 같이 회고했다.

1학년 학기 때까지는 서울 생활이 다소 서먹한 탓도 있었지만 오직 학교와 집을 오가면서 매일 술을 마시게 되는 경우가 더욱 많아졌다. 전쟁이 막바지에 접어들면서 일본은 모든 학생들에게 징병령을 내려 일선으로 내몰았다. 법전 친구들은 각자가 '어차피 전쟁터에 끌려가면 죽을지도 모르는 신세인데 공부는 무슨 공부냐' 하는 풍조가 팽배했다. 학교에서도 공부보다는 거의 매일 군대훈련을 더 많이 시켰고, 이러한 분위기는 학교나 가정생활 전체를 혼란스럽게 만들었다.[15]

전시이기 때문에 교련의 강화가 두드러진 느낌을 갖게 하였다. (…) 1944년 1학기에서 1945년 2월까지의 2학기 사이에는 아주 어려운 학생 생활을 하게 되었다. 거의 중학교 시대와 다름없는, 아니 어떤 경우에는 더 고생스러운 학교생활이었다. 전시가 되어서 그랬었지만 우선 학교생활이 경직된 환경하에서 교련이 적지 않게 강조되어 교련이 시간을 제일 많이 잡아먹었다.[16]

육군성은 1943년 10월 20일에 「1943년도 육군 특별지원병 임시채용 규칙」을 제정해서 학도지원병 제도를 실시하고, 1944년에는 징병제를 실시했다. 여기서 학도지원병 제도는 "호적법의 적용을 받지 않는 사람", 즉 조선인 중 "중등학교 졸업 정도를 입학 자격으로 하는 학교", 즉 고등교육기관 학생을 대상으로 했다. 이는 대상자의 지원에 따라 실시된다고 규정됐지만 실제로는 강제적이었다. 이에 따라 전문학교에 다니고 있던 많은 조선인 학생들은 학업을 중단해야 했다.

총독부는 전문학교 학생들의 근로 동원도 확대·강화했다. 일본에서는 1938년 6월 9일에 문부차관이 「집단적 근로작업운동 실시에 관한 건」을 각 직할 학교장에게 통첩해서 '실천적 정신교육 실시'라는 명목하에 중등 이상 학교의 학생을 여름방학이나 그 밖의 적당한 시기에 중등학교 저학년의 경우 3일간, 그 밖의 경우는 5일간 각종 간이한 작업에 동원하도록 했다.[17] 이에 따라 조선에서도 6월 11일에 오노 로쿠이치로 정무총감은 「학교 근로보국대 요항」과 「1938년도에 있어 실시의 요령」을 각 도 지사와 직할 학교장에게 통첩해서 각 학교 학생들을 학교 근로보국대 등으로 조직하고, 각종 근로에 동원하도록 했다.

「학교 근로보국대 요항」을 보면, 근로 동원의 구체적인 방법은 학생들에게 여름방학 등을 이용해서 가능한 한 학교로부터 가까운 농산어촌에서 규율적인 단체 생활을 하게 한다는 것이다. 근로 일수는 연간 약 10일이며, 원칙적으로 학생들은 재학 중 2회 이상 학교 근로보국대에 참가해야 했다.[18] 이에 따라 각 전문학교 학생들도 학교 근로보국대로 조직됐다. 이어 1938년 6월 25일에 총독부는 시오바라 학무국장 주재하에 경성제국대학 예과와 관·공·사립 전문학교 교장회의를 열고, 학생 근로 동원의 실시 계획에 대해 협의했다.

〈표 5-2〉는 1938년도 각 관·공·사립 전문학교 근로보국대의 실시 계획이다. 그해에 각 관·공·사립 전문학교 학생들은 여름방학 중 5~10일 정도 근로에 동원됐다. 근로 내용은 주로 교내 작업이지만, 일부 전문학교는 교외 작업을 하기도 했다.

제1부. 전문학교로 시작된 한국 대학의 역사

| 그림 5-6 | 1940년 7월, 이화여자전문학교 학생들의 근로 동원(육군병원에서 보낸 의복을 깁는 모습)

이화여자전문학교 근로보국대는 교내 작업과 함께 육군병원의 근로에도 동원됐다. 이는 청소대, 세탁대, 재봉대, 토목대, 정리대로 각각 나뉘어 작업했다. 청소대는 학교 주위와 각 교실, 교수실 등을 청소하는 것, 세탁대는 육군병원 부상 장병의 의복을 세탁하고 햇볕에 말린 후 다림질하는 것, 재봉대는 재봉틀로 위문 주머니와 중국 북부에 보낼 일장기를 만드는 것, 토목대는 도로, 학교림, 학교 정원 등을 손질하고 무너진 돌담을 쌓아 올리며 학교 뒷산의 등산로를 내는 것, 정리대는 각 학교의 책상과 교단을 손질하고 특히 일본군의 무운장구를 기원하는 기도실에 꽃항아리를 들여놓는 것을 담당했다. 근로시간은 오전 5시 반부터 오후 9시까지였다.

또한 1940년부터 총독부는 경성제국대학·사범학교와 함께 관·공·사립 전문학교 학생들로 이루어진 만주파견학생근로보국대를

I표 5-2I 1938년도 각 관·공·사립 전문학교 근로보국대의 실시 계획

	교명	근로 기간	인원	근로 내용
관립	경성법학 전문학교	8월 25~31일	50명	본교 학교 대지 정비
	경성의학 전문학교	7월 11~17일	전원	광장리 본교 운동장 정비 부속병원에서 임상 실습
	경성고등 공업학교	7월 16~25일	80명	본교 내 하수거 축조 공사
	수원고등 농림학교	7월 15~19일	45명	본교 토담의 축조 공사
		8월 27~31일	52명	본교 토담의 축조 공사
	경성고등 상업학교	7월 13~19일	60명	청량리정 임업시험장 근처 본교 신교 사 부지 정비 공사
공립	대구의학 전문학교	7월 16~24일	40명	경북 김천군 증산면 청암사 부근 임 간도로 공사
	평양의학 전문학교	7월 16~23일	220명	육군병기본창(평양출장소)에서 탄약 조제 작업
사립	세브란스연합 의학전문학교	7월 6일부터 10일간	42명	경성비행장 정비 공사(3학년)
		7월 17일부터 10일간	191명	본교 부속병원에서 실습(1·2학년)
	연희전문학교	7월 4~14일	473명	본교 야구운동장 정비 본교 빙상장 정비
	보성전문학교	7월 16~25일	120명	본교 교지 정비와 도로 신설 공사
	이화여자 전문학교	7월 1~8일	56명	교지와 실습지 손질, 국기 제조, 위문 주머니 만들기, 육군병원에서 보조 작업
	경성치과 의학전문학교	7월 16~21일	440	육군 창고
	경성약학 전문학교	7월 13~17일	80명	남산 둘레 도로 개수 공사
	중앙불교 전문학교	7월 11~20일	41명	고양군 숭인면 곡지 공사와 층단 깎기

– 《동아일보》. 1938. 7. 17. 〈대학 전문사범 교생 칠천 근로대 총동원〉.

조직했다. 2월에 총독부는 기존의 만주파견근로보국대에 더해 조선의 청년 학생들에 의해 선만일여의 의미 있는 제휴를 도모하기 위해 만주파견학생근로보국대를 조직하기로 했다. 그리고 7월 15일에 총독부는 113명(학생 100명, 교직원 13명)으로 구성된 만주파견학생근로보국대를 파견했다.

만주파견학생근로보국대는 일반반과 특기반으로 조직됐다. 일반반은 경성제국대학 법문학부·예과 문과와 경성고등상업학교·연희전문학교·보성전문학교·혜화전문학교·사범학교 학생들로 이루어졌다. 이들은 삼강성三江省 동강현東江縣 현성에 파견되어 일반 토목공사에 종사하고, 만주국의 고대 문화와 역사 그리고 중국 대륙의 상업 형식을 연구하기로 했다.

특기반은 경성제국대학 의학부와 경성고등공업학교·수원고등농림학교·경성광산전문학교·대구의학전문학교·평양의학전문학교·세브란스연합의학전문학교·경성치과의학전문학교·경성약학전문학교·대동공업전문학교 학생들로 이루어졌으며, 그 아래에 의료반·수의반·농업반·광공반을 두었다.

의료반은 조선과 일본 이주민들의 보건·위생을 진찰하고, 각 개척 부락의 풍토와 이주민들의 보건·위생을 연구하며, 또한 국경 지대를 검역해서 중국 대륙의 질병 계통을 조사하기로 했다. 수의반은 축산을 장려하고, 조선에서 수출하는 데 적당한 축산물의 종류를 연구기로 했다. 농업반은 각종 잡곡 농사 중 어느 방면에 주력할 것인가에 대해 조사하기로 했다. 광공반은 안산과 금서 지방의 철광석

|그림 5-7| 1938년 7월 연희전문학교 학생들의 근로 동원

광산에 들어가 직접 망치를 들고 만주의 광공물을 조사하기로 했다.

이후 1942년에 총독부는 고등교육기관의 수업연한 단축과 그에 따른 수업 손실을 메꾸기 위해 여름방학에도 수업을 하기로 함에 따라 만주파견학생근로보국대의 파견을 중지했다. 다만 일부 전문학교는 여름방학에 개별적으로 만주에서 근로 동원을 실시하기도 했다.

이후 1941년 6월에 마사키 학무국장은 「근로보국대 활동강화 요강」을 통첩해서 학생들의 경우 여름방학뿐만 아니라 학기 중에도 근로 동원을 할 수 있게 했으며, 식량증산운동에 한해서는 연간 근무 일수를 최대 30일로 연장했다.[19] 이어 11월 21일에 일본 정부는 「국민근로보국 협력령」을 제정해서 국민근로보국대의 연간 근무 일수를 최대 30일로 늘렸다.

　　　제1부. 전문학교로 시작된 한국 대학의 역사

1943년 3월에 오노 학무국장과 시오다 농무국장은「학도 전시식량 증산 출동 요항」을 각 도와 학교에 통첩해서 학생들에게 "교내 실습지에서 적극적으로 식량 증산에 힘쓸 것은 물론 (…) 주요한 농사 작업에 부근 농촌에 출동해서 이에 협력할 것"과 특히 "고등농림학교 (…) 에서는 학교 본래의 사명에 비춰 증산 완수의 모범을 보이는 활동을 하도록 할 것"을 규정했다. 이에 따라 1943년 4월에 학무국은「대학 전문학교 학생생도 전시식량 증산 출동 계획」을 세웠다. 이는 수원 서호의 바닥 약 1만 5천 평을 파내는 준설 작업에 경성제국대학과 경성부내 관·사립 전문학교, 수원고등농림학교 등 16교 학생 3만 9,432명(연인원)을 동원한다는 계획이었다. 각 학교의 근로 일수는 6일이며 대체로 하나의 대를 2교, 600명으로 조직하고, 작업 시간은 오전 8시 40분부터 오후 5시까지였다.

이후에도 일제는 연간 근로 일수를 계속해서 늘렸다. 일본 정부는 1943년 6월 18일에「국민근로보국 협력령」을 개정해서 근로 일수를 연간 60일로 늘렸다. 이어 10월 13일에 총독부는「교육에 관한 전시 비상조치 방책」을 제정해서 근로 일수를 다시 연간 4개월로 늘렸다. 같은 해 3월 8일에 일제가「제4차 조선교육령」을 제정한 후, 4월 1일에 고이소 구니아키小磯國昭 총독은 유고를 공포해서 근로 동원을 "학행일체學行一體의 실천적 수련"이라고 선전했다. 총독부는 '배움과 행함은 하나'라는 논리로 근로 동원 기간의 연장을 정당화했다.

이어 총독부는 1944년 3월 19일에「학도 동원 실시요강」과 6월 26일에「학생생도 근로 동원 출동요령」을 제정해서 전문학교 학생

|그림 5-8| 1938년 보성전문학교 학생들의 근로 동원

의 경우 전공에 따라 근로 내용을 규정했다. 또한 4월 28일에 정무 총감은 「학도 동원 체제정비에 관한 건」을 각 고등교육기관과 사범학교에 통첩하고, 「학도 동원 비상조치에 기초한 학도 동원 실시요강에 의한 학교별 학도 동원 기준」을 하달했다. 그 내용은 이과계 전문학교 중 공·광계·약학계와 농예·화학과 2·3학년생, 그리고 의학·치과의학계 3·4학년생은 연간 동원 일수의 제한이 없는 통년 동원으로 하고, 문과계 학생도 공장, 공사장에 대한 동원은 통년 동원으로 해서 이를 고학년부터 차례로 실시한다는 것이다.[20]

이어 일본은 1944년 8월 22일에 「학도근로령」을 제정해서 "계속해서 학도 근로를 하게 하는 기간은 일 년 이내로 한다"고 규정해서 학생들의 통년 동원을 법적으로 확정했다.

이에 따라 전문학교의 학사 운영은 정상적으로 이루어질 수 없었

제1부. 전문학교로 시작된 한국 대학의 역사

다. 이에 대해 1944년에 경성척식경제전문학교의 척식과장으로 재직했던 유진오兪鎭午와 이화여자대학교의 학교사學敎史는 다음과 같이 회고했다.

> 연령(징병 적령 - 저자) 미달로 학교에 남았던 2학년 이상의 학생들마저 부평 조병창(병기 공장 - 저자)으로 동원되어 가고, 넓은 운동장에서는 새로 입학한 1학년 학생들만이 교련에 땀을 흘리고 있었다. (…) 학교 안은 빈집같이 조용하기만 하였다. 도서관 앞 언덕의 철쭉꽃은 여전히 붉었으나 소나무를 베어 낸 넓은 공지는 황무지같이 흉하고 거칠었다.[21]

> 학생들은 일제가 모는 대로 공부를 집어던지고 머리엔 삼각건 흰 수건으로 둘러쓴 후 군복 깁기에 시간을 빼앗겼으며, 신사참배, 행군이다 하여 군대식 체조의 훈련을 받는가 하면, 또 위문문을 쓴다, 위문 주머니를 만들어 보낸다, 국민총력연맹이 지시해 내려오는 행사들로 날마다 시달리는 학도들의 모습은 보기에도 측은한 것이었다. 여기서 공부는 완전히 폐업이 되었다.[22]

이어 1945년 3월 18일에 일본은 각의에서 「결전교육 조치 요강」을 결정했다. 그 내용은 모든 학생을 식량 생산·군수 생산·방공 방위·중요 연구, 그 밖의 직접 결전에 긴요한 업무에 총동원하기 위해 국민학교 초등과를 제외하고 학교 수업은 1945년 4월 1일부터 1946년

3월 31일에 이르는 기간 동안 정지한다는 것이다.[23]

이에 따라 4월 6일에 총독부도 학무국장 담화의 형식으로 「결전교육 조치 요강」을 발표했다. 이때 엄창섭 학무국장은 조선의 경우, 일본에서 실시되는 것과 같은 학교 수업의 일 년간 정지는 하지 않는다고 밝혔다. 그러나 식량 생산·군수 생산·방공 방위·중요 연구 이외의 학교 수업은 부차적인 것이 될 수밖에 없었다. 또한 학무국의 후지이 사무관은 근로에 동원되는 학생들에 대해 이전에는 일주일에 몇 시간씩은 공부하게 했지만, 앞으로는 이마저도 폐지한다고 밝혔다. 이에 따라 학생들은 노동자와 다름없는 취급을 받게 됐다.

결국 일본은 1945년 5월 21일에 이른바 '교육적 옥쇄'[24]라고 일컬어지는 「전시교육령」을 제정했다. 이는 정상적인 학교교육이 사실상 정지됐다는 점을 의미한다. 이로써 조선의 전문학교 교육도 파탄 상태에 빠지게 됐다.

제 2 부

전문학교 졸업장을
얻기까지

— 고등교육 기회를 얻기 위한 조선인의 노력

제 6 장

입신출세를 위한 학교 선택과 극심한 입학 경쟁

진학 수요와 공급의 불균형

입신출세의 욕구와 교육열

관립 전문학교의 극심한 입학 경쟁

관립 전문학교에는 어떤 학생들이 입학했을까

진학 수요와 공급의 불균형

당시 중등학교 학생들은 어떤 학교에 진학하려 했을까? 어떤 기
준으로 학교를 선택했을까? 그리고 이는 어떤 결과를 낳았을까?

먼저, 고등교육기관의 입학 자격을 살펴보자. 각 고등교육기관의
「통칙」과 「학칙」, 언론의 입학 안내 기사를 보면, 경성제국대학 예
과와 관·공·사립 전문학교의 입학 자격은 기본적으로 고등보통학
교(이하 고보) 또는 중학교 졸업이다.[1] 이와 함께 수원고등농림학교
는 농업학교 졸업자, 경성고등상업학교, 연희전문학교 상과, 보성전
문학교 상과는 상업학교 졸업자를 입학 자격에 더하고 있다.[2]

한편 조선총독부는 1921년 4월 25일에 「전문학교 입학자검정 규
정」을 제정해서 '전문학교 입학자 검정제도'를 실시했다. 이는 검정
을 통해 전문학교 입학 자격이 없는 사람, 즉 고보나 중학교를 졸업
하지 않은 사람에게 전문학교(또는 대학 예과) 입학 자격, 정확하게

는 입학시험 응시 자격을 주는 제도다.[3] 따라서 검정 합격자는 고보 또는 중학교 졸업자와 같은 자격을 얻어 각 고등교육기관의 입학시험을 볼 수 있었다.

검정에는 시험검정과 무시험검정이 있었다. 시험검정은 검정시험에 합격한 사람에게 전문학교 입학 자격을 주는 것이다. 무시험검정은 조선총독이 고보 또는 중학교 졸업자와 동등 이상의 학력을 가진 것으로 지정한 사람에게 검정시험 없이 전문학교 입학 자격을 주는 것이다. 이들은 주로 각종학교와 5년제 실업학교 졸업자였다.

이를 종합하면, 고등교육기관 입학 자격자는 고보·중학교 졸업자, 「전문학교 입학자검정 규정」에 의한 시험검정 합격자, 같은 규정에 의해 지정된 5년제 실업학교(이하 '실업학교') 졸업자, 같은 규정 의해 지정된 각종학교(이하 '지정학교') 졸업자다.

이를 토대로 조선인 남성 입학 자격자(이하 '입학 자격자') 규모를 살펴보자. 공·사립 고보·중학교의 조선인 졸업자 수는 1920년 495명, 1925년 1,014명, 1930년 1,340명, 1935년 2,209명, 1940년 3,110명, 1942년 3,721명이다.[4] 실업학교의 조선인 졸업자 수는 1930년 801명, 1934년 1,188명, 1940년 2,010명, 1942년 2,683명이다.[5] 지정학교의 조선인 졸업자 수는 1934년 333명, 1940년 391명, 1942년 328명이다.[6] 「전문학교 입학자검정 규정」에 의한 시험검정 합격자는 소수이기 때문에 제외했다. 지정학교의 경우도 자료가 갖추어져 있지 않아서 경성철도학교(이후 철도종사원양성소)와 해원양성소(이후 고등해원양성소) 졸업자 수는 빠져 있다.

입학 자격자 수는 1920년 약 5백 명, 1925년 약 1천 명, 1930년 약 2천 1백 명, 1935년 약 3천 7백 명, 1940년 약 5천 5백 명, 1942년 6천 7백 명으로 크게 늘어났다. 기본적으로 이는 1920년대 초·중반에 고보가 비교적 많이 증설되고, 5년제 실업학교가 생겨남에 따라 이후 각각으로부터 많은 졸업자가 나왔기 때문이다.

이에 비해 고등교육기관(경성제국대학 예과와 전문학교)의 조선인 남성 입학자 수는 1920년 약 2백 명, 1925년 약 5백 명, 1930년 약 4백 명, 1935년 약 9백 명, 1940년 약 1천 명으로 늘어나는 데 그쳤다. 이는 같은 시기에 조선총독부가 관립 전문학교 증설 계획을 거의 미루거나 취소하고, 또한 사립 전문학교의 설립 인가에도 소극적이었기 때문이다. 이에 따라 입학 자격자 수와 고등교육기관의 조선인 남성 입학자 수의 비율은 1920년대까지만 해도 약 두 배였던 것이 1930년대에는 약 다섯 배로 커졌다. 수요(입학 자격자 수)와 공급(각 고등교육기관의 입학 정원)의 불균형은 고등교육기관의 입학 경쟁을 격화시킨 한 요인이 됐다.

다만, 이것만으로는 고등교육기관의 극심한 입학 경쟁을 모두 설명하기 어렵다. 입학 자격자 중에는 진학이 아니라 취직이나 가업 계승 등을 택하는 경우도 있었기 때문이다. 따라서 입학 자격자 중 고등교육기관 진학을 희망하는 학생의 비율, 즉 진학 희망률에 대해 살펴볼 필요가 있다.

입신출세의 욕구와 교육열

각 언론은 거의 매년 졸업기인 2~3월에 각 중등학교 졸업자의 지망 학교와 학과를 조사해서 정리한 연재기사를 실었다. 〈표 6-1〉, 〈표 6-2〉, 〈표 6-3〉은 이를 토대로 한 각 공·사립 고보, 지정학교 졸업자의 진학 희망률이다. 총 138사례(공립 고보 65, 사립 고보 55, 지정학교 18) 중 진학 희망률이 50%를 넘는 경우는 113사례(48, 50, 15), 60%를 넘는 경우는 85사례(31, 40, 14), 70%를 넘는 경우는 49사례(17, 21, 11)다. 즉, 공·사립 고보와 지정학교 졸업자는 진학 희망률이 매우 높았다. 바꿔 말하면, 그들은 상급 학교에 진학하여 고등교육 기회를 얻고자 하는 욕구, 즉 교육열이 매우 강했다.

실제로 1930년에 《학생》지가 남녀 중등학교 졸업자를 대상으로 연 이동좌담회에서 배재고보 졸업자 장서언은 "대개가 상급 학교를 지망하고 있습니다. 저희 학교만 해도 불과 4, 5명을 남기고는 전부가 공부를 더 하려고 준비를 하고 있습니다"라고 말했다. 휘문고보의 한 졸업자도 "저의 학교도 거의 그렇습니다. 나중에는 어찌 될지 모르겠으나 지금까지 형편으로는 거의 전부가 일본 유학 혹은 경성의 전문학교를 지망하고 있습니다"라고 말했다.[7]

반대로 실업학교 졸업자의 진학 희망률은 비교적 낮았다. 앞의 자료들은 대체로 실업학교 졸업자를 민족별로 구별하고 있지 않기 때문에 이 경우 진학 희망률을 알아보기 위해서는 다른 자료를 활용해야 한다. 《동아일보》는 1931년 3월 2일에 그해 전체 실업학교의 민

l 표 6-1 l 1929~1935년 공립 고등보통학교 졸업자의 진학 희망률 (괄호는 %)

교명	1929	1930	1931	1932	1933	1934	1935
경성제일고보	116/91(78)	105/80(76)	111/84(76)	153/105(69)		142/120(85)	154/139(90)
광주고보	46/28(61)			25/16(64)		48/24(50)	55/30(55)
공주고보	49/23(47)	39/27(69)	41/30(73)			49/30(61)	49/31(63)
동래고보	46/21(46)		41/27(66)	39/20(51)	61/29(48)	71/41(58)	54/34(63)
평양고보	87/55(63)	77/48(62)		77/44(57)		90/66(73)	
신의주고보	58/28(48)	41/21(51)	44/22(50)			59/32(54)	
경성제이고보	82/61(74)	99/74(75)	101/72(71)	87/61(70)		94/80(85)	109/86(79)
경성(鏡城)고보	40/18(45)			33/20(61)		76/28(37)	
해주고보	42/30(71)	41/12(29)		39/15(38)		54/29(54)	74/19(27)
청주고보	49/32(65)	54/20(37)	60/18(30)	56/32(57)		83/46(55)	83/66(80)
전주고보		30/15(50)	52/32(62)	41/15(37)	50/22(44)	40/18(45)	
진주고보		29/17(59)	19/11(58)	23/19(83)		45/20(44)	64/35(55)
함흥고보				52/28(54)		31/21(68)	45/25(56)
춘천고보					42/17(40)	58/20(34)	
대구고보							60/47(78)

l 표 6-2 l 1929~1935년 사립 고등보통학교 졸업자의 진학 희망률 (괄호는 %)

교명	1929	1930	1931	1932	1933	1934	1935
양정고보	54/45(83)	56/49(88)	64/43(67)	69/43(62)		91/61(67)	112/92(82)
보성고보	73/51(70)	89/60(67)	83/53(64)	68/57(84)		104/81(78)	
중앙고보	48/37(77)	64/35(55)	73/56(77)	68/38(56)		84/60(71)	76/44(58)
고창고보	20/12(60)		10/6(60)	15/12(80)	17/12(71)	27/15(56)	30/19(63)
휘문고보	95/70(74)	77/51(66)		76/47(62)		103/85(83)	
광성고보	79/30(38)	77/52(68)	62/41(66)	62/34(56)		108/62(57)	99/68(69)
송도고보	36/22(61)	44/16(36)	26/16(62)	30/15(50)	33/25(76)	55/23(42)	77/55(71)
오산고보	42/19(45)	31/21(68)		26/13(50)	52/34(65)	49/28(57)	60/42(70)
배재고보	86/61(71)	63/54(86)	81/57(69)	99/77(78)		79/61(77)	65/57(88)
영생고보					23/11(48)	21/14(67)	31/17(55)

l 표 6-3 l 1929~1935년 지정학교 졸업자의 진학 희망률 (괄호는 %)

교명	1929	1930	1931	1932	1933	1934	1935
경신학교	21/17(81)	44/31(70)	23/20(87)	25/21(84)		40/29(73)	46/25(54)
중동학교	37/35(95)	45/21(47)		53/32(60)		69/30(43)	125/119(95)
숭실중학교			56/42(75)	61/48(79)		90/64(71)	
신성학교					29/19(66)	32/15(47)	31/30(97)
신흥학교							28/19(68)

제2부. 전문학교 졸업장을 얻기까지

족별 졸업자의 진로 희망에 대해 조사한 결과를 실었다. 다만, 이는 3년제와 5년제 실업학교를 구별하지 않고 있다. 그런데 이해에 실업학교는 대부분 5년제였다. 즉, 1931년 5월 말 공립 농업·농림·농잠학교는 25교 중 15교, 공립 상업학교는 16교 중 14교, 사립 상업학교는 3교 모두 5년제였다. 따라서 그 결과는 5년제 실업학교 졸업자의 진로 희망과 크게 다르지 않을 것이다. 이를 보면, 그해 전체 실업학교 조선인 졸업자의 진학 희망률은 공립 농업·농림·농잠학교(22교) 9.2%, 공립 상업학교(13교) 21.6%, 사립 상업학교(3교) 6.3%에 그치고 있다.[8]

공·사립 고보 졸업자의 진학 희망률이 높았던 이유는 무엇보다 당시 그들이 해당 취학연령의 약 1%에 불과한 소수 엘리트라는 점 그리고 그들 대부분이 유산 계층의 자녀라는 점 등이 고려될 필요가 있다.[9] 즉, 그들은 대체로 고등교육기관 진학을 희망할 만한 수준의 학력과 경제 조건을 일정 정도 갖추고 있는 집단이었다.

입학 자격자 수의 증가와 함께 이런 공·사립 고보와 지정학교 졸업자의 높은 진학 희망률도 고등교육기관의 입학 경쟁을 격화시킨 요인이었다. 실제로 이들의 높은 진학 희망률에 비해 1927년부터 1936년까지 공립 고보 졸업자의 평균 진학률은 약 29.2%, 사립 고보 졸업자의 평균 진학률은 약 31.9%에 그쳤다.[10] 즉, 공·사립 고보의 진학 희망자 중 실제 진학자 비율은 절반 정도에 그쳤다.

다음으로 〈표 6-4〉, 〈표 6-5〉, 〈표 6-6〉은 각각 공립 고보, 사립 고보, 지정학교 졸업자의 지망 학교와 지망 학과다. 여기서 법전(법학전문학교), 고공(고등공업학교), 고농(고등농업학교), 고상(고등상업학교)은 관립 전문학교, 의전(의학전문학교)은 세전(세브란스연합의학전문학교)과 함께 표기되어 있을 경우에 한해 관립 전문학교로 간주했다. 의강(의학강습소), 기타, 유학은 관·공립 전문학교와 사립 전문학교 어느 쪽에도 포함되지 않는 것으로 간주했다.

먼저 공립 고보의 진학 희망자는 관·공립 전문학교 지망률이 사립 전문학교 지망률보다 높았다. 예를 들면, 공립 고보 졸업자의 관립 전문학교 지망률과 사립 전문학교 지망률은 공주고보가 1929년 47.8%와 8.7%, 1931년 30.0%와 3.3% 1935년 32.3%와 16.1%, 경성제이고보가 1931년 30.6%와 13.9%, 1935년 44.2%와 19.8%, 청주고보가 1929년 31.3%와 0%, 1931년 16.7%와 16.7%, 1932년 15.6%와 9.4%였다.

또한 사립 고보의 진학 희망자도 공립 고보의 진학 희망자만큼은 아니지만, 대체로 관·공립 전문학교 지망률이 사립 전문학교 지망률보다 높았다. 예를 들면, 사립 고보 졸업자의 관·공립 전문학교 지망률과 사립 전문학교 지망률은 양정고보가 1931년 37.2%와 20.9%, 1932년 34.9%와 14.0%, 1935년 28.3%와 28.3%, 중앙고보가 1931년 28.6%와 16.1%, 1935년 63.6%와 13.6%, 휘문고보가 1932년 38.3%와 17.0%, 오산고보가 1929년 15.8%와 15.8%, 1932년 36.4%와 18.2%였다.

이는 공·사립 고보 진학 희망자가 전문학교 중에는 관·공립 전문학교에 진학하는 것을 선호하는 경향이 있었다는 점을 의미한다. 실

| 표 6-4 | 1929~1935년 공립 고등보통학교 졸업자의 지망 학교와 지망 학과

교명	1929	1930	1931	1932	1933	1934	1935
경성제일고보		80(대예 30/ 법전 15/ 의학 13/ 공학 4/ 고상 3/ 농학 4/ 사범 2/ 연전 1/ 기타 유학 8)				120(대예 28/ 법학 30/ 의전 14/ 공학 3/ 농학 8/ 상업 18/ 약학 1/ 사범 5/ 전문·고상·기타 13)	
공주고보	23(경예 2/ 경법 5/ 경공 1/ 수농 3/ 경상 2/ 세전 2/ 사범 2/ 기타 1/ 유학 4)		30(대예 7/ 법전 4/ 의전 2/ 고농 1/ 고상 2/ 세전 1/ 의강 4/ 사범 9)			30(법학 8/ 의학 7/ 공업 1/ 상과 3/ 농과 2/ 약학 1/ 사범 4/ 기타 4)	31(경예 2/ 법전 4/ 고공 1/ 고농 3/ 고상 1/ 평의 1/ 연전 1/ 보전 1/ 승전 1/ 사범 10/ 유학 4)
평양고보		48(경예 19/ 법학 6/ 의전 11/ 공학 4/ 농학 2/ 사범 4/ 유학 2)		20(대예 4/ 의전 1/ 고공 2/ 고농 2/ 고상 1/ 약전 2/ 사범 6/ 기타 1)	29(대예 5/ 의전 11/ 고등실업 2/ 유학 2/ 기타 6)	41(고등학교·대예 8/ 법학 3/ 의학 8/ 고공 5/ 고농 3/ 고상 2/ 사범 9/ 기타 전문 3)	34(법전 4/ 의전 3/ 고공 3/ 고농 2/ 고상 1/ 약전 3/ 사범 6/ 유학 5/ 기타 2)
동래고보			27(경예 6/ 법전 1/ 의전 4/ 고농 5/ 사범 4/ 유학 7)			32(경예 7/ 법학 4/ 의학 10/ 공학 1/ 농학 4/ 기타 6)	
신의주고보			22(경예 4/ 법전 1/ 의전 7/ 고공 1/ 사범 5/ 기타 1/ 유학 3)	61(대예 9/ 법학 9/ 의학 8/ 공학 6/ 농학 6/ 고상 4/ 연전 3/ 치과 2/ 사범 8/ 기타 1/ 유학 6)		80(법학 18/ 의학 16/ 상학 12/ 약학 1/ 사범 4/ 대예·보전·연전·기타 17)	86(대예 14/ 경법 17/ 경의 7/ 고공 5/ 고농 1/ 고상 1/ 세전 8/ 연전 4/ 보전 2/ 승전 1/ 약전 2/ 사범 9/ 기타 1/ 유학 7)
경성제이고보	61(대예 26/ 법학 8/ 의학 8/ 농학 7/ 연전 1/ 사범 8/ 기타 2/ 유학 3)	74(대예 22/ 법전 2/ 의학 13/ 고공 1/ 고상 8/ 고농 4/ 연전 1/ 치전 4/ 약전 2/ 사범 7/ 유학 11)	72(대예 23/ 법전 6/ 경의 2/ 고공 1/ 고농 6/ 고상 3/ 세전 5/ 연전 5/ 의강 3/ 사범 11/ 유학 4)			28(법학 2/ 의학 2/ 상학 3/ 사범 2/ 기타 19)	
경성(鏡城)고보				15(법학 3/ 의학 1/ 상학 3/ 사범 6/ 유학 2)			19(경상 4/ 평의 2/ 세전 2/ 연전 2/ 보전 1/ 사범 2/ 유학 6)
청주고보	32(경예 10/ 경의 2/ 경공 2/ 수농 2/ 경상 1/ 사범 5/ 기타 2/ 유학 5)	20(대예 5/ 전문 12/ 사범 3)	18(대예 5/ 법전 1/ 의전 1/ 세전 1/ 연전 1/ 약전 1/ 사범 5/ 유학 2)	32(경예 9/ 법전 2/ 수농 2/ 대의 2/ 연전 1/ 치전 2/ 사범 8/ 유학 6)			
전주고보		15(대예 4/ 경의 2/ 고농 1/ 고상 3/ 약전 1/ 사범 1/ 기타 1/ 유학 2)	32(대예 5/ 전문 20/ 기타 2/ 유학 5)	15(대예 2/ 전문 10/ 사범 2/ 유학 1)		18(법학 2/ 의학 3/ 공학 2/ 농학 2/ 상학 4/ 사범 3/ 기타 2)	
진주고보			11(법전 1/ 경의 2/ 고농 1/ 고상 1/ 사범 5/ 유학 1)	19(대예 2/ 의학 2/ 공과 2/ 농과 1/ 상과 1/ 사범 5/ 기타 2/ 유학 3)		20(법전 3/ 의학 1/ 공학 1/ 농학 2/ 약학 1/ 사범 8/ 기타 4)	35(법학 2/ 의학 6/ 사범 13/ 고공 1/ 고상 1/ 고농 1/ 기타 1/ 유학 2/ 보전 1)
대구고보							47(대예 5/ 의전 14/ 고공 5/ 고농 1/ 사범 8/ 유학 7)

| 표 6-5 | 1929~1935년 사립 고등보통학교 졸업자의 지망 학교와 지망 학과

교명	1929	1930	1931	1932	1934	1935
양정고보	45(대예 10/ 법학 8/ 의학 5/ 고공 3/ 농학 4/ 상학 2/ 연전 2/ 유학 11)	49(대예 7/ 법학 7/ 의학 13/ 농학 7/ 상학 3/ 사범 5/ 기타 7)	43(대예 10/ 법전 8/ 경의 2/ 고공 1/ 수능 2/ 고상 1/ 세전 7/ 보전 1/ 약전 1/ 고사·사범 5/ 유학 3)	43(대예 5/ 법전 4/ 의전 3/ 고공 4/ 고농 2/ 고상 2/ 세전 3/ 연전 2/ 보전 1/ 불전 1/ 사범 6/ 기타 3/ 유학 8)	61(법학 14/ 의학 10/ 농학 3/ 상업 3/ 약학 2/ 사범 12/ 기타 11/ 유학 5)	92(대예 4/ 법전 10/ 경의 4/ 고공 2/ 고농 5/ 고상 2/ 세전 14/ 연전 1/ 치전 2/ 약전 1/ 평의 1/ 대의 2/ 사범 13/ 기타·유학 23)
보성고보	51(대예·고등 19/ 법학 3/ 의학 16/ 공학 2/ 농학 6/ 상학 5)	60(대예 30/ 법학 12/ 농학 8/ 상학 1/ 기타 1)	53(고등·대예 11/ 법전 9/ 고공 1/ 고농 4/ 고상 1/ 기타 11)	57(대예 4/ 법학 9/ 의학 12/ 공공 2/ 고농 4/ 고상 2/ 연전 1/ 보전 1/ 불전 1/ 의강 2/ 사범 2/ 유학 17)	81(법학 5/ 의학 26/ 공학 6/ 상업 2/ 약학 2/ 사범 3/ 기타·예과 27)	
중앙고보	37(대예·고등 12/ 법학 8/ 의학 8/ 공학 2/ 농학 3/ 상학 4/ 연전 3)	35(대예 2/ 법학 3/ 의학 10/ 고공 1/ 고상 1/ 고농 5/ 물리학 1/ 기타 1/ 유학 11)	56(대예 8/ 법전 7/ 경의 5/ 고공 2/ 고농 1/ 고상 1/ 세전 9/ 기타 23)	38(대예 6/ 법학 5/ 의학 15/ 공학 3/ 고농 3/ 상학 2/ 연전 1/ 사범 1/ 유학 2)	60(법학 12/ 의학 15/ 공학 5/ 농학 5/ 상학 8/ 약학 1/ 사범 1/ 기타 14)	44(대예 6/ 경법 9/ 경의 6/ 고공 4/ 고농 4/ 고상 5/ 세전 3/ 보전 2/ 약전 1/ 사범 4)
고창고보	12(수능 1/ 사범 4/ 유학 7)			12(대예 3/ 법전 1/ 의학 2/ 고공 2/ 사범 3/ 기타 1)		19(의과 2/ 고공 1/ 고상 4/ 광산과 2/ 사범 4/ 연전 2/ 약전 1/ 유학 3)
휘문고보	70(대예 21/ 법학 9/ 의학 7/ 공학 5/ 농학 5/ 상업 2/ 연전 1/ 사범 6/ 기타 3/ 유학 11)	51(대예 6/ 법전 8/ 의학 13/ 고공 4/ 고농 2/ 고상 3/ 약학 3/ 사범 2/ 기타 1/ 유학 9)		47(대예 5/ 법전 6/ 고공 4/ 고농 6/ 고상 2/ 세전 8/ 사범 16)	85(법학 18/ 의학 20/ 공학 7/ 농학 6/ 상업 5/ 사범 6/ 기타 27)	
광성고보		52(대예 4/ 의학 23/ 공학 3/ 농학 2/ 고상 1/ 기타 19)	41(대예 8/ 법학 2/ 의학 12/ 고공 3/ 사범 4/ 기타 3/ 유학 10)			
송도고보	22(대예 3/ 법전 2/ 의전 6/ 고농 3/ 기타 4/ 유학 4)	16(대예 1/ 경의 5/ 농업 4/ 상업 2/ 세전 1/ 유학 3)			23(법학 4/ 의학 4/ 공학 4/ 농학 6/ 상학 3/ 기타 2)	
오산고보	19(경예 2/ 경의 1/ 수능 1/ 경상 1/ 세전 3/ 유학 11)	21(대예 3/ 의학 7/ 농학 4/ 상업 2/ 사범 4/ 기타 1)		11(경예 2/ 법전 1/ 고공 2/ 고상 1/ 세전 2/ 유학 3)		
배재고보	61(대예 16/ 의학 8/ 공학 3/ 농학 9/ 상학 6/ 연전 2/ 기타 9/ 유학 8)	54(대예 10/ 의학 19/ 농학 5/ 상학 6/ 사범 1/ 기타 1/ 유학 12)	57(대예 1/ 법전 7/ 경의 4/ 고농 1/ 세전 9/ 연전 10/ 기타 4/ 유학 21)		61(법학 7/ 의학 20/ 공학 3/ 농학 4/ 상업 5/ 약학 2/ 사범 3/ 기타 17)	

I 표 6-6 I 1929~1935년 지정학교 졸업자의 지망 학교와 지망 학과[11]

교명	1929	1930	1931	1932	1933	1934	1935
경신학교	17(대예 9/ 법학 1/ 의학 3/ 농학 1/ 상학 1/ 연전 1/ 사범 1)	31(대예 3/ 의전 8/ 공학 2/ 농학 10/ 상학 5/ 기타 3)	20(법학 2/ 의전 6/ 농학 1/ 상과 3/ 문학 3/ 이과 5)	21(법과 2/ 이과·의학 11/ 공학 1/ 농과 2/ 문학 3/ 기타 2)		29(법학 6/ 의학 9/ 공학 3/ 농업 1/ 상업 5/ 약학 1/ 문학 1/ 기타 3)	25(법학 8/ 의학 4/ 공학 1/ 농학 4/ 약학 3/ 문학 4/ 이학 1)
중동학교		21(대예 1/ 법전 3/ 의전 1/ 고농 1/ 고상 1/ 세전 5/ 연전 3/ 보전 4/ 약학 1/ 유학 1)				30(법학 6/ 의학 5/ 공학 6/ 농학 8/ 상학 6/ 기타 4)	
숭실학교			42(대예 3/ 법전 1/ 의학 8/ 연전 3/ 숭전 17/ 사범 7/ 유학 3)	48(경의 2/ 세전 8/ 숭전 20/ 사범 10/ 유학 8)		64(경예 1/ 법학 5/ 의학 13/ 연전 5/ 숭전 18/ 치의 4/ 사범 6/ 유학 12)	
신성학교					19(경공 1/ 수농 1/ 평의 1/ 세의 1/ 연전 3/ 숭전 7/ 유학 4)	15(법학 1/ 의학 4/ 상학 1/ 조선 내 전문학교 3/ 사범 2/ 기타 4)	30(고공 2/ 평의 2/ 세전 6/ 보전 4/ 연전 5/ 사범 8/ 유학 3)

- 경성제대 이외의 대학, 고등학교, 고등사범학교, 고등잠업학교, 육군사관학교는 유학으로 표기했다.
- 기본적으로 대학 예과는 별도로 표기했지만 경성제대 예과와 함께 게재된 경우에는 유학으로 표기했다.

제로 당시 연희전문학교 교수였던 백낙준은 "1930년대의 사회적 경향은 강력한 민족주의자와 기독교 신자들을 제외하고는 거의 관·공립학교를 지망하였던 것이 사실"이라고 회고했다.[12]

이는 공·사립 고보의 진학 희망자가 지망 학교를 선택하는 과정에서 식민지 전문학교 체제의 서열 구조를 의식했기 때문이다. 앞서 말한 것처럼 총독부는 관립 전문학교 우대정책을 실시해서 관립 전문학교 졸업자에게 여러 자격을 부여했다. 그 결과, 관립 전문학교 졸업자는 높은 사회적 지위를 갖는 직업군에 비교적 쉽게 들어갈 수 있었다. 이런 상황에서 공·사립 고보의 진학 희망자는 입신출세 욕구를 충족시키기 위해 가능한 한 경성제국대학 예과나 관·공립 전문학교에 진학하는 것을 선호했다. 이렇게 총독부가 관립 전문학교 우대정책을 통해 만들어 낸 식민지 전문학교 체제의 서열 구조는 공·사립 고보 진학 희망자에게도 그대로 내면화됐다.

다만 지정학교의 진학 희망자는 사립 전문학교 지망률이 관립 전문학교 지망률보다 높았다. 지정학교 졸업자의 관립 전문학교 지망률과 사립 전문학교 지망률은 중동학교가 1930년 28.6%와 57.1%, 숭실학교가 1932년 4.2%와 58.3%, 신성학교가 1933년 36.4%와 57.9%, 1935년 13.3%와 50.0%였다. 이렇게 지정학교의 진학 희망자는 사립 전문학교에 진학하는 것을 선호하는 경향이 좀 더 강했다. 이는 중동학교의 경우 대체로 그 학생들이 고보의 학생들보다 학업 능력이 낮았을 가능성, 또한 숭실학교와 신성학교의 경우는 종교교육 등을 이유로 고보로 전환하지 않고 계속 각종학교에 머물러 있던 기독교계 학교였던만큼 그 진학 희망자도 기독교계 사립 전문학교에 진학하는 것을 선호했을 가능성 등을 고려할 필요가 있다.

관립 전문학교의 극심한 입학 경쟁

그렇다면 공·사립 고등보통학교와 지정학교 졸업자의 높은 진학 희망률과 공·사립 고보 진학 희망자의 높은 관립 전문학교 지망률은 어떤 결과를 낳았을까? 〈표 6-7〉과 〈표 6-8〉은 각각 경성제국대학과 관·공립 전문학교, 사립 전문학교의 입학 경쟁률이다. 각 고등교육기관의 입학 경쟁률은 매우 높았으며, 점차 격화됐다. 당시 각 언론들은 이를 '입학난', '입학지옥', '시험 지옥' 등으로 불렀다.

그런데 〈표 6-7〉과 〈표 6-8〉에서 주목할 것은 관·공립 전문학교와 사립 전문학교의 입학 경쟁률에 커다란 차이가 있다는 점이다. 즉, 관·공립 전문학교의 입학 경쟁률은 1920년대 중반 이후 대체로 5:1이상, 심지어는 10:1을 넘을 정도로 높았다. 반면, 사립 전문학교의 입학 경쟁률은 세브란스연합의학전문학교와 경성약학전문학교를 제외하면 대체로 1~2:1 정도로 비교적 낮았다.

I그림 6-1I 1938년 경성여자의학전문학교 입학시험장

이는 같은 전공끼리 비교해도 마찬가지였다. 법학의 경우, 1925년 경성법학전문학교 6.2:1, 보성전문학교 법과 1.8:1, 1934년 경성법학전문학교 7.6:1, 보성전문학교 법과 1.8:1이었다. 의학의 경우, 1925년 경성의학전문학교 8.7:1, 세브란스연합의학전문학교 3.9:1, 1934년 경성의학전문학교 8.0:1, 세브란스연합의학전문학교 6.7:1이었다. 상과의 경우에도 1929년 경성고등상업학교 6.1:1, 연희전문학교 상과 1.8:1, 보성전문학교 상과 1.8:1, 1934년 경성고등상업학

교 8.8:1, 연희전문학교 상과 1.7:1, 보성전문학교 상과 1.4:1이었다. 이렇게 당시 고등교육기관의 극심한 입학 경쟁은 주로 경성제국대학 예과와 관·공립 전문학교에 한정된 현상이었다.

반대로 사립 전문학교는 학생 모집을 걱정해야 하는 형편이었다. 백낙준은 "1927년도의 연희전문학교 학칙에 의하면, 과별 정원이 문과가 200명, 상과가 150명, 수물과가 100명이었다. 그러나 이 수를 채운 적은 한 번도 없었다"고 회고했다.[14] 또한 1930년에 보성전문학교에 다녔던 이천진은 고보 졸업 후 연희전문학교 수물과에 진학하려 했지만 "지원자 15명 미만 되는 과는 중지한다고 쓰여 있으므로 염려됐으나 설마 15명이야 넘겠지 하고 다른 학교에는 지원하지 않았습니다. 입학시험 수일 전에 전화로 물은즉 지원자 3명밖에 안 되어 부득이 중지한다고 함으로 하는 수 없이 일 년을 놀았습니다"라고 회고했다.[15]

사립 전문학교는 입시일을 경성제국대학 예과나 관립 전문학교와 겹치지 않도록 그 이후로 정했다. 이는 경성제국대학 예과와 관·공립 전문학교 입학시험 탈락자를 끌어들이기 위한 전략이었다. 이에 대해 1921년 경성공업전문학교에 입학했던 이숙은 "당시의 풍조가 사립 전문학교에는 수재들이 전연 가지도 않고 관립 전문으로 폭주하였던 것이다. 왜냐하면 사립보다는 월등히 앞섰다는 것"이라고 지적하고, "입학시험만 해도 관립은 전기가 되고, 사립은 후기가 되었다. 관립으로 낙방한 사람이 사립으로 몰리는 까닭에 자연히 관립은 일류교가 되고, 사립은 이류교를 면할 수 없었다"고 회고했다.[16]

│ 표 6-7 │ 경성제국대학 관·공립 전문학교의 입학 경쟁률

구분	경성제국대학 예과 문과		경성제국대학 예과 이과		경성법학전문학교		경성의학전문학교		경성고등공업학교		수원고등농림학교 농학과		수원고등농림학교 임학과		경성고등상업학교		대구의학전문학교		평양의학전문학교	
	조	일	조	일	조	일	조	일	조	일	조	일	조	일	조	일	조	일	조	일
1916					6.8:1	·	5.3:1	2.7:1	1.8:1	2.5:1										
1920					3.6:1	·	2.3:1	1.9:1	2.0:1	1.9:1	6.0:1	1.4:1	구분×							
1925	7.4:1	4.5:1	7.4:1	4.9:1	6.2:1	2.6:1	8.7:1	4.5:1	4.7:1	3.0:1	6.0:1	3.2:1	2.4:1	0.9:1	9.8:1	3.6:1				
1929	6.9:1	3.7:1	17.6:1	8.3:1	4.0:1	2.6:1	7.2:1	11.5:1	4.1:1	5.3:1	7.8:1	4.0:1	4.6:1	3.4:1	6.1:1	3.5:1				
1934	6.9:1	3.9:1	7.2:1	6.5:1	7.6:1	3.0:1	8.0:1	8.8:1	5.0:1	6.0:1	7.3:1	4.0:1	구분×		8.8:1	4.4:1	8.3:1	8.2:1	9.3:1	7.9:1
1940	13.9:1		12.0:1		10.6:1	2.4:1	8.2:1								3.9:1					

│ 표 6-8 │ 1918~1934년 사립 전문학교의 입학 경쟁률[13]

구분	세브란스연합의학전문학교	연희전문학교			보성전문학교			숭실전문학교		이화여자전문학교			경성치과의학전문학교		경성약학전문학교		중앙불교전문학교
		문과	상과	수물과	문과	법과	상과	문과	농과	문과	음악과	가사과	조	일	조	일	
1918	3.6:1	1.4:1															
1920		1.9:1															
1925	3.9:1	1.6:1	1.8:1														
1929	5.3:1	1.3:1	1.8:1	1.3:1	1.5:1	1.6:1		1.1:1		1.2:1	1.0:1	1.1:1	1.3:1	1.6:1			
1934	6.7:1	1.3:1	1.7:1	1.2:1	1.8:1	1.4:1		1.1:1	1.1:1	1.1:1	1.1:1	1.1:1	1.7:1	2.8:1	4.3:1	1.9:1	1.2:1

I그림 6-2I 1939년 3월 세브란스연합의학전문학교 입학시험 광경

조선총독부는 몇몇 사립 전문학교의 설립을 인가하기도 했지만, 이는 입학 경쟁을 완화하는 데 별다른 영향을 미치지 못했다. 공·사립 고보의 진학 희망자가 진학하고자 했던 학교는 경성제국대학 예과나 관·공립 전문학교였지 사립 전문학교가 아니었기 때문이다. 이렇게 고등교육기관의 극심한 입학 경쟁은 입학 자격자의 증가와 고등교육기관 수의 부족, 즉 수요와 공급의 불균형이나 공·사립 고보와 지정학교 졸업자의 교육열에 의한 것만이 아니라, 총독부의 관립 전문학교 우대정책에 의해 만들어진 식민지 전문학교 체제의 서열 구조에 의한 것이기도 했다.

이런 상황에서 총독부가 고등교육기관의 극심한 입학 경쟁을 완

제2부. 전문학교 졸업장을 얻기까지

| 그림 6-3 | 1939년 3월 숙명여자전문학교 입학시험 광경

화시킬 수 있는 방법은 두 가지였다. 하나는 공·사립 고보와 지정학
교 진학 희망자의 높은 관립 전문학교 지망률을 고려한 관립 전문학
교 증설이다. 다른 하나는 관립 전문학교 우대정책을 폐지해서 식민
지 전문학교 체제의 서열 구조를 해체함으로써 고보의 진학 희망자
가 관립 전문학교와 사립 전문학교에 고르게 지원할 수 있도록 유도
하는 것이다. 그러나 총독부는 둘 중 어느 것도 택하지 않았다.

총독부는 입학 자격자의 지원을 억제하는 '수요 조절 전략'을 택했
다. 즉, 총독부는 1928년에 각 관립 전문학교에 같은 날짜에 입학시
험을 시작하도록 하고, 1929년에는 각 관립 전문학교에 대해 일본
내 관립 전문학교와 같은 날짜에 입학시험을 시작하도록 했다.

이는 입학 자격자가 관립 전문학교에 복수 지원할 수 없도록, 또

한 내지 일본인이 조선 내 관립 전문학교에 중복 지원할 수 없도록 함으로써 관립 전문학교의 입학 경쟁률을 낮추기 위한 것이었다. 그러나 입학 자격자 수가 계속 늘어나는 상황에서 이런 '대증요법'은 해결책이 될 수 없었다.

관립 전문학교에는 어떤 학생들이 입학했을까

그렇다면 관립 전문학교에는 어떤 학생들이 입학했을까? 〈표 6-9〉와 〈표 6-10〉은 각각 관·공·사립 전문학교 조선인 합격자와 졸업자의 출신 학교이다. 관·공립 전문학교 재학생은 공립 고보 출신이 많았다. 특히, 경성법학, 경성의학, 평양의학전문학교 재학생은 공립 고보 출신 비율이 약 70% 또는 그 이상으로 매우 높았다. 다만, 수원고등농림학교와 경성고등상업학교 재학생은 공립 고보 출신 비율이 약 50% 또는 그 이하로, 다른 관립 전문학교에 비해 약간 낮은 편이었다.

반대로 사립 전문학교 재학생은 사립 고보 출신이 많았으며, 지정학교와 실업학교 출신도 적지 않았다. 즉, 사립 전문학교 재학생은 사립 고보 출신 비율이 약 40~50% 또는 그 이상이었으며, 공립 고보 출신 비율은 약 20~30%에 그쳤다. 다만, 세브란스연합의학전문학교 재학생은 공립 고보 출신 비율이 약 40~50%로 그 밖의 사립 전문학교에 비해 약간 높은 편이었다.

연도	출신 학교	경성법학전문학교	세브란스연합의전	연희전문학교			보성전문학교	
				문과	상과	수물	법과	상과
1933	공립고보	30(73.2)	15(37.5)	7(16.7)	20(33.3)	9(32.1)	21(25.9)	12(17.1)
	사립고보	8(19.5)	20(50.0)	24(57.1)	21(35.0)	13(46.4)	45(55.6)	34(48.6)
	지정학교	·(0.0)	3(7.5)	8(19.0)	11(18.3)	3(10.7)	7(8.6)	4(5.7)
	실업학교	·(0.0)	1(2.5)	2(4.8)	2(3.3)	2(7.1)	1(1.2)	12(17.1)
	기타	3(7.3)	1(2.5)	1(2.4)	6(10.0)	1(3.6)	7(8.6)	8(11.4)
	계	41	40	42	60	28	81	70
1934	공립고보	28(70.0)	20(48.8)	9(24.3)	20(27.8)	5(20.8)		
	사립고보	5(12.5)	12(29.3)	15(40.5)	33(45.8)	12(50.0)		
	지정학교	4(10.0)	7(17.1)	4(10.8)	8(11.1)	5(20.8)		
	실업학교	1(2.5)	·(0.0)	1(2.7)	5(6.9)	·(0.0)		
	기타	2(5.0)	2(4.9)	8(21.6)	6(8.3)	2(8.3)		
	계	40	41	37	72	24		
1935	공립고보	37(80.4)	17(37.8)	11(23.9)	20(27.8)	2(10.0)		
	사립고보	7(15.2)	20(44.4)	15(32.6)	19(26.4)	13(65.0)		
	지정학교	·(0.0)	7(15.6)	13(28.3)	14(19.4)	2(10.0)		
	실업학교	1(2.2)	·(0.0)	2(4.3)	13(18.1)	2(10.0)		
	기타	1(2.2)	1(2.2)	5(10.9)	6(8.3)	1(5.0)		
	계	46	45	46	72	20		
1936	공립고보	29(54.7)		10(25.0)	25(32.1)	7(30.4)		
	사립고보	9(17.0)		18(45.0)	29(37.2)	11(47.8)		
	지정학교	1(1.9)		6(15.0)	10(12.8)	2(8.3)		
	실업학교	5(9.4)		5(12.5)	8(10.3)	·(0.0)		
	기타	9(17.0)		1(2.5)	6(7.7)	3(13.0)		
	계	53		40	78	23		

- 전문학교 입학자 검정제도 시험검정 합격자는 제외했다.
- 1933년의 세브란스연합의학전문학교 합격자 수는 '재시를 요하는 사람'을 합한 수치다.
- 1934년의 연희전문학교 합격자 수는 '가입학자'를 합한 수치다.

| 표 6-10 | 관·공·사립 전문학교 조선인 졸업자의 출신 학교[18] (괄호는 %)

연도	출신 학교	경성의학전문학교	수원고등농림학교 농학과	수원고등농림학교 임학과	경성고등상업학교	평양의학전문학교	세브란스연합의전	연희전문학교 문과	연희전문학교 상과	연희전문학교 수물	보성전문학교 법과	보성전문학교 상과
1931	공립고보		4(30.8)	2(50.0)	7(58.3)							
	사립고보		8(61.5)	2(50.0)	4(33.3)							
	지정학교		1(7.7)	·(0.0)	·(0.0)							
	실업학교		·(0.0)	·(0.0)	·(0.0)							
	기타		·(0.0)	·(0.0)	1(8.3)							
	계		13	4	12							
1933	공립고보	24(82.8)					7(14.9)				7(22.6)	8(30.8)
	사립고보	5(17.2)					34(72.3)				12(38.7)	8(30.8)
	지정학교	·(0.0)					1(2.1)				3(9.7)	3(11.5)
	실업학교	·(0.0)					·(0.0)				3(9.7)	1(3.8)
	기타	·(0.0)					5(10.6)				6(19.4)	3(11.5)
	계	29					47				31	26
1934	공립고보					20(71.4)	7(25.9)	2(18.2)	12(29.3)	3(37.5)	8(15.7)	7(25.9)
	사립고보					5(17.9)	19(70.4)	9(81.8)	16(39.0)	3(37.5)	29(56.9)	9(33.3)
	지정학교					·(0.0)	1(3.7)	·(0.0)	3(7.3)	2(25.0)	7(13.7)	3(11.1)
	실업학교					·(0.0)	·(0.0)	·(0.0)	4(9.8)	·(0.0)	1(2.0)	2(7.4)
	기타					3(10.7)	·(0.0)	·(0.0)	6(14.6)	·(0.0)	6(11.8)	6(22.2)
	계					28	27	11	41	8	51	27
1935	공립고보	8(66.7)									10(19.2)	10(26.3)
	사립고보	3(25.0)									24(47.2)	13(34.2)
	지정학교	·(0.0)									10(19.2)	5(13.2)
	실업학교	·(0.0)									·(0.0)	4(10.5)
	기타	1(8.3)									8(15.4)	6(15.8)
	계	12									52	38
1940 (졸업 예정자)	공립고보										27(44.3)	16(19.8)
	사립고보										24(39.3)	29(35.8)
	지정학교										4(6.6)	21(25.9)
	실업학교										4(6.6)	9(11.1)
	기타										2(3.3)	6(7.4)
	계										61	81

- 전문학교 입학자 검정제도 시험검정 합격자는 제외했다.
- 《동아일보》 1934년 3월 20일 〈형설적공의 성과〉의 보성전문학교 법과 학생 중 노병익의 출신 학교 '성신'은 '신성' 즉 신성중학교의 오기라고 판단해서 지정학교에 포함했다.

제2부. 전문학교 졸업장을 얻기까지

이는 같은 전공끼리 비교해도 마찬가지였다. 법학의 경우, 합격자의 출신 비율은 1933년에 경성법학전문학교가 공립 고보 73.2%, 사립 고보 19.5%, 보성전문학교 법과가 공립 고보 25.9%, 사립 고보 55.6%였다. 이는 의학 전공의 경성의학·대구의학전문학교와 세브란스연합의학전문학교, 상과 전공의 경성고등상업학교와 연희·보성전문학교 상과의 경우에도 거의 비슷했다.

특히 관·공립 전문학교 재학생은 조선 최고 명문 고보인 경성제일고보 출신 비율이 높았다. 즉, 관립 전문학교 합격자 중 경성제일고보 출신 비율은 경성법학전문학교가 1933년 29.3%(12명), 1934년 27.5%(11명), 1935년 21.7%(10명), 1936년 15.1%(8명), 졸업자 중 경성제일고보 출신 비율은 경성의학전문학교가 1933년 29.3%(12명), 1934년 27.5%(11명), 1935년 21.7%(10명), 1936년 15.1%(8명)였다.

반면, 사립 전문학교 재학생 중 경성제일고보 출신 비율은 비교적 낮았다. 즉, 사립 전문학교 합격자 중 제일고보 출신 비율은 세브란스연합의학전문학교가 1933년 12.5%(5명), 1934년 9.8%(4명), 1935년 11.1%(5명), 연희전문학교가 1933년 문과 7.1%(3명), 상과 13.3%(8명), 수물과 17.9%(5명), 1934년 문과 2.7%(1명), 상과 6.9%(5명), 수물과 0.0%(0명), 1935년 문과 4.3%(2명), 상과 6.9%(5명), 수물과 0.0%(0명), 1936년 문과 5.0%(2명), 상과 11.5%(9명), 수물과 8.7%(2명), 보성전문학교가 1933년 법과 13.6%(11명), 상과 11.4%(8명)였다.

반대로 사립 전문학교 중 보성전문학교 재학생 중에는 입학 자격이 없는, 지정학교가 아닌 사립 각종학교 출신이 일부 보인다. 보성

전문학교 졸업자의 출신 학교 중에는 1933년 법과에 피어선기념성
경학원 1명, 상과에 고학당 1명, 중앙기독교청년회학교 1명, 경성실
업전수학교 1명, 1934년 법과에 경성고등예비학교 1명, 상과에 중
앙기독교청년회학교 2명, 1935년 상과에 고학당 1명, 중앙기독교청
년회학교 1명, 1936년 법과에 중앙기독교청년회학교 1명이 포함되어
있다. 당시 지정학교가 아닌 사립 각종학교 졸업자가 전문학교에 진
학하기 위해서는 전문학교 입학자검정 제도의 시험검정에 합격해야
했다. 그런데 같은 명단에는 이들과 함께 시험검정 합격자 출신을
뜻하는 '전검'이라고 표기된 졸업자가 별도로 존재하기 때문에 이들
을 시험검정 합격자로 보기는 어렵다. 관립 전문학교에는 이런 학생
들이 보이지 않는다.

이렇게 관립 전문학교는 경성제일고보를 비롯해서 비교적 학업
능력이 우수한 학생들로 채워졌다. 이는 학업 능력이 우수한 학생일
수록 입신출세의 욕구를 실현시키기 위해 경성제국대학 예과나 관·
공립 전문학교에 입학하는 것을 선호하는 경향이 있었다는 것을 의
미한다. 그만큼 입신출세의 욕구는 학교 선택에 강력한 동기였다.

바꿔 말하면, 이는 총독부가 관립 전문학교 우대정책을 실시함으
로써 식민지 전문학교 체제의 서열 구조를 만들어 냈을 뿐만 아니
라, 이를 통해 관립 전문학교로 학업 능력이 우수한 조선인들을 끌어
들이는 데도 어느 정도 성공했다는 것을 의미한다. 그리고 이는 다
시 관립 전문학교의 높은 서열을 정당화하는 요인이 됐다. 이런 순
환 작용 역시 식민지 전문학교 체제의 서열을 더욱 공고하게 했다.

제 7 장

대안적 고등교육기관,
전문 정도 사립 각종학교

까다로운 사립 전문학교 설립 규정

유치원 교사를 길러 내기 위한 보육계 학교

직업 예술가와 교원 양성을 위한 음악·미술계 학교

예비 목회자를 위한 신학계 학교

사립 전문학교, 사립대학의 요람

까다로운 사립 전문학교 설립 규정

조선총독부는 사립 전문학교의 설립 인가에 소극적이었다. 정확하게는 가능한 한 사립 전문학교 설립을 억누르려 했다. 이는 총독부가 사립 전문학교 설립자에게 많은 재원을 요구했다는 점을 통해서도 알 수 있다.

총독부는 1915년 3월 24일에 「사립학교 규칙」을 개정해서 "전문교육을 하는 사립학교의 설립자는 그 학교를 설립·유지하는 데 충분한 재산을 가지는 재단법인일 것을 요한다"고 규정해서 사립 전문학교에 대한 재단법인 조직을 의무화했다. 물론 사립 전문학교를 안정적으로 운영하기 위해 재단이 필요하다는 점은 납득할 수 있다. 그러나 총독부가 요구한 재단의 재산 규모는 당시 조선 사회가 감당하기 어려운 수준이었다.

1926년 말에 조선불교중앙교무원은 불교전문학교를 설립하기 위해 총독부에 설립 인가 신청서를 제출했지만, 총독부는 조선불교중앙교무원이 제출한 출자액 60만 원이 재단을 조직하는 데 부족하다는 등의 이유로 이를 거부했다.[2]

또한 총독부는 1922년 3월 7일에 「공립·사립 전문학교 규정」을 제정해서 사립 전문학교를 설립할 경우, 교지校地, 학교 건물, 교구, 그 밖에 필요한 설비를 해야 한다고 규정했다. 여기서 교지는 학교 규모에 상응하는 면적을 갖고 도덕상, 위생상 해가 없는 곳이어야 하며, 학교 건물은 교실, 사무실, 기타 필요한 실험실, 실습실, 연구실, 도서실, 기계실, 표본실, 약품실, 제련실 등을 갖추어야 하고, 교구는 교수에 필요한 도서, 기계, 기구, 표본, 모형 등을 갖추어야 했다.

또한 총독부는 위의 규정에서 교원 자격을 "① 학위를 가진 사람, ② 대학을 졸업한 사람, 대학에서 시험에 합격해서 학사라고 칭할 수 있는 사람 또는 관립학교의 졸업자로서 학사라고 칭할 수 있는 사람" 등으로 규정해서 기본적으로 사립 전문학교의 교원을 학위 소지자 또는 대학 졸업자로 한정했다.[3] 이 역시 조선인이 사립 전문학교를 설립하는 데 적지 않은 부담이었다.

이런 상황에서 일부 조선인은 전문 정도 사립 각종학교를 설립해서 고등교육 기회를 얻으려 했다. 즉, 그들은 총독부의 사립 전문학교 정책에 대한 대응으로 처음부터 설립 부담이 큰 사립 전문학교를 설립하기보다 일단 상대적으로 설립 부담이 작은 전문 정도 사립 각종학교를 설립해서 전문학교에 준하는 고등교육 기회를 확보하고,

이후 여러 여건 등을 고려해서 사립 전문학교로의 승격을 도모했다.

그렇다면 각종학교各種學校란 무엇일까? 총독부는 각종학교만을 대상으로 하는 법령을 제정하지 않았기 때문에 그 정의는 애매모호할 수밖에 없다. 다만, 이에 대해서는 1910년대에 학무과장을 역임한 유게 고타로의 말을 참고할 만하다. 그는 「제1차 조선교육령」이 규정한 학교, 즉 보통학교·고등보통학교·여자고등보통학교·실업학교·전문학교에 대해 설명한 뒤 각종학교에 대해 다음과 같이 말했다.

> 이상으로 열거·설명한 다섯 종류의 학교는 「조선교육령」상 그 조직·내용 등의 대체를 규정한 것으로, 임시로 이를 '제규의 학교'라고 부르는 것이 편의하다. 이 제규의 학교 이외의 학교는 「조선교육령」 제30조에 "본 장에 게재한 것 이외의 학교에 관해서는 조선총독이 정하는 바에 의한다"는 규정에 기초해서 조선총독은 당시의 시세상 필요하다고 인정한 관립의 각종학교 규칙을 정하고, 또한 사립 각종학교를 통제하기 위해 「사립학교 규칙」을 제정했다. 이런 학교는 제규의 학교에 대비해서 보통 '각종학교'라고 부른다.[4]

유게는 「조선교육령」에 규정된 학교를 '제규의 학교', 그 밖의 학교를 '각종학교'라고 설명했다. 다만 유게의 말 중에 "사립 각종학교를 통제하기 위해 사립학교 규칙을 제정했다"는 말은 그릇된 것이다. 총독부가 1911년 10월 20일에 제정한 「사립학교 규칙」은 제1조에서 "조선인을 교육하는 사립학교에 대해서는 특별한 규정이 있는 경우를 제외하고 본령에 의한다"고 규정하고 있기 때문이다. 즉, 이는 사립 각종학교뿐만이 아니라 모든 사립학교를 대상으로 하는 법령이었다. 이를 참고하면 사립 각종학교란, 「조선교육령」에 규정되어 있지 않은 학교 중 「사립학교 규칙」의 적용을 받는 학교라고 정의할 수 있다. 덧붙이면 서당과 같은 전통적 사립학교는 사립 각종학교에 포함되지 않았다.

총독부는 사립 각종학교를 '교육 정도', 즉 교육 수준에 따라 학교급을 나누기도 했다. 병합 직후 총독부 학무과는 「경성부 내 사립학교 현상 일반」이라는 비밀 문서를 작성해서 1910년 10월 말 경성부 내 일반계 사립학교 65교의 기초적인 사항과 함께 각각의 교육 정도를 초등, 고등, 전문으로 나눠 기록했다.[5]

또한 경기도청은 《경기도의 교육과 종교》 1921년도판부터 사립각종학교의 '정도'를 보통, 고등(고등보통학교)으로 나누고, 1928년도판부터는 이를 보통, 고등, 전문으로 나눠 기록했다.[6] 또한 총독부 학무국은 《조선 제학교 일람》 1932년도판부터 '중등 정도' 이상의 각종학교를 별도의 항목으로 분류하고, 1942년도판부터는 전문 정도의 각종학교를 별도의 항목으로 분류했다.[7] 이때 분류 기준은 대체로 입학 자격이었다.[8] 이를 보면, 사립 각종학교 중 입학 자격이 중등학교 졸업이라는 점에서 사실상 전문학교에 준하는 교육 정도로 운영된 학교를 전문 정도 사립 각종학교라고 정의할 수 있다. 전문 정도 사립 각종학교는 식민지 고등교육 체제 내에서 대학, 전문학교에

I그림 7-1 I 1933년 조선여자의학강습소 교수들과 재학생들

이은 제3의 고등교육기관 유형이었다.

전문 정도 사립 각종학교는 사립 전문학교에 비해 설립이 까다롭지 않았다. 총독부는 「사립학교 규칙」에서 전문교육을 하는 사립학교 시설에 대해 별다른 규정을 하지 않았고, 교원 자격도 "국어(일어)에 통달하고 또한 당해 학교의 정도에 응하는 학력을 가진 사람"이라고만 규정했다. 따라서 전문 정도 사립 각종학교는 시설을 하고 교원을 확보하는 것이 비교적 어렵지 않았다. 나아가 총독부는 1922년 3월 28일에 「사립학교 규칙」을 개정해서 전문교육을 하는 사립학교가 아니라 '사립의 전문학교'에 한해 재단법인의 조직을 의무화했다. 이에 따라 전문 정도 사립 각종학교는 재단법인을 설립하지 않아도 됐다. 이는 조선인이 전문 정도 사립 각종학교를 설립하는 데 경제적 부담을 크게 줄여 주었다.

시기적으로 전문 정도 사립 각종학교는 3·1운동 이후 교육열의 고조와 맞물리면서 대체로 1920년대 이후에 설립됐다. 〈표 7-1〉은 1920년 이후 전문 정도 사립 각종학교의 설립·운영 현황이다.

전공별로 보면, 법학·상학계 1교, 문과·이과계 3교, 의학계 1교, 보육계 6교, 음악·미술계 4교, 신학계 4교, 공업계 1교로 다양하다. 이는 전문 정도 사립 각종학교가 사립 전문학교에 비해 설립 조건이 까다롭지 않아서 조선인의 교육 요구에도 좀 더 발 빠르게 대응할 수 있었기 때문이다. 실제로 보육(1941년에 이화보육학교가 이화여자전문학교로 편입되기 이전까지), 미술, 신학은 관·공·사립 전문학교에 개설되어 있지 않은 전공이었다.

성별로 보면, 남학교 6교, 여학교 12교, 남녀공학 2교(경성음악전문학원·감리교회신학교)로 여학교가 많다. 이는 1920년 이후 여성중등학교 졸업자 수는 점차 늘어났지만, 조선 내에서 여성이 진학할 수 있는 고등교육기관은 1930년대 말까지 이화여자전문학교 1교에 불과했기 때문이다. 게다가 여성은 남성에 비해 일본 등지로의 외국 유학도 쉽지 않았다. 예를 들면 1935년에 경성여자의학강습소를 졸업한 김금선은《동아일보》기자가 "동경에 훌륭한 의학교가 있는데 왜 강습소를 하셨던가요?"라고 질문하자 "우리 집은 여간 구습이 아닙니다. 동경에 가면 사람을 버린다고 절대로 반대를 하시므로 부모님 보호 밑에서 공부하려고 여기서 했습니다"라고 대답했다.

지역별로 보면, 경기 16교, 평남 2교, 경북 1교, 전북 1교로 대체 경성에 몰려 있다. 이는 경성의 입지적 요인에 의한 것으로 보인다.

|표 7-1| 1920년대 이후 전문 정도 사립 각종학교의 설립·운영 현황[9]

구분	학교명	학과(수업연한/입학 정원)	전공
1	보성법률상업학교	• 1921년: 법률과(3년/50명), 상업과(3년/50명)	법학·상학
2	이화학당 대학부	• 1924년: 예과(50명)	문과·이과
3	숭실대학	• 1925년: 문과(40명), 이과(30명)	
4	불교전수학교	• 1929년: 본과(40명)	
5	조선여자의학강습소	• 1930년: 예과(30명) • 1931년: 예과(1년/30명)	의학
6	중앙보육학교	• 1926년: 중앙유치원 사범과(40명) • 1929년: 본과(50명) • 1931년: 보육과(2년/40명) • 1938년: 본과(50명)	보육
7	경성보육학교	• 1928년: 본과(2년/50명) • 1939년: 본과(100명)	
8	이화보육학교	• 1927년: 본과(35명) • 1931년: 본과(2년/30명) • 1939년: 본과(50명)	
9	숭의여학교 보육과	• 1927년: 유치원보모과(30명) • 1932년: 보육과(30명)	
10	영생보육학원	• 1931년: 본과(2년/20명) • 1934년: 본과(1년/20명)	
11	대구 신명여학교 유치사범과	• 1928년: 유치사범과(20명)	
12	경성여자미술학교 연구과·전공과	• 1927년: 연구과(50명) • 1928년: 연구과(1년/50명) • 1929년: 전공과(30명) • 1933년: 전공과(자수과, 화과)(20명) • 1934년: 전공과(자수과, 화과)(50명)	음악·미술
13	조선여자기예학원	• 1930년: 자수과(30명) • 1933년: 자수과(20명), 조화과(15명) • 1938년: 자수과, 조화과, 도화과(이상 각 30명)	
14	상명고등기예학원 전공과	• 1939년: 전공과(50명)	
15	경성음악전문학원	• 1942년: 본과	
16	협성신학교감리교회 신학교	• 1926년: 본문과(本文科), 영문과(이상 3년) • 1935년: 본과(남녀 약 30명)	신학
17	협성여자신학교	• 1923년: 갑과(20명) • 1924년: 갑과(3년) • 1929년: 신학전문과(4년/20명)	신학
18	성결교회경성신학교	• 1941년: 예과(15명), 본과(보결 약간명)	
19	조선신학원	• 1942년: 본과	
20	동아고등공업학원	• 1942년: 토목과, 건축과(이상 3년/각 50명)	공업

- 고딕체로 표기한 1~5번의 5교는 해방 전에 사립 전문학교로 승격한 학교다.

그 밖에 재학생의 민족별로 보면, 조선인학교 19교, 조일공학 1교(동아고등공업학원)였다. 여기서 6교(이화여자전문학교로 흡수된 이화보육학교 포함)는 해방 전에 사립 전문학교로 승격했다.

당시 조선인은 전문 정도 사립 각종학교를 어떻게 생각했을까? 그들은 전문 정도 사립 각종학교도 일종의 고등교육기관이라고 여기고 있었다. 먼저 신문·잡지 등은 학생 모집 광고에서 전문 정도 사립 각종학교를 '전문 정도학교' 또는 '전문학교'라는 범주하에서 전문학교와 함께 소개했다. 《동아일보》는 1922년 3월 10일 〈입학 수지: 주요 전문 정도학교〉에서 숭실대학, 1927년 7월 12일 〈부내 관공사립학교 입학 수지: 전문 정도학교〉에서 경성치과의학교와 조선약학교, 1932년 2월 16일 〈중학 이상 남여 학교 입학안내(6)〉의 '전문학교의 부'에서 숭의여학교 보육과도 함께 소개했다.

또한 전문 정도 사립 각종학교 학생들은 전문학교 학생들과 교외활동도 함께했다. 경성·이화·중앙보육학교, 협성여자신학교, 경성여자의학강습소 졸업자들은 1932년 2월 2일에 열린 '여자전문학교 졸업생 간친회懇親會'에 이화여자전문학교 졸업자들과 함께 참석했다. 또한 협성신학교 졸업자들은 2월 9일에 열린 '남자 전문학교 졸업생 간친회'에 경성제국대학과 관·사립 전문학교 졸업자들과 함께 참석했다. 그 밖에 연희전문학교 학생기독청년회 지육부가 주최한 제1회 전 조선남녀 전문학생 웅변대회에는 중앙보육학교와 협성신학교 학생이 참가했다.

유치원 교사를 길러 내기 위한 보육계 학교

보육계 전문 정도 사립 각종학교는 주로 유치원 교사인 보모를 길러 내기 위해 설립된 학교다. 설립 배경으로는 크게 두 가지를 생각해볼 수 있다.

첫째는 유치원 교사 수요의 증가다.[10] 유치원 수는 1922년 43교에서 1924년 69교, 1929년 176교로 늘어났으며, 원아 수도 1922년 3,454명(조선인 2,174명)에서 1924년 4,516명(2,903명), 1929년 9,985명(7,261명)으로 늘어났다.[11] 이는 유치원 보모의 수요도 늘어나게 했다. 1924년에 중앙유치원 당국자는 일부 유치원이 보모가 부족해서 폐원하거나 또는 교육에 대한 소양이 없는 보모를 두어 원아의 장래를 그르치고 있는 것을 우려해서 사범과를 개설했다고 밝혔다.

둘째는 유치원 관계 법령의 정비다. 조선총독부는 유치원 수가 늘어나자 유치원 관계 법령의 정비에 착수했다. 총독부는 1922년 2월 16일에 「유치원 규정」을 제정해서 보모 한 명당 유아 수를 약 40명 이하로 제한했다. 이어 1922년 3월 28일에 「사립학교 규칙」을 개정해서 "제8조, 제11조~제16조, 제18조와 제19조의 규정을 사립 유치원에 준용한다"고 규정했다. 여기서 제11조는 사립학교 교원의 자격에 관한 조항으로 "사립 각종학교의 교원은 당해 학교의 정도에 응하는 학력을 갖고 또한 국어(일어)에 통달하는 것을 증명할 수 있는 사람"이어야 한다는 것이다. 이에 따라 사립 유치원은 설립 인가를 받거나 정원을 늘리려고 할 때 유치원의 '정도에 응하는 학력'을 가진 보모를 채용해야 했다.

중앙보육학교는 박희도, 장낙도, 유양호 등이 설립한 중앙유치원이 1922년 7월에 개설한 사범과를 전신으로 한다. 1928년에 박희도, 장두현, 신태화, 김상돈은 중앙유치원으로부터 사범과를 독립시켜 중앙보육학교를 설립하고 9월 5일부로 인가를 받았다. 1934년 5월에 중앙보육학교는 황애시덕, 황보패, 황신덕에게 인계됐다가 1935년 4월에 다시 임영신任永信에게 인계됐다. 이때 그는 흑석정 일대의 토지를 사들여 학교 건물을 신축·이전했으며, 나아가 중앙보육학교를 사립 여자전문학교로 승격시킬 것을 계획했다. 그러나 이는 총독부

I그림 7-2I 1939년 중앙보육학교 졸업생들

I 그림 7-3 I 1938년 경성보육학교 졸업생들

가 그의 모금 행위를 금지하는 등 이를 방해함에 따라 결국 실현되지 못했다.[12] 이후 1943년에 중앙보육학교는 총독부에 의해 학교 건물이 철도학교로 징발됨에 따라 폐교됐다.

경성보육학교는 조선회중교회의 유일선이 설립한 갑자유치원이 1926년 5월에 개설한 사범과를 전신으로 한다. 경성보육학교는 10월 29일에 총독부에 인가 신청서를 제출해서 1927년 8월 15일부로 인가를 받았다. 경성보육학교는 유치원 보모뿐만 아니라 현모양처를 길러 내는 것도 목적으로 했다. 1933년 7월 30일부로 경성보육학교는 독고선과 석진형 외 3명에게 인계됐다가 1938년 5월에 다시 홍정구에게 인계됐다.

제2부. 전문학교 졸업장을 얻기까지

1939년에 경성보육학교는 정원을 200명(매 학년 100명)으로 늘리고, 학급도 2학급에서 4학급으로 늘리는 학칙 변경원을 총독부에 제출해서 2월 9일부로 인가받았다. 이후 경성보육학교는 총독부가 1943년 10월 13일에 제정한 「교육에 관한 전시 비상조치 방책」에서 "각종학교는 초등 정도의 것은 초등학교 교육의 보조기관으로서 당분간 그냥 두고, 사설 강습소는 국어 강습소에 한해 인정하고, 그 외의 것은 전부 없앤다"고 규정함에 따라 교육이 정지되고, 육군항공본부에 의해 학교 건물이 징발됨에 따라 폐교됐다.

평양의 숭의여학교 보육과는 외국인 선교사 모펫S. Moffet이 설립한 숭의여학교에 1924년 4월에 개설된 유치원사범과를 전신으로 한다.[13] 1927년에 숭의여학교 유치원사범과는 총독부로부터 인가를 받았다. 수업연한은 2년이었다.[14] 이후 숭의여학교 보육과는 1938년 3월 31일에 숭의여학교가 신사참배 문제로 폐교됨에 따라 폐과됐다.

전주의 영생보육학원은 1930년 영생유치원 원장 고득순이 설립했다. 그해 9월에 영생보육학원은 총독부에 인가 신청서를 제출해서 11월 16일부로 인가를 받았다. 수업연한은 1931년에 2년에서 1934년에는 1년으로 단축됐다.

대구 신명여학교 유치사범과는 외국인 선교사 부르엔M. Bruen이 설립한 신명여학교에 1926년에 버그먼G. O. Bergman 임시 교장이 개설한 과정을 전신으로 한다.[15] 수업연한은 1년이었다. 이후 신명여학교 유치사범과는 제1회 졸업생 4명을 내고 폐과됐다.[16]

직업 예술가와 교원 양성을 위한 음악·미술계 학교

음악·미술계 전문 정도 사립 각종학교는 주로 직업 예술가나 사립 중등학교 음악·미술 교원 등을 길러 내기 위해 설립된 학교였다. 당시 예술 전공 전문학교는 드물었다. 조선총독부는 음악학교와 미술학교의 설립을 계획했지만 결국 이는 실현되지 않았다(제3장 '끝내 설립되지 않은 음악·미술학교와 체육전문학교' 참조). 또한 1929년에 연희전문학교는 7대 신사업 중 하나로 음악과의 신설을 계획했지만 이 역시 실현되지 않았다. 그 결과, 전문학교 중 예술 전공을 개설한 학교는 이화여자전문학교(음악과) 1교에 불과했다. 이에 따라 몇몇 음악·미술계 전문 정도 사립 각종학교가 설립됐다.

경성여자미술학교는 1925년 9월 15일 배화여고보 교원 김의식金義植이 설립해서 개교한 경성여자미술강습원이 전신이다. 1926년 7월에 경성여자미술강습원은 경성여자미술학교로 개편됐으며, 같은 달 8일에 인가받았다. 경성여자미술학교는 본과와 연구과가 설치되어 있었는데, 연구과의 입학 자격이 중등학교 졸업 정도였다. 수업연한은 1년이었다.

경성여자미술학교는 주로 직업 여성을 길러 내고자 했다. 학교 당국자는 "장래는 학교 건물도 신축하고 한층 확장해서 어디까지 조선 여자의 고유한 미술의 재주를 세계적으로 선양하는 동시에 실지적 직업 부인을 양성함이 목적"이라고 말했다. 김의식 교장도 졸업자들에게 "배우는 사람들은 단결해서 자기가 배운 것으로 직업을 얻어 자립 생활의 정신을 갖기를 가장 크게 바라는 바이며, 그들의 결혼 문제도 방임적 제도를 취합니다. 그들 자유에 맡기고 싶습니다"라고 밝혔다.

1928년 1월에 경성여자미술학교의 고문으로 취임한 여자흥업사의 전무 성호영은 정신적·물질적 지원을 아끼지 않기로 약속하고, 먼저 학교 건물 문제를 해결하기로 했다. 그해 4월에 경성여자미술학교는 연구과를 확장해서 사범생을 길러 내기로 했다. 이미 같은 해에 연구과 졸업자 중 세 명은 각각 배화여학교·일신여학교·정화여학교 교원으로 임용되고, 그 밖의 졸업자도 여러 지방의 학교와 교섭 중에 있었다. 이렇게 연구과 졸업자는 주로 사립 여자중등학교의 미술 교원으로 취직됐다. 1929년에 연구과는 전공과로 개편됐다.

그런데 이 시기에 경성여자미술학교는 운영에 어려움을 겪고 있었다. 즉, 경성여자미술학교는 1926년부터 조선회중기독교회 소유의 건물을 빌려 학교 건물로 쓰고 있었는데, 소유권이 변동됨에 따라 경성여자미술학교도 학교 건물을 잃고 다른 장소를 전전해야 했다. 또한 재정도 충분하지 않았다. 이에 따라 1928년에 교장 김의식은 총독부에 연간 운영비로 15,440원과 미싱 등의 교구 구입비로 350원의 국고 보조, 그리고 학교 건물의 신축을 위한 기부금 모집의 허가를 신청했다.[17] 그런데 총독부는 교구 구입비를 지급하고 기부금 모집을 허가했지만, 운영비로는 1천 원 정도의 지급을 검토했을 뿐이다. 이에 1930년 1월에 유성준, 이인, 조병상, 김재선, 백동기, 함효영 등은 경성여자미술학교후원회를 조직하기도 했다.

그러나 1933년 3월에 교장 김의식은 재정난을 이유로 성명서를 발표해서 경성여자미술학교의 휴교를 선언했다. 같은 해 9월에 경성여자미술학교는 학교 건물을 정동으로 옮기고 보결생을 모집하는 등 운영을 재개하기도 했다. 그러나 결국 1935년 6월 12일에 경성여자미술학교는 총독부의 지시에 따라 폐교됐다.

조선여자기예학원은 1927년 6월에 경성여자미술학교에서 독립한 교사 장선희張善禧에 의해 설립됐다. 장선희는 도쿄의 사립여자미술학교 자수과와 일본화과를 졸업한 재일 조선인 유학생 출신이다.[18] 설립 당시 조선여자기예학원의 수업연한은 1년, 입학 자격은 보통학교를 수업한 정도였다. 이후 입학 자격은 1929년에 중등학교 3학년 정도, 1930년에는 자수과가 중등학교 졸업자 또는 동등 정도 이상의 학력이 있는 사람, 1931년에는 자수과·조화과가 여고보 출신 또는 동등 정도 (학력이-저자) 있는 사람으로 점차 높아졌다. 이와 함께 1930년 9월에 교장 장선희는 "학교 교원과 가정 부인으로 자수와 조화 방면에 전문으로 나아갈 사람들에게는 재래보다 한층 더 완전한 설비로 개인교수에 힘쓸 터"라고 밝혔다. 1932년에 조선여자기예학원은 조화와 자수를 무료로 교수했으며, 1938년에는 수업료를 폐지하고 재료를 무료로 제공하기도 했다.

상명고등기예학원은 1937년 11월에 배상명裵祥明에 의해 설립됐다. 상명고등기예학원은 본과와 전공과를 두고 있었는데, 여기서 전공과의 입학 자격이 중등학교 졸업 정도 등이었다. 배상명은 도쿄고등기예학교를 졸업한 재일 조선인 유학생 출신이다.[19] 그는 상명고등기예학원을 설립한 이유를 "경제적 여유가 없는 우리들로 하여금 전문학교까지 가지 않고도 단기간에 한 가지 기술을 배워 경제적으로 자기의 생활을 남에게 의뢰하지 않도록 해 보겠다는 것"이라고 밝혔다. 《매일신보》는 1939년 2월 17일에 상명고등기예학원의 입학 자격을 "모집 인원 본과 50명(전 50, 속 30, 수험 자격 고녀 졸업−숫자 오류는 원문 그대로임)"이라고 애매모호하게 썼는데, 여기서 '전'은 전공과, '수험 자격 고녀 졸업'은 전공과의 입학 자격으로 보인다. 이후 1940년 3월 29일부로 상명고등기예학원은 중등학교인 상명실천여학교로 개편됐다.

경성음악전문학원은 음악가 김재훈金載勳이 설립한 학교다. 1937년 12월에 경성음악전문학원은 총독부에 인가 신청서를 제출해서 1938년 2월 7일부로 인가를 받았다. 경성음악전문학원은 중등학교 3학년 수료 정도의 남녀를 입학 자격으로 하는 수업연한 1년의 예과와 예과 졸업자 또는 이와 동등 이상의 학력을 가진 사람을 입학 자격으로 하는 수업연한 3년의 본과 등을 두었다. 김재훈은 도쿄의 동양음악전문학교와 독일의 뷔르츠부르크Würzburg 음악학교 등에서 수학한 유학생 출신이다.[20]

1938년 4월 9일 경성음악전문학원 개원식 당시 입학자 수는 약 60여 명이었다. 이에 대해 홍난파洪蘭坡는 경성음악전문학원이 "앞으로는 본격적 음악학교로 승격되어 다수한 음악인을 길러 낼 것"이라며 기대감을 드러냈다. 1940년 8월에 경성음악전문학원은 재학생 수가 늘어나 학교 건물이 비좁아짐에 따라, 20여만 원의 경비로 한

강 건너 혹은 신촌에 학교 건물을 신축할 것과 교수진을 강화하고 관악부를 확충할 것 등을 계획했다. 이에 대해《동아일보》는 경성음악전문학원이 "완전한 음악 전문학교로 승격도 멀지 않다"고 예상하기도 했다. 그러나 1942년 9월에 경성음악전문학원은 총독부의 지시로 폐교됐다.

예비 목회자를 위한 신학계 학교

신학계 전문 정도 사립 각종학교는 목회자를 길러 내기 위한 목적으로 설립됐다. 감리교회신학교는 1910년에 남북감리교회가 설립한 협성신학교를 전신으로 한다.[21] 1920년대에 협성신학교는 입학 자격을 높여 기본적으로 성경학원 졸업자로 했으며, 고보 졸업자 중 성경에 관한 지식이 부족한 사람은 고사 후에 입학을 허가하고, 연희전문학교 신학과 3년 수료자는 2학년에 편입하도록 했다.[22] 1923년에 협성신학교는 본문과本文科와 영문과를 두고 있었다.[23] 수업연한은 설립 초기에 3년이었으며, 1929년에는 예과 1년과 본과 3년으로 연장됐다.[24]

1925년에 세브란스연합의학전문학교와 연희전문학교 교장 에비슨O. R. Avison과 연희전문학교 창립자의 아들인 언더우드H. H. Underwood는 세브란스연합의학전문학교·연희전문학교·협성신학교를 통합하는 형태로 사립 종합대학의 설립을 계획했다. 이때 협성신학교는 문

| 그림 7-4 | 1936년 협성신학교 여성 졸업생들

과로 편입될 예정이었다. 이는 협성신학교의 교육 정도가 세브란스 연합의학전문학교나 연희전문학교에 준했다는 것을 의미한다. 협성 신학교는 1929년에 남녀공학을 실시했으며, 1931년에는 남녀공학의 신학교육이 성공적으로 실시되고 있어서 협성여자신학교가 별도로 존립할 이유가 없다고 해서 협성여자신학교를 흡수·통합했다. 1932년에 협성신학교는 감리교회신학교로 개편됐다. 1935년에 감리교회신학교는 수업연한을 예과 2년과 본과 3년으로 다시 늘렸다.[25] 이후 1944년에 감리교회신학교는 조선총독부에 의해 황도정신교사연성소로 개편됐다.[26]

협성여자신학교는 1920년 9월에 남북감리교회가 각각 운영했던 여교역자양성기관이 통합되는 형태로 설립됐다.[27] 협성여자신학교는 갑과와 을과를 두고 있었는데, 갑과의 입학 자격이 고보 졸업 또는 그 정도였다. 이에 대해《신학세계》는 1924년 1월호의 학생 모집 광고에서 협성여자신학교가 "수년 전에 학제를 변경해서 전문학교 정도로 승격하게 하고 금년에 교명을 개칭"했다고 전했다.[28] 앞서 말했듯이 이후 1931년에 협성여자신학교는 협성신학교로 흡수·통합됐다.

성결교회경성신학교는 1911년에 동양선교회(1921년에 조선예수교 동양선교회성결교회로 개칭)가 설립한 경성성서학원이 전신이다.[29] 1940년에 경성성서학원은 성결교회경성신학교로 개편됐으며, 5월 31일부로 인가를 받았다. 수업연한은 예과 1년, 본과 3년이었다.[30] 이후 1943년 12월에 성결교회가 해산됨에 따라 성결교회경성신학교도 폐교됐다.[31]

조선신학원은 1940년 4월 19일에 장로교회의 여러 인사들에 의해 설립됐다. 이에 앞서 장로교회가 설립한 조선예수교장로회신학교 (일명 평양신학교)는 1938년 5월에 신사참배 문제로 무기한 휴교를 선언함으로써 사실상 폐교 상태에 있었다. 이에 장로교회의 인사들 중 일부는 1940년 2월 9일에 평양신학교(조선예수교장로회신학교와는 다른 학교)를 설립했으며, 다른 일부는 조선신학원을 설립했다.[32] 이때 승동교회 장로 김대현은 조선신학원에 약 30만 원을 기부했다. 조신신학원의 수업연한은 3년이었다.[33] 이후 1944년에 조선신학원은 조선총독부에 의해 조선신학교로 개편됐다.[34]

사립 전문학교, 사립대학의 요람

전문 정도 사립 각종학교의 특징을 단적으로 말하면, 소규모·빈 핍 운영 방식이다. 이는 각각의 재학생 수, 입학 경쟁률, 입학자의 출신학교 비율, 연간 경비 등을 보면 알 수 있다.

〈표 7-2〉는 1932~1943년 전문 정도 사립 각종학교의 재학생 수 다. 전문 정도 사립 각종학교의 재학생 수는 대략 50~200명 정도였 다. 이는 본과 이외에 별과 등의 재학생 수까지 포함한 수치다. 그 밖의 전문 정도 사립 각종학교의 재학생 수도 각각의 입학자와 졸업 자를 보면 대체로 이와 비슷하거나 이보다 적었다.

전문 정도 사립 각종학교는 대부분 사립 전문학교에 비해 재학생 수가 적었다. 그 이유는 대체로 전문 정도 사립 각종학교의 경우 재 정이 부족한 탓에 학교 건물 등 시설이 열악해서 조선총독부로부터

| 표 7-2 | 1932~1943년 전문 정도 사립 각종학교의 재학생 수

학교명	1932	1933	1934	1936	1937
중앙보육학교	98	106	60	100	120
경성보육학교	45	68	83	114	122
이화보육학교	62	55	50	63	80

학교명	1938	1939	1940	1941	1942	1943
중앙보육학교	115	85	85	87	85	111
경성보육학교	120	132	153	100	95	101
이화보육학교	86	80	42	·	·	·
성결교회경성신학교	·	·	·	·	48	50

- 《조선제학교일람》(각 연도판).

|표 7-3| 1939년 보육계 전문 정도 사립 각종학교의 입학 경쟁률

교명	정원	지원자	입학자	경쟁률
이화보육학교	50	67	50	1.3:1
경성보육학교	100	120	78	1.5:1
중앙보육학교	40	93	40	2.3:1

- 《동아일보》. 1939. 4. 6. 〈상급 학교 수험에 나타난 젊은 여성의 지향〉.

많은 정원을 인가받기가 어려웠기 때문이다.

〈표 7-3〉은 보육계 전문 정도 사립 각종학교의 입학 경쟁률이다. 1939년의 보육계 전문 정도 사립 각종학교의 입학 경쟁률은 이화보육학교 1.2:1, 경성보육학교 1.5:1, 중앙보육학교 2.3:1 정도다. 이는 사립 여자전문학교의 입학 경쟁률과 비슷한 수치다. 달리 말하면, 보육계 전문 정도 사립 각종학교는 사립 여자전문학교와 마찬가지로 입학 지원자 수가 적은 편이었다.

이는 보육계 전문 정도 사립 각종학교의 입학자 선발 방식에도 영향을 미쳤다. 보육계 전문 정도 사립 각종학교는 입학 지원자 수가 적은 탓에 입학자 선발 과정에서 엄격한 전형을 실시할 수 없었다. 《신여성》 1933년 10월호에서 필명 '녹안경'은 중앙보육학교와 경성보육학교가 "학생들의 전형을 엄밀히 하지 못하고, 지원자면 입학되는 형편이다. 그래서 학생들의 레벨이 천층만층이요, 그 이력들도 다양 다채"라고 썼다.[35] 또한 당시 경성보육학교 교사였던 이헌구는 보결시험에 "지망자가 약 30명 응모해 왔다. 면접, 필기시험 등을 형식으로만 치뤘을 뿐 낙제생이 있을 수 없다"고 회고했다.

I표 7-4I 1931~1936년 전문 정도 사립 각종학교(여학교) 합격자의 출신 학교

학교			중앙보육학교	숭의학교 보모과	경성보육학교	이화보육학교					경성여자의학강습소	
연도			1931	1931	1936	1931	1933	1934	1935	1936	1933	1935
여자고등보통학교	공립		4(10.8)	6(22.2)	2(6.3)	·(0.0)	·(0.0)	2(10.0)	3(9.1)	6(20.7)	1(12.5)	4(21.1)
	사립	일반계	17(45.9)	0(0.0)	8(25.0)	2(5.0)	·(0.0)	·(0.0)	6(18.2)	1(3.4)	1(12.5)	5(26.3)
		종교계	5(13.5)	10(37.0)	15(46.9)	33(82.5)	23(79.3)	14(70.0)	18(54.5)	19(65.5)	3(37.5)	2(10.5)
		소계	22(59.5)	10(37.0)	23(71.9)	35(87.5)	23(79.3)	14(70.0)	24(72.7)	20(69.0)	4(50.0)	7(36.8)
지정학교			·(0.0)	·(0.0)	5(15.6)	·(0.0)	·(0.0)	1(5.0)	2(6.1)	·(0.0)	·(0.0)	1(5.3)
기타			11(29.7)	11(40.7)	2(6.3)	5(12.5)	6(20.7)	3(15.0)	4(12.1)	3(10.3)	3(37.5)	7(36.8)
대계			37	27	32	40	29	20	33	29	8	19

– 《동아일보》, 1931. 4. 5. 〈전문학교 합격자〉, 4. 8. 〈각종교 합격자〉, 1933. 4. 3. 〈금춘 각교 합격자〉, 4. 9. 〈금춘 각교의 합격자〉, 1934. 4. 1. 〈남녀 중등 이상 학교 합격 발표〉, 1935. 3. 31. 〈금년도 각교 합격자〉, 4. 12. 〈각 학교 합격자〉, 1936. 4. 2. 〈각 학교 합격자〉; 《조선중앙일보》, 1936. 4. 5. 〈각 학교 합격자〉.

이는 그 밖의 전문 정도 사립 각종학교의 경우도 거의 마찬가지였다. 1937년에 감리교회신학교를 졸업한 김광우 목사는 "당시 우스운 이야기가 있었다. 신학교 입학 면접시험 때 교장이 '당신 왜 신학교에 입학하려 하오?' 물으니 대답이 '다른 학교에 입학할 수가 없어서 신학교나 가 보자고 왔습니다' 했다는 것"이라고 회고했다.[36]

〈표 7-4〉는 1931~1936년 전문 정도 사립 각종학교(여학교) 합격자의 출신 학교이다. 전문 정도 사립 각종학교(여학교) 입학자는 주로 사립 여고보 출신이었다. 특히, 기독교계 학교(이화보육학교·숭의여학교 보모과) 입학자는 기독교계 학교 출신 비율이 높고, 일반계 학교(중앙보육학교·경성여자의학강습소)의 입학자는 일반계 사립 여고보 출신 비율이 높았다.

그런데 《이화여자전문학교·이화보육학교 일람》(1937년도판)을 보면, 이화여자전문학교의 입학자도 사립 여고보 출신 비율이 높았다. 다만, 전문 정도 사립 각종학교와 이화여자전문학교의 입학 지원자 간에는 조금 차이가 있었다. 1934년 11월에 숙명여고보 교원 이원식은 "보육학교에 들어오는 사람들은 (…) 다른 학교와 비교해서 대다수의 우울한 처지에 사람들이 많이 모여 있는 것이 사실입니다. 전문학교를 가려니 경제가 허락하지 않고 또는 자격이 부족해서 갈 수 없는 사람들도 대개 가는 곳이 어디냐 하면 보육학교"라고 말했다. 1935년 2월에 이화보육학교 졸업자 이순일은 《동아일보》 기자가 그 학교를 지원한 동기를 묻자, "집안 경제 문제가 이전 같지 않으므로 될 수 있으면 짧은 연한에서 전문을 마치지 않으면 뒤에 자라는 동생들을 교육시킬 수 없는 까닭"이라고 답했다.

또한 경성보육학교 교사였던 이헌구는 보육학교 입학자에 대해 "첫째는 유아교육에 뜻을 두어 오는 이로서, 불행한 환경, 과부거나 이혼당하거나 한 여성으로 이를 극복해 가려는 일종의 수녀적인 성격을 가진 자, 둘째는 1929년 11월의 광주 학생 사건에 관련되어 옥고를 치르고 해서 정상적인 상급 학교 진학의 길이 막힌 애국적 사회운동자, 셋째는 여러 가지 가정 형편으로 상급 학교에 못 간 경제적으로도 불우한 여고를 갓 나온 처녀들"이라고 회고했다. 이를 보면 전문 정도 사립 각종학교는 사립 여고보 졸업자 중에서도 대체로 경제적·학업적 또는 그 밖의 사정으로 전문학교에 진학하기 어려웠던 사람들이 주로 입학했던 것으로 보인다.

이에 따라 당시 조선인들은 전문 정도 사립 각종학교를 전문학교보다 한 단계 서열이 낮은 학교라고 인식하기도 했다. 숙명여고보를 졸업하고 중앙보육학교에 입학한 최정희는 당시 조선인들의 중앙보육학교에 대한 인식을 다음과 같이 회고했다.

> 이 학교(중앙보육학교-저자)에서 경성 시내에 있는 여학교 졸업생을 위해 축하회의 밤을 종로 YMCA 회관에서 열어 준 일이 있다. 그날 저녁에 나는 중앙보육에 갈 것을 작정했다. 이 학교에 가면 노래와 춤을 한꺼번에 배울 수 있겠다는 생각에서였다. 숙명학교 학생들이 여럿이 같이 갔으나 나 이외의 아무도 그런 뜻을 가진 아이가 없었다. 숙명을 졸업하고 중앙보육에 간다는 일은 생각조차도 할 수 없었던 것이다. 그만큼 중앙보육은 시시껄렁하게 인식이 되었다. 숙명을 졸업하자 중앙보육에 지원서를 낼 준비를 했을 때 선생님들은 극력 말리셨다. 눈물까지 흘리시며 말리는 분도 계셨다. 어쩌자고 그런 학교에 가느냐는 것이다. 나이 많은 불량 처녀거나 과부들의 소굴인 것처럼 말씀하시는 것이다. 끝내 학교에서 성적표를 내주지 않아서 중앙보육학교 측에 사실을 말해서 양해를 얻고 입학했다.[37]

전문 정도 사립 각종학교는 사립 전문학교에 비해 교육 여건도 열악했다. 〈표 7-5〉는 1932년부터 1943년까지 전문 정도 사립 각종학교의 연간 경비다. 이를 사립 전문학교와 비교해 보면, 1932년에 전문 정도 사립 각종학교의 연간경비는 중앙보육학교 8,650원, 경성보

| 표 7-5 | 1932~1943년 전문 정도 사립 각종학교의 연간 경비

학교명	1932	1933	1934	1936	1937	1938	1940	1941	1942	1943
중앙보육학교	8,650	8,950	8,400	9,800	11,900	11,900	11,900	14,790	12,305	25,230
경성보육학교	3,400	3,656	6,560	6,560	8,220	11,872	17,748	13,780	17,400	19,308
이화보육학교	11,067	12,161	14,040	20,315	19,740	22,676	14,722	·	·	·
경성여자미술학교	3,930	·	·	·	·	·	·	·	·	·
성결교회경성신학교	·	·	·	·	·	·	·	·	14,400	16,000

- 《조선제학교일람》(각 연도판).

육학교 3,400원, 이화보육학교 11,067원, 경성여자미술학교 3,930 원이었는데, 사립 전문학교의 연간 경비는 세브란스연합의학전문학 교 283,958원, 연희전문학교 157,210원, 보성전문학교 45,219원, 숭 실전문학교 79,314원, 이화여자전문학교 91,920원, 중앙불교전문학 교 22,130원이었다.

또한 학생 1인당 연간 경비를 비교해 보아도 1932년에 전문 정도 사립 각종학교의 학생 1인당 연간 경비는 중앙보육학교 88원, 경성 보육학교 76원, 이화보육학교 179원, 경성여자미술학교 171원이었 는데, 사립 전문학교의 학생 1인당 연간 경비는 세브란스연합의학 전문학교 1,690원, 연희전문학교 535원, 보성전문학교 141원, 숭실 전문학교 469원, 이화여자전문학교 403원, 중앙불교전문학교 388원 이었다.[38]

이렇게 전문 정도 사립 각종학교는 사립 전문학교에 비해 학생 1인 당 연간 경비가 적었다. 즉, 전문 정도 사립 각종학교는 사립 전문학 교에 비해 설립은 까다롭지 않았지만, 교육의 질을 담보하기는 어려웠다. 그만큼 전문 정도 사립 각종학교는 식민지 고등교육 체제의 서열 구조 안에서 사립 전문학교보다 아래인 가장 바닥에 위치하고 있었다.

그럼에도 전문 정도 사립 각종학교는 조선인에게 전문학교에 준하는 고등교육 기회를 제공했다는 점, 또한 사립 전문학교의 요람과 같은 역할을 했다는 점에서 그 의의가 있다. 실제로 〈표 7-1〉의 전문 정도 사립 각종학교 19교 중 5교는 해방 전에 사립 전문학교로 승격됐다. 즉, 1922년에 보성법률상업학교는 보성전문학교로, 1925년에 숭실대학은 숭실전문학교로, 1930년에 불교전수학교는 중앙불교전문학교로, 1938년에 경성여자의학강습소는 경성여자의학전문학교로 승격됐으며, 1940년에 이화보육학교는 이화여자전문학교로 편입됐다.

또한 전문 정도 사립 각종학교 중에는 해방 후 정규 고등교육기관, 나아가 사립대학으로 승격하는 경우도 적지 않았다. 즉, 중앙보육학교는 1945년에 중앙여자전문학교, 1947년에 중앙여자대학, 1948년에 중앙대학을 거쳐 1953년에 중앙대학교로 승격됐다. 숭의여학교 보모과는 1963년에 숭의보육학교로 재건되어 1971년에 숭의여자전문학교, 1978년 숭의여자전문대학, 1998년에 숭의여자대학을 거쳐 2012년에 숭의여자대학교로 승격됐다.

마찬가지로 상명고등기예학원은 1965년에 상명여자사범대학, 1983년에 상명여자대학을 거쳐 1987년에 상명여자대학교, 1996년에 상명대학교로 승격됐다. 감리교회신학교는 1946년에 감리교신학교, 1959년에 감리교신학대학을 거쳐 1993년에 감리교신학대학교로 승격됐다. 성결교회경성신학교는 1945년에 서울신학교, 1959년에 서울신학대학을 거쳐 1992년에 서울신학대학교로 승격됐다. 조선신학원은 1951년에 한국신학대학, 1980년에 한신대학을 거쳐 1992년에 한신대학교로 승격됐다. 동아고등공업학원은 1948년에 한양공과대학을 거쳐 1959년에 한양대학교로 승격됐다. 즉, 전문 정도 사립 각종학교는 해방 후 사립대학의 요람과 같은 역할도 했던 것이다.

제 **8** 장

그 시절에도 전문학교는 경성에 몰려 있었다

– 지방의 전문학교 설립운동

경성에 몰려 있는 전문학교

의학전문학교 유치운동

평안남도의 고등공업학교와 고등상업학교 설립운동

경상남도의 고등상업학교와 부산고등수산학교 유치 노력

주요 산업지역의 고등농림학교·고등공업학교 설립운동

경성에 몰려 있는 전문학교

전문학교는 지역적으로 어떻게 분포되어 있었을까? 단적으로 말하면 대부분의 전문학교는 경기도, 좀 더 구체적으로 말하면 경성과 그 부근에 몰려 있었다. 1925년 이전까지 전문학교는 모두 경기도(경성 포함)에 설립되어 있었으며, 1925년에는 전체 10교 중 9교, 1935년에는 전체 15교 중 12교, 1945년에는 전체 20교 중 13교가 경기도에 설립되어 있었다.

1944년에는 「교육에 관한 전시 비상조치 방책」에 의해 경성의 혜화전문학교와 명륜전문학교가 폐교되고, 대구농업전문학교·광주의학전문학교·함흥의학전문학교가 신설됐다. 즉, 1944년 이전까지는 전문학교의 약 80~90%가 경성과 그 부근에 설립되어 있었다. 반면, 충청·전북·강원·황해·평북·함북에는 전문학교가 단 하나도 설립되어 있지 않았다.

첫째 관립 전문학교 증설억제 정책의 결과 때문이었다. 조선총독부는 1920년대 이후 몇몇 관립 전문학교의 증설을 계획했지만, 이후 이를 거의 대부분 미루거나 취소함으로써 결과적으로 관립 전문학교 증설을 억눌렀다. 이에 따라 1930년대 후반까지 관립 전문학교는 전공별로 1교씩만 설립되어 있었다. 그 결과, 각 관립 전문학교의 위치는 자연스럽게 경성과 그 부근으로 한정됐다.

이는 같은 시기 일본의 상황과 비교하면 좀 더 명확하게 알 수 있다. 일본에서는 사립 고등교육기관의 경우 대부분이 도쿄와 그 부근에 설립되어 있었지만, 관립 고등교육기관의 경우는 그 밖의 현에도 분산 설립되어 있었다. 이는 일본 정부가 관립 고등교육기관 증설 계획을 세우고 실제로 이를 실현시킨 결과였다. 1937년에 제국대학(6교)은 도쿄와 함께 교토·센다이(도호쿠제국대학)·규슈·삿포로(홋카이도제국대학)·오사카에도 설립되어 있었으며, 관립 의과대학(7교)은 니가타·오카야마·지바·가나자와·나가사키·구마모토·나고야에 설립되어 있었다. 문리과대학(2교)은 도쿄와 함께 히로시마에도 설립되어 있었으며, 관립 상업대학(2교)은 도쿄와 함께 고베에도 설립되어 있었다.[1] 관립 약학전문학교(2교)는 도야마와 구마모토에, 관립 외국어학교(전문학교)는 도쿄와 함께 오사카에도 설립되어 있었다.[2]

둘째 경성의 입지적 요인이다. 당시에는 총독부뿐만 아니라 조선인 또는 외국인 선교사들도 경성과 그 부근에 사립 전문학교를 설립했다. 그 이유는 경성이 조선 내에서 정치·경제·사회·문화의 중심지였으므로 그만큼 전문학교를 설립하는 데 필요한 인적·물적 자원이 풍부했으며, 또한 전문학교 진학 수요도 많았기 때문이다.

특히 경성에는 많은 고보가 설립되어 있었고 졸업자 수도 많았다. 고보는 1925년에 전체 23교(공립 15, 사립 8) 중 7교(공립 2, 사립 5)(30.4%), 1937년에는 전체 27교(공립 16, 사립 11) 중 7교(공립 2, 사립 5)(25.9%)가 경성에 설립되어 있었다. 고보 졸업자는 1925년에 전체 989명 중 554명(56.0%), 1937년에는 전체 2,306명 중 778명(33.7%)이 경성 소재 고보를 나왔다. 따라서 조선인 또는 외국인 선교사들은 경성에 사립 전문학교를 설립함으로써 좀 더 쉽게 많은 입학 지원자를 끌어들일 수 있었다.

그런데 전문학교의 경성 집중은 지역 간 고등교육 기회의 차별적 분배를 낳았다. 〈표 8-1〉과 〈표 8-2〉는 관·공립 전문학교와 사립 전문학교의 원적별 조선인 재학생 수와 비율이다. 전체적으로 경기도 원적자 비율이 매우 높다. 1933~1934년에 관립 전문학교의 조선인 재학생 중 경기도 원적자 비율은 약 30~40%, 경성의학전문학교의 경우만 약 20~25%였다. 또한 사립 전문학교의 조선인 재학생 중 경기도 원적자 비율도 약 30~40%, 세브란스연합의학전문학교의 경우만 약 25%였다.

1934년에 전체 조선인 인구 20,513,804명 중 경기도의 조선인 인구는 2,076,985명으로, 그 비율은 약 10.1%에 그쳤다.[3] 그러니까 경기도민은 인구 대비 약 2~4배에 달하는 고등교육 기회를 얻고 있었다. 바꿔 말하면, 경기도 외의 지역민은 그만큼 고등교육 기회를

| 표 8-1 | 1934년 관·공립 전문학교의 원적별 조선인 재학생 수와 비율[4]

지역	관립				공립
	경성법학 전문학교	경성의학 전문학교	수원고등 농림학교	경성고등 상업학교	평양의학 전문학교
경기도	41(31.0)	15(22.1)	13(28.9)	20(39.2)	8(6.4)
충청북도	3(2.2)	3(4.4)	5(11.1)	1(2.0)	1(0.8)
충청남도	15(11.0)	2(2.9)	2(4.4)	4(7.8)	2(1.6)
전라북도	5(3.7)	1(1.5)	2(4.4)	4(7.8)	1(0.8)
전라남도	8(5.9)	2(2.9)	2(4.4)	4(7.8)	4(3.2)
경상북도	11(8.1)	7(10.3)	4(8.9)	2(3.9)	1(0.8)
경상남도	10(7.4)	4(5.9)	4(8.9)	2(3.9)	2(1.6)
강원도	5(3.7)	1(1.5)	1(2.2)	2(3.9)	2(1.6)
황해도	11(8.1)	4(5.9)	·(0.0)	1(2.0)	9(7.2)
평안남도	10(7.4)	8(11.8)	2(4.4)	6(11.8)	63(50.4)
평안북도	10(7.4)	9(13.2)	4(8.9)	3(5.9)	14(11.2)
함경남도	6(4.4)	9(13.2)	6(13.3)	2(3.9)	13(10.4)
함경북도	1(0.7)	3(4.4)	·(0.0)	·(0.0)	5(4.0)
계	136	68	45	51	125

얻지 못했다. 이에 대해 《동아일보》는 1939년 3월 24일에 "경성의 중학교 이상을 보더라도 입학자의 대다수가 또한 광범한 지방 지원자보다 소범위인 경성의 비례가 훨씬 압도적인 것은 불가엄의 사실"이라고 지적했다.

전문학교의 경성 집중 현상이 지역 간 고등교육 기회의 차별적 분배를 낳은 이유 중 하나는 경기도 이외의 지역 출신이 경성 내 전문학교에 진학하는 이른바 '경성 유학'의 경우, 경성 또는 그 부근에 거주하는 통학생에 비해 추가로 내야 하는 비용이 적지 않았기 때문이

지역	세브란스 연합의학 전문학교 (1934)	연희 전문학교 (1939)	보성 전문학교 (1936)	이화여자 전문학교 (1937)	경성약학 전문학교 (1935)	중앙불교 전문학교 (1935)
경기도	44(25.6)	169(36.0)	224(38.9)	86(32.2)	34(42.5)	25(29.4)
충청북도	4(2.3)	16(3.4)	17(3.0)	5(1.9)	·(0.0)	3(3.5)
충청남도	10(5.8)	32(6.8)	74(12.8)	7(2.6)	5(6.3)	11(12.9)
전라북도	4(2.3)	19(4.1)	33(5.7)	8(3.0)	2(2.5)	3(3.5)
전라남도	14(8.1)	14(3.0)	44(7.6)	7(2.6)	5(6.3)	10(11.8)
경상북도	5(2.9)	24(5.1)	18(3.1)	6(2.2)	5(6.3)	8(9.4)
경상남도	6(3.5)	13(2.8)	30(5.2)	7(2.6)	8(10.0)	8(9.4)
강원도	7(4.1)	14(3.0)	32(5.6)	6(2.2)	·(0.0)	1(1.2)
황해도	17(9.9)	49(10.4)	18(3.1)	24(9.0)	3(3.8)	4(4.7)
평안남도	24(14.0)	70(14.9)	24(4.2)	35(13.1)	9(11.3)	3(3.5)
평안북도	23(13.4)	32(6.8)	23(4.0)	19(7.1)	5(6.3)	4(4.7)
함경남도	12(7.0)	9(1.9)	35(6.1)	46(17.2)	3(3.0)	4(4.7)
함경북도	2(1.2)	8(1.7)	4(0.7)	11(4.1)	1(1.3)	1(1.2)
계	172	469	576	267	80	85

I표 8-2I 사립 전문학교의 원적별 조선인 재학생 수와 비율[5]

다. 경성 유학생들은 비싼 하숙비 또는 기숙사비를 내야 했다. 1936년에 경성법학전문학교 조선인 재학생(1학년)의 연간 지출 466원 중 하숙비(10개월분)는 180원에 달했다.[6] 또한 1934년에 경성고등상업학교 재학생(1학년)의 연간 지출 532원 50전~ 588원 중 하숙비는 220~250원(10개월분), 수원고등농림학교 재학생(1학년)의 연간 지출 농학과 495원, 임학과 508원 중 기숙사비는 134원에 달했다.[7] 이는 전문학교 재학생의 연간 지출에서 약 35~45%(하숙비) 또는 약 25%(기숙사비)를 차지할 정도로 높은 비율이었다.

또한 경성 유학생은 입학시험에 응시하거나 고향에 돌아갈 때 교통비도 써야 했다. 1936년 7월 21일자에서 갑산 일기자는 함경남도의 상급 학교 진학 희망자들이 "매년 남방 도시로 시험 응시차 왕래하는 비용은 1인당 50원 내지 100여 원에 달하며, 유학생들의 여름·겨울방학과 그 밖의 사고로 왕래 시 헛되이 길 위에 허비되는 금액이 적지 않다"고 지적하고, 심지어 "빈약한 농촌의 경제적 몰락도 이에 한 원인이 있을 것"이라고 주장했다. 이는 '경성 유학'에 커다란 부담으로 작용했다.

지역 간 고등교육 기회의 차별적 분배는 각 지방의 발전에도 좋지 않은 영향을 미쳤다. 《동아일보》는 1939년 3월 24일에 중·고등교육 기관 재학생 중 경성 출신의 비율이 압도적으로 높다는 점을 지적했다.

첫째로, 학교교육을 통해 발양되는 문화가 도회에 집약되고 지방 각처로 뻗치지 못할 것이며, 둘째로 현대 산업과 발전이 모두 도시와 농촌의 현격을 야기시키고 있는 불합리한 현상에 대해 한층 조장해 주는 것이며, 셋째로는 조선 같은 사회에 제일 유위한 농촌 청년에게 지식과 교양의 보통 또한 고급적 수준을 주지 못하는 것이니 전국적 또는 대국적 견지에 있어선 실로 중대한 관계가 있는 것이다. (…) 그러므로 우리는 문화적, 정치적 견지에 입각해서 입학 선발의 도시 편중적 폐풍을 지적하고, 동시에 지방, 농촌 수재의 취급을 더욱 유의하기를 요망하는 바다.

I그림 8-1I 평양의학전문학교

《동아일보》는 고등교육 기회의 차별적 분배가 경성과 그 밖의 지역 간의 경제와 문화의 격차를 더욱 조장한다고 주장했다. 여기서 특히 주목할 것은 경제다. 실제로 각 지방은 전문학교 설립운동 과정에서 그 이유로 각 산업 분야의 고급 기술자 양성을 드는 경우가 적지 않았다. 이는 각 지방에서 양성된 고급 기술자가 그 지방의 경제 발전에 커다란 영향을 미친다는 점을 전제로 한 것이다. 이에 따라 《동아일보》는 전문학교 등이 "지방, 농촌 수재의 취급을 더욱 유의"할 것, 즉 그들을 좀 더 적극적으로 선발할 것을 요구했다.

그런데 다시 〈표 8-1〉을 보면 경기도가 아닌 평안남도에 설립된 평양의학전문학교의 경우, 재학생 중 평안남도 원적자의 비율은 1934년에 50.4%로 매우 높다. 이는 그 밖의 전문학교 재학생 중 평안남도 원적자의 비율이 약 5~15%이고, 같은 의학계 전문학교인 경성의학전문학교와 세브란스연합의학전문학교의 재학생 중 평안남도 원적자의 비율이 약 10~15%인 것과 매우 대조적이다. 이렇게

제2부. 전문학교 졸업장을 얻기까지

각 지방에 설립된 고등교육기관은 해당 지방민에게 고등교육 기회를 제공하는 데 커다란 영향을 미쳤다. 이는 각 지방이 전문학교 설립운동을 전개하는 하나의 배경이 됐다.

의학전문학교 유치운동

각 지방의 전문학교 설립운동 중 가장 많이 일어난 것은 의학전문학교 설립운동이다. 조선 내에 전체적으로 의사 수가 매우 부족한 것은 물론이고, 경기도 이외의 지역은 그 문제가 더욱 심각했기 때문이다. 1920년 조선의 인구 1만 명당 의사 수는 0.60명이었는데, 경기도는 1.46명이었지만 충북 0.27명, 충남 0.37명, 전북 0.40명, 전남 0.33명, 경북 0.33명, 경남 0.66명, 황해 0.70명, 평남 1.09명, 평북 0.53명, 강원 0.30명, 함남 0.52명, 함북 0.76명에 그쳤다.[8] 즉, 지역별로 인구 만 명당 의사 수가 적게는 1.3배에서 많게는 5.4배까지 차이가 났다.

이 문제는 언론에서도 자주 오르내렸다. 《동아일보》는 1930년 2월 8일에 "전라북도 내의 140만이나 되는 인구의 보건을 보장하는 의료기관과 의사의 수는 아직도 그와 같은 많은 인구에 비해 희소한 편"이라고 지적했으며, 1939년 9월 12일에 황해도의 의사 수가 "도민 170만 인구에 비교해 본다면 약 520여 명에 대해 의사 1인(의사·의생을 합한 수 – 저자)이라는 한심한 현상"이라고 지적했다. 의생이란

1913년 11월 15일에 제정된 「의생 규칙」에 의해 면허를 받은 한의사를 말한다.

그런데 1920년 당시 조선에 의학전문학교는 경성의학전문학교와 세브란스연합의학전문학교 2교에 그쳤다. 이런 상황에서 조선총독부는 1920년대 초반에 대구와 평양에 의학전문학교를 설립할 계획을 세우기도 했지만 당시에는 실현되지 않았다. 또한 이 시기에 총독부는 일본으로부터 일정 정도 의사를 공급받으려 했지만 이 역시 원활하게 이루어지지 않았다.

이에 따라 1920년대 중반 이후 각 지방에서는 재정 등의 이유로 당장 의학전문학교를 설립하는 것은 어렵다고 하더라도 일단 의사시험 응시 자격 부여와 준비 교육을 위해 그리고 의생 재교육 또는 위생 사상 보급을 위해 의학강습소만이라도 설립하려는 움직임이 일어나기 시작했다. 1914년 7월 20일에 제정된 「의사시험 규칙」은 "의사시험은 수업연한 4년 이상의 의학교를 졸업하거나 5년 이상 의술을 닦은 사람이 아니면 응시할 수 없다"고 규정했다. 특히, 평안남도 당국이 1923년 3월 31일에 「도립의학강습소 규정」, 경상북도 당국이 1924년 3월 28일에 「경상북도립의학강습소 규정」을 제정하고, 각각 도립 평양의학강습소와 도립 대구의학강습소를 설립한 것은 각 지방이 도립의학강습소 설립운동을 전개하는 데 자극이 됐다.

1924년 8월에 전라남도 당국은 도립의학강습소의 설립을 고려했다. 이는 많은 사람들이 전라남도가 그 밖의 도에 비해 의사와 의생 수가 적어 도민들이 항상 불편을 겪고 있다는 점, 또한 의생이 의사 수의 부족을 보충한다는 점에서 의미가 있지만 기술이 부족하다는 점 등을 지적하고, 의사를 길러 내고 의생을 재교육하기 위해 도립 의학강습소를 광주에 설립할 것을 요구했기 때문이다.

1924년 12월에 열린 평안북도 도평의회에서 이익서 의원은 도립 의학강습소의 설립을 요구했다. 그는 도내에 의료기관이 자혜의원 세 곳과 개인의원 몇 곳만이 철도연선을 따라 설립되어 있을 뿐 산 간벽지에는 경찰서 소재지에 공의가 한 명씩 배치되어 있는 데 그치 며, 그 밖에 의생이 각지에 흩어져 있지만 그들 중 자격자는 소수이 고 대부분은 해부, 생리, 병리 등에 대한 지식이 부족한 일종의 약상 에 불과하다고 지적했다. 그는 평안북도에도 "평양과 대구에 상반해 서 도립의학강습소를 설립"할 것을 요구하는 의견서를 제출해서 도 평의원 2/3 이상의 찬동을 얻어 냈다. 이익서는 경성의학전문학교 출신으로 평안북도 구성군의 공의이기도 했다.

1925년 5월에 전라북도 전주의 도립의원은 "평양과 대구 양처에 기설된 의학강습소에 본떠 전주에도 강습소를 설립하는 것이 적의 하다는 의견이 일치"되어 설립 계획과 진행 방침을 협의했다. 이는 강습생들에게 의사시험의 응시 자격을 주기 위한 것이었다. 후속 보 도를 보면, 실제로 이를 발의한 사람은 도립의원 의사 김규록이었 다. 다만, 당시 도립의원은 의사 정원의 절반이 결원인 상태로 도립 의원의 업무도 어려움을 겪고 있던 상황이었기 때문에 당장 의학강 습소를 설치하는 것은 불가능했다. 이후 1935년에도 전주에서는 의 학강습소의 설립 준비를 진행했다.

1926년 1월에 열린 함경남도 도평의회에서 최종률 의원은 도립의학강습소의 설립을 요구했다. 그는 당국에 함경남도에 의료기관이 매우 부족하며, 1924년 말 도 인구 약 126만 4천 명에 의사 수가 78명에 불과하다고 지적하고, 보건정책에 어떤 복안이 있는가를 질의했다. 이어 그 외에 19명은 〈의학강습소 설치의 건〉을 제출했다. 또한 1931년 2월에 열린 함경남도 도평의회에서도 최종률 의원은 함흥의원에서 전염병 환자가 발생해서 간호부 등이 사망한 사건 등을 들어 "본도에 의학강습소 등을 설치해서 의료기관을 완비할 의사가 없는가?"라고 질의했다. 그러나 이에 대해 마쓰다 위생과장은 "재정상으로 보아 실현이 불능하다"고 답했다.

그 밖에 1929년 6월 7일에 경상남도 진주의 유지들은 도지사 스도 다케시가 도내 순시를 위해 진주에 들렀을 때 〈의학강습소 설립의 건〉 등을 진정했다. 1930년 3월에 열린 황해도 도평의회에서도 이기섭 의원은 〈의학강습소 설치의 건〉을 건의했으며, 도평의원회는 이를 가결했다.

그러나 이 시기에 각 지방의 도립의학강습소 설립운동은 재정 등의 이유로 평양과 대구를 제외하고는 실현되지 못했다. 이후 평안남도와 경상북도에서는 도립 평양의학강습소와 도립 대구의학강습소를 의학전문학교로 승격시키기 위한 운동이 일어났고, 마침내 1933년 3월 8일에 각각은 공립 평양의학전문학교와 대구의학전문학교로 승격됐다. 이를 전후해서 각 지방에서는 도립의학강습소의 설립을 넘어 의학전문학교 설립운동이 일어나기 시작했다.

1931년 3월 19일에 충청남도 공주면장 고바야시 마스타로, 심재욱, 다부치 겐파치는 공주 소재의 도청이 대전으로 옮겨 가는 것으로 결정되자 사이토 총독, 이마무라 다케시 내무국장, 모리오카 지로 경무국장을 찾아가 그 보상 시설로 공주에 의학전문학교의 설립을 요구했다.

같은 해 9월 7일에 공주시민회도 회의를 열어 다시 도청 이전의 보상 시설 중 하나로 의학전문학교의 설립을 총독부에 진정하기로 했다. 이에 공주시민회 회장 미야모토 젠키치, 심재욱, 다부치, 스기오카 노부스케는 가미오 가즈하루 학무과장을 방문해 고등농림학교, 고등공업학교와 함께 의학전문학교의 설립 등을 요구했다. 이에 대해 가미오 학무과장은 의학전문학교의 경우, 대구와 평양의 도립 의학강습소도 이미 학교 건물을 짓고 도민의 기부금 신청도 있음에도 예산 문제로 의학전문학교 승격 인가가 미뤄지고 있다는 점을 들어 반대했다. 그럼에도 1932년 7월 14일에 공주시민회가 연 총회에서 미야모토 시민회장은 의학전문학교 설립운동을 계속할 것이라고 밝혔다.

1933년 3월 3일에 열린 경상남도 도평의회(도회의 후신)에서 이현각 의원은 의학전문학교를 설치해서 일반 위생 사상을 보급할 것을 주장했다. 이에 대해 우다 경찰부장은 "의학전문학교 설치는 계획은 있으나 재정 관계로 잘 실시되지 못하겠다"고 답했다. 이후 1944년 3월에 열린 도평의회에서는 〈도내에 의학전문학교 설치의 건〉이 제출됐다.

1937년 10월에 전라남도 광주에서는 의학전문학교 설립을 요구했다. 같은 달에 전라남도 광주를 방문한 시오바라 학무국장은 의학전문학교의 설립 등에 대한 진정을 받고 "나도 물론 희망하는 터이니 앞으로 진력하려고 한다"고 답했다. 1938년 2월에 열린 전라남도 도회에서 지정선 의원은 전라남도에 의료기관과 의사가 부족하다고 지적하고, 〈광주에 의학전문학교 설치의 건〉을 건의했다.

1939년 광주부회의원선거에 출마한 김홍열, 김재규, 최당식 후보는 의학전문학교 설립을 공약으로 내걸었다. 이때 김홍열은 입후보의 포부로 "올가을에 진실로 신동아 건설자인 우리나라는 세계의 구제자로서의 하늘이 부여한 대사명을 달성하기 위해서는 국민의 전 능력을 기울이고 총동원하에 대응해야 하는데, 이 총동원의 완전한 발휘는 실로 국민의 건강이 원동력"이라고 지적하고, "광주의 오랜 현안인 의학전문학교의 설립 문제도 6만 부민과 일치 협력해서 (…) 이 실현을 기하고 싶다"고 밝혔다. 1940년 3월에 전라남도 당국도 광주의학전문학교의 설립을 위한 전 단계로 도립광주의원의 병실을 증축하고, 그 밖의 설비를 확충하기 위한 예산을 올리기도 했다.

마지막으로, 1939년 11월에 전라북도 전주부회선거에 출마한 조남석과 백남혁 후보도 의학전문학교 설립을 공약으로 내걸었다.

그러나 당시 각 지방의 의학전문학교 설립운동도 재정 등의 이유로 거의 실현되지 못했다. 이후 태평양전쟁 말기에 이르러서야 총독부는 의학전문학교의 증설을 추진했다. 1944년에 1월 27일에 경성의학전문학교의 사토 교장과 오쓰카 구니오 교수는 전라남도를 방문해서 의학전문학교를 설립하기 위한 조사에 착수했다. 이때 전라남도 당국은 의학전문학교 설립에 임시비 1백 수십만 원과 기금 1백만 원이 들 것으로 예상하고 같은 해 예산에 의학전문학교 설립 예산 149만 원을 올렸으며, 전남 내외 인사들에게 기금을 모집했다. 그해 2월에 광주의 유지 최흥종 목사와 호남은행장 현준호는 전남 무안 출신으로 상하이에서 정밀기계를 제조하는 상해공예사 사장 손창식을 직접 찾아가 기부를 요청했고,[9] 손창식은 100만 원을 기부했다. 또한 고흥 출신으로 도쿄에서 군수품 공장을 경영하는 다카하시 히코이치로도 20만 원을 기부했다.

그 결과, 1944년 4월 20일에 광주의학전문학교와 함흥의학전문학교가 설립됐다. 《조선총독부 관보》 1944년 4월 13일자에 실린 '생도 모집 광고'를 보면 두 학교의 모집 인원은 각각 100명이었다. 같은 해에 두 학교의 입학 지원자는 합계 2,130명으로 평균 입학 경쟁률은 10.7:1이었으며, 1945년 2월에 함흥의학전문학교는 입학 지원자 800명으로 입학 경쟁률이 8.0:1, 광주의학전문학교는 입학 지원자 4,400명으로 입학 경쟁률이 44:1에 달했다.

기본적으로 이는 같은 시기에 일제가 실시한 의학교육기관 증설정책의 연장선상에서 추진된 것이다. 즉, 이 시기에 일본 군부는 특히 대소련작전을 앞두고 약 3만 명의 군의가 필요할 것으로 예상하고, 정부에 의학교육기관의 증설을 강력하게 요구했다. 그 결과, 일본 내 의학교육기관 수는 1943년에 43교에서 1945년에 69교로, 그중에서 의학전문학교 수는 1943년에 26교에서 1945년에 50교로 늘어났다.[10]

그러나 이와 함께 주목할 것은 전라남도 광주 등에서 오랜 기간에 걸쳐 의학전문학교 설립운동을 일으켰다는 점이다. 광주의학전문학교의 후신인 전남대학교 의과대학은《전남대학교 의과대학 오십년사》에서 광주의학전문학교가 설립된 데 대해 "도립광주의원의 규모, 진료 실적 및 교육 능력이 상당"했다는 점과 함께 "지역 주민들의 의전 설립에 대한 열망과 협조가 각별히 컸던 점" 등을 강조했다.[11]

평안남도와 평양의 고등공업학교와 고등상업학교 설립운동

평안남도에서는 1920년을 전후한 시기에 고등공업학교 설립운동이 일어났다. 1918년 8월에 평양상업회의소는 〈평양에 공업전문학교 설치를 위한 의견 개신의 건〉을 조선총독부에 제출해서 평양의 공업 발전과 고보·중학교 졸업자의 급증 등을 이유로 공업전문학교의 설립을 요구했다.[12]

또한 1919년과 1920년에 열린 도지사회의에서도 평안남도 당국은 〈평양에 전문학교를 설치해 주기를 바라는 건〉을 제출했다. 이에 대해 총독부는 '연구 중'이라고 답했다.[13] 이때 당국이 어떤 전공의 전문학교 설립을 요구했는지는 분명하지 않지만, 평양상업회의소의 청원이나 이후《매일신보》가 1921년 6월 6일 "평양에 공업전문학교를 설치할 건에 관해서는 (…) 종래 누누이 당국에 요망한 바"라고 보도한 것을 보면, 이 역시 고등공업학교였을 가능성이 있다. 다만, 이때 니시무라 야스키치 식산국장은 평양의 공업 상황을 시찰한 후 아직은 평양이 보통교육의 정비와 발달에 중점을 두어야 하는 시기라는 이유로 공업전문학교 설립이 쉽지 않다는 뜻을 내비쳤다.

이후 1930년대 중반에 평안남도에서는 고등공업학교 설립운동이 다시 일어났다. 이는 이 시기에 평남의 공업이 발달하여 고급 기술자의 수요가 늘어났기 때문이다. 1935년 평남에서 운영되고 있던 전체 회사 중 1933~1935년에 설립된 회사의 비율은 공업회사가 약 34.0%, 광업회사 20.0%, 전기업회사가 50.0%에 달했다.[14] 이에 따라 1935년 2월에 평안남도 5대 사업 기성회는 평양의 공업 발전을 강조하고 이 방면의 전문가를 길러 내기 위해 고등공업학교 설립운동을 시작하기로 했다. 덧붙이면, 평안남도 5대 사업 기성회는 1933년 5월 20일에 후지와라 기조 도지사, 아베 센이치 평양부윤, 나카하라 시로 진남포부윤을 고문으로 하고, 도내 유지들인 평안남도회의원, 평양·진남포의 부회와 상공회의소의 의원, 일반 민간 유력자 중 약간 명을 평의원으로 해서 평안남도의 현안 사업을 해결하기 위해 조직된 단체다.

1935년 2월 22일에 열린 도회에서 이기찬 의원은 "평양은 상공도시로 각종 공산업이 발흥하고 있어 일반이 고등공업학교 설립의 필요를 절감하고 있는 모양이니 도 당국으로서 고등공업을 설치할 의사는 없는가?"라고 질의했다. 이에 대해 후지와라 도지사는 "고등공업에 대해서는 도비로 설립할 바는 못 되나 상당한 관심을 받고 있어 이번에 상공설립기성회 같은 것을 조직하게 해서 3월 말까지는 구체화시키려는 생각"이라고 밝히고, "고공이 설치된다고 하면 도로서도 기지쯤은 기부하려는 생각을 가지고 있다"고 답했다. 이기찬 의원은 법관양성소 출신 변호사로, 1927년에 평양의학전문학교설치기성회 상무위원, 1931년에 평양부회 평양의학강습소승격운동위원으로 활동하는 등 평양의학전문학교의 설립에도 적극적으로 참여한 인물이다.

1935년 3월 16일에 평안남도 5대 사업기성회 실행위원회는 회명을 '평안남도중대사업기성회'로 고친 후 요망 항목으로 〈고등공업학교 설치 촉진의 건〉 등을 추가하고, 이는 특별히 기부금 모집을 통해 용지를 사들일 예정이므로 별개의 독립 기성회를 조직하기로 했다. 이어 6월 21일에 회의를 열어 〈고등공업학교 설치 요망의 건〉에 대한 자세한 계획을 작성하고, 그 실현을 요구했다.

그런데 1937년 10월에 대동광업주식회사 사장 이종만은 〈숭실전문학교 인계안〉을 발표해서 제1기에 숭실전문학교를 있는 그대로 인수, 제2기에는 기존의 문과를 사범과로 변경하고 광산과를 개설하기로 했지만, 평안남도 당국은 '시대적 요구 사항'이라는 이유로 이를 공업전문학교로 개편할 것을 요구했다. 즉, 당국은 이종만이 숭실전문학교를 인수하는 과정에 개입해서 평남의 현안 사업인 고등공업학교의 설립을 실현시키려 했다. 실제로 이에 대해 1938년 1월에 평남의 시라이시 고지로 내무부장은 "평양과 같은 상공도시로서는 오래전부터 광산학교 설치 문제가 있었고, 일반이 간망하던 중

금번 공업전문학교 신설은 평양을 위해 경하할 바"라고 지적했다. 결국 1938년 6월 6일에 이종만은 대동공업전문학교를 설립했다.

그러나 이후에도 평안남도, 특히 평양에서는 관립 고등공업학교 설립운동이 계속 일어났다. 1939년 12월에 사토 도쿠시게 평양부윤은 이듬해 이후의 사업 계획 중 하나로 고등공업학교의 설립을 추진하기로 했다. 또한 1940년 2월에 미나미 총독이 평양을 들렀을 때 사토 평양부윤은 평양의 공업 발전에도 불구하고 공업 인력을 길러 내는 교육기관이 부족하다고 지적하고, 평양에서 일찍부터 고등공업학교의 설립을 요구했다는 점을 전했다. 즉, 평양에서는 관립 고등공업학교가 아닌 사립 대동공업전문학교로는 만족하지 않았다.

이후 평양에서 관립 고등공업학교의 설립은 태평양전쟁 말기에 이르러서야 실현됐다. 다만, 이는 기존의 대동공업전문학교를 대체하는 형태였다. 1943년 10월 13일에 총독부는 「교육에 관한 전시 비상조치 방책」을 공포하고, 그 방책 중 하나로 이과계 전문학교의 증설을 규정하여 관립 고등공업학교가 증설될 수 있는 단서를 마련했다. 이어 1944년 1월 21일에 오노 겐이치 학무국장은 과학전에서 승리하기 위한 기술 부대를 대량으로 길러 내기 위해 평양고등공업학교 등의 설립 계획을 발표했다. 결국, 총독부는 1944년 4월 27일에 대동공업전문학교를 접수하는 형태로 평양고등공업학교를 설립했다.

한편 1920년대 초반에 고등상업학교 설립운동도 일어났다. 1923년 3월 14일에 열린 도평의회에서 오하시 쓰네조 의원은 "평양고등상업학교 설치의 건은 시노다 지사쿠 전 지사도 고려해서 그 실현에 노력하기를 원하며 별반 관계가 없으면 의견을 발표해 주기를 바란다"고 질의했다. 이에 대해 와타나베 시노부 내무부장은 "이는 예산 이외의 사고인즉 평의회가 종료한 후 서서히 지사의 의견을 발표하는 것이 가하며 지사도 고려할 터"라고 답했다. 또한 1932년 1월에 조만식曹晩植은 평양의 발전책 중 하나로 고등상업학교의 설립을 언급했다.

이후 1930년대 말부터 고등상업학교 설립운동이 다시 일어났다. 1939년 6월 22일에 오노 로쿠이치로 정무총감이 평양을 들렀을 때 사토 평양부윤, 이기찬, 후쿠시마 사쿠히데 외 두세 명의 유지는 오노 총감에게 고등상업학교의 설립을 요구했다. 이어 12월에 사토 평양부윤은 이듬해 이후의 사업 계획 중 하나로 고등상업학교의 설립을 추진하기로 했다. 또한 1940년 2월에 미나미 총독이 평양에 들렀을 때도 사토 평양부윤은 평양의 상업 발전과 평양 내 남성중등학교 졸업자의 구제를 위해서라도 고등상업학교의 설립이 필요하다고 건의했다. 그러나 평양고등상업학교는 끝내 설립되지 않았다.

경상남도의 고등상업학교와 부산고등수산학교 유치 노력

경상남도에서는 1920년을 전후한 시기에 고등상업학교 설립운동이 일어났다. 1919년 5월 23일에 조선상업회의소연합회가 하세가와 총독에게 고등상업학교의 설립에 관한 청원서를 제출했을 때 부산상업회의소는 회두 오이케 추스케의 명의로 고등상업학교 설립의 최적지가 부산이라는 내용의 청원서를 조선총독부에 제출했다. 또한 1921년 7월에 임시교육조사회 의원이기도 했던 와세다대학의 히라누마 요시로 학장은 조선에 종합대학의 설립과 함께 부산에 고등상업학교의 설립을 제안했다. 결과적으로, 관립 고등상업학교는 1922년에 경성에 설립됐지만, 이후 경상남도에서는 부산에 고등상업학교를 설립하는 것이 일종의 숙원 사업이 됐다.

1928년 3월에 부산교육회는 고등상업학교의 설립에 대해 논의했다. 이어 1933년 3월 31일에 열린 부산부회에서 아쿠타가와 히로시 의원은 부산형무소를 다른 곳으로 옮기고 그 자리에 고등상업학교를 설립할 것을 제안했다. 이 의견서는 만장일치로 가결되어 오시마 요시오 부산부윤에게 제출됐으며, 또한 경상남도지사에게도 전달될 예정이었다. 의견서의 주요 내용은 부산이 유럽과 아시아를 잇는 연락의 요충지이며, 조선에서 손꼽히는 상공도시라는 점 그리고 "최근 평양과 대구에 의학전문학교가 새로 설립됐는데, 부산에는 부민 다년의 요망인 전문학교의 설립을 보지 않은 것"을 지적하고 부산에 고등상업학교의 설립을 요구하는 것이었다.

1934년 3월 13일에 열린 도회에서 쓰네마쓰 야스시 의원은 "본 도에 고등상업학교를 설치할 용의를 가지고 있는가?"라고 질의했으며, 같은 날 도회는 〈고등상업학교 설치를 총독부에 요청하는 건〉을 가결했다. 같은 달 20일에 도회는 이를 우가키 가즈시宇垣一成 총독에게 정식으로 제출했다. 또한 부산부 당국은 각각 5월 25일과 6월 5일에 도지사를 거쳐 학무국장과 내무국장에게 〈관립 고등상업학교 설치에 관한 신청의 건〉을 제출했다.

부산은 동아의 관문, 해륙 연락과 교통의 요충에 해당하며, 내외 물자의 집산이 빈번해서 개항 이래 이출입 무역액은 항상 다른 지역을 누르고 우위를 점하는 성황을 나타내어 실로 반도에서 손꼽히는 상공도시임과 동시에 남선에서 경제·문화의 일대 중심 노릇을 하고 있다.

그런데 반도의 수도 경성에는 이미 제국대학을 비롯해서 각종 전문학교의 설치를 보고, 또한 평양과 대구에는 작년도부터 각 의학전문학교를 설치하고 있어서 어느 쪽이나 지방 문화의 발전에 공헌하고 있다. 그러나 다만, 우리 부산에는 다년 지방민이 열망하는 고등상업학교의 설치가 끝끝내 실현을 보지 않은 것은 가장 유감으로 하는 바다.

만약 이 부산에 고등상업학교 설치를 본다면 남선은 말할 것도 없고, 널리 조선 내 여러 중등학교 졸업생의 진로는 개척될 것이다. 바야흐로 신흥 만주국이 건설되어 서정이 착착 건전한 발전을 이루며, 이웃 나라 중국 또한 점차 각성하려고 해서 동아의 국면에 전기를 보려는 정세에 있는 이 시기에 이 신천지에 웅비·활약할 유위의 인재 양성 기관으로서 고등상업학교를 설치하는 것은 국가적 견지로부터 하더라도 가장 중요성이 있음을 확인함과 동시에 현하의 중요한 요무라고 믿는다.

따라서 내년도 예산편성에 임해서 특별히 재정이 허락하는 한 아래에 적은 것을 참작해서 부디 고등상업학교를 부산에 설치하도록 고구해 주기를 바란다.[15]

부산부 당국은 앞서 아쿠타가와 의원이 제안한 의견서의 내용에 더해 추가로 부산에 고등상업학교가 설립된다면 남선(한반도 남부) 중등학교 졸업자의 진로 문제를 해결하고, 나아가 만주국과 중국 등지에서 활약할 인재를 길러 낼 수 있다는 점을 들어 부산에 고등상업학교의 설립을 요구했다. 부산에 설립될 고등상업학교의 교명은 부산고등상업학교로 수업연한은 3년, 정원은 450명이었으며, 총독부가 설립·경영하는 관립으로 하고, 지역의 기부를 요하는 경우에는 수속을 거쳐 적당히 처치를 강구하기로 했다.[16]

이어 1935년 3월 6일에 열린 도회에서 쓰네마쓰 의원은 "부산에 고등상업학교를 설치하는 것은 전 도민의 요망으로 작년 본 석상에서 건의안까지 제출·통과되었음에도 실현되지 않는 것은 무슨 이유인가?"라고 질의했다. 이에 대해 마쓰모토 이오리 내무부장은 "부산에 고등상업학교를 설치하는 문제는 본국에 누차 교섭·진정하였으나 여러 가지 사정으로 당분간 실현될 것 같지 않으나 앞으로 노력을 계속하겠다"고 답했다. 그러나 결국 부산고등상업학교의 설립은 실현되지 않았다.

한편 1930년대 후반에 고등수산학교 설립운동이 일어났다. 1938년 3월에 부산부회에서는 수산전문학교의 설립이 논의됐으며, 야마모토 사카타로 부산부윤도 이를 학무 당국에 요구했다. 또한 4월에 경상남도 당국도 아베 센이치 지사를 중심으로 부산에 고등수산학교를 설립하기 위해 수산전문학교(가칭) 설립운동을 적극적으로 전개하기로 했다. 이를 위해 아베 도지사는 4월에 열릴 도지사회의에서 학무 당국과 구체적으로 절충하기로 하고, 총독부가 내후년 예산을 편성할 때는 본격적인 운동을 일으키기로 했다.

그런데 당시에는 부산뿐만 아니라 함경남도 원산이나 함경북도 청진에서도 고등수산학교 설립운동이 일어나고 있었기 때문에 부산은 두 지역과 경쟁을 벌여야 했다. 특히, 원산의 경우 1939년 9월 29일에 원산상공회의소는 총회를 열어 〈수산전문학교 설치에 관한 건〉을 진정하기로 하고, 12월 12일에 열린 북선상공회의소연합회의 창립총회에 이를 제출했다. 이에 북선상공회의소연합회는 이를 관계 당국에 요구하기로 했다. 또한 1940년 2월에 원산의 조선 제2구 기선저예망어업수산조합은 총회를 열어 수산전문학교 설립비로 50만 원을 기부하기로 만장일치로 결정했으며, 8월에는 원산수산진흥회도 고등수산학교를 유치를 위해 기성회를 조직해서 전면적인 유치운동을 일으키기로 했다.

이런 상황에서 부산에서는 고등수산학교의 설립운동에 더욱 박차를 가했다. 1940년 3월 13일에 열린 부산부회에서는 현재 이미 고등수산학교 설립에 필요한 부지 9천여 평을 사들이고 있으므로, 이를 역설해서 본격적인 유치운동을 개시하기로 한 의견서를 만장일치로 가결하고 당국에 제출했다. 이어 6월 13일에 부산부회, 부산상공회의소, 부산수산회 등의 대표 14명은 기성회의 조직과 앞으로의 운동 방침 등을 협의했다. 같은 달 28일에 이들은 고등수산학교부산유치기성회(이하 '기성회')의 발기인회를 열어 규약을 제정하고 임원을 추천했다. 이에 따라 7월 20일에 도의원, 부의원, 상공회의소 의원, 수산 관계자 50여 명은 기성회의 발회식을 거행했다.

이들은 1940년 7월 30일에 미나미 지로 총독을 비롯해서 관계 국장 등을 찾아가 부산이 고등수산학교 설립지로 최적인 이유를 설명하고 진정서를 제출했다. 그 내용은 부산에 설치된 조선총독부 수산시험장이 고등수산학교의 설립을 전제로 한 것이라는 점, 또한 총독부 수산시험장의 부지가 좁다면 부산에서는 어떤 희생도 사양하지 않을 각오와 열의를 갖고 있다는 점 등이었다.

실제로 부산에 총독부 수산시험장이 설치된 직후인 1921년 12월에 열린 도수산기술관회의에서 니시무라 야스키치 식산국장은 총독부 수산시험장에서 수산에 관한 조사·연구를 실시하되, 필요에 따라 점차 고등수산교육기관의 완비를 기할 것이라고 밝혔다. 또한 부산의 지역 언론인《부산일보》와《매일신보》의 부산지사도 부산에 고등수산학교를 유치하는 데 힘을 보탰다.

결국, 1940년 12월에 총독부는 부산에 고등수산학교를 설립하기로 했다. 당시 계획을 보면 고등수산학교의 설립 비용은 총독부가 17만 5천 원을 예산에 올리고, 어업자들이 250만 원, 기성회가 기지 3~5만 평 정도를 기부하기로 했다. 이를 위해 1941년 1월 17일에 기성회는 상임위원회를 열어 기지 3만 평, 교원관사, 기숙사, 가스전지(가스를 이용한 전지), 수도시설비를 지방 주민이 담당하기로 하고, 100만 원의 기부금 모집에 착수했다.

이어 2월 1일에 기성회의 가시이 회장은 기부금 모집액 중 50만 원을 기부하겠다고 발표했다. 또한 부산수산회사는 10만 원, 시모노

세키(下關)의 하야시카네수산회사의 나카베 이쿠타로 사장은 30만 원을 기부했다. 여기서 나카베 사장은 울산 방어진에서 사업을 일으 킨 인물이다. 관계 법령은 1941년 3월 24일에 법제국, 25일에 각의 를 통과했다. 마침내 3월 28일에 총독부는 「조선총독부 제학교 관 제」를 개정해서 부산고등수산학교를 설립했다.

주요 산업지역의 고등농림학교·고등공업학교 설립운동

전라북도에서는 1920년대 중반부터 이리농림학교를 이리고등농 림학교로 승격시키려는 운동이 일어났다. 1925년 3월에 열린 전라 북도 도평의회에서 이마무라 이치지로 외 여러 의원들은 이리농림 학교를 전문학교로 승격할 것을 건의했다. 이 건의안에서 이들은 공 립 이리농림학교가 본래 10여만 원에 달하는 지방민의 기부로 설립 된 것인데, 당시 기부자들의 의향은 앞으로 관립 고등농림학교 승격 을 기대했다는 점과 조선 농림의 일대 약진을 위해 농림에 관한 고 등 전문 지식과 기능의 보급이 필요하다는 점을 지적하고, 이리농림 학교를 고등농림학교로 승격시킬 것을 요구했다. 이는 만장일치로 가결됐다.

1927년 6월 5일에 이리(익산)의 관민 주요 인사와 그 밖의 신문기 자 등은 그달에 이리에 들릴 예정이던 우가키 총독에게 〈이리농림학 교 승격의 건〉 등을 진정하기로 했으며, 1930년 2월에 고다마 히데오児玉秀雄 정무총감이 이리에 들렀을 때 이리의 공직자 대표들은 이리농림학교 승격 문제 등을 진정했다. 또한 1932년 2월에 우가키 총독이 이리에 들렀을 때도 이리읍장 다카야마 도시로는 지역 내의 민관 유지를 대표해서 〈이리농림학교 승격의 건〉 등을 요구하는 진정서를 제출했다.

1935년 3월에 열린 도회에서 김영무 의원은 "호남에는 이리농림학교가 있으며, 설비도 정비되어 있기 때문에 이를 고등농림학교로 승격시키려고 하면 (…) 실현이 쉽다고 생각되므로 본부에 신청해서 실현해 주시기를 바랍니다"라고 제안했다.[17] 당시 김영무는 전라북도농회 부회장 등에 재임하고 있던 지역의 유지였으며, 전북육영회의 설립에 힘쓰기도 했다. 이어 6월에 우가키 총독이 이리에 들렀을 때 이리읍장과 지역 유지들은 '이리농림학교의 전문학교 승격' 등을 진정했다. 그러나 이리농림학교의 전문학교 승격은 결국 실현되지 않았다.

함경남도에서는 1930년대 후반부터 고등공업학교 설립운동이 일어났다. 1936년 3월에 열린 함경남도 도회에서 박정현 의원은 "우리 북선(한반도 북부) 지방도 전문학교가 1교쯤은 필요하다. 수년래 함남의 중등학교 졸업생은 5, 6백 명이나 되며 함북에도 상당하니, 이것을 합하면 수천 명이 될 것이다. 타지방에는 의전이니 사범이니 해서 벌써 설치되어 있지 않은가?"라고 질문했다. 이에 대해 유노무라 다쓰지로 도지사는 자신이 총독부에 문의한 바 "무슨 전문학교가 필요하느냐고 반문해 왔다. 혹은 광산에 대한 전문학교가 어떤가라고도 한다. 어느 것이든지 구체안을 들어 운동하는 것이 좋을 듯하다"고 답했다. 이에 대해 김명학은 "북선 지방에 공업전문학교를 설립하는 것이 제일 좋을 것 같다"고 제안했다.

이는 1920년대 중반 이후 함경남도 함흥과 흥남 등이 급속하게 공업도시로 발달하면서 고급 기술자의 수요가 늘어났기 때문이다. 함흥과 흥남은 일본질소비료주식회사가 1926년 1월 27일에 조선수전주식회사, 1927년 5월 2일에 조선질소비료주식회사를 설립한 것을 비롯해서 1933년 5월 11일 장진강수전주식회사, 1934년 5월 16일 조선송전주식회사, 6월 13일 일본마그네슘금속주식회사, 1937년 1월 14일 단풍철도주식회사 등을 연이어 설립함에 따라 조선 최대 공업도시로 발달하고 있었다.[18]

이어 1937년 3월에 열린 도회에서도 유태설 의원은 전문학교 설립 문제는 도민의 요망이며, "매년 중등학교 졸업자가 다른 곳의 상급 학교로 진학하는 사람이 많고, 이런 것에 대한 입학난의 완화, 경제적 견지로부터 꼭 필요하다"는 점과 "북선은 타도에 비해 본부의 시설에서 혜택받고 있지 못하다"는 점을 지적했다. 사사가와 교자부로 도지사는 "하루라도 빨리 실현 가능하도록 힘을 다할 생각"이라고 답했다. 또한 10월에 《동아일보》 함흥지국장 이순기도 함흥에 실업전문학교를 설립하는 것은 초미의 급무라고 주장했다.

1939년에 흥남에서는 공업 기술자의 부족 현상에 직면해서 공업전문학교의 설립을 재촉하기로 했다. 12월 6일에 함흥상공회의소는 역원회를 열어 같은 달에 열릴 북선상공회의소연합회 창립총회에 고등공업학교 설치 요망 안건을 제출하기로 했다. 또한 1941년 1월에 영생고등여학교 원홍구 교장은 평양과 함흥을 비교하면서 "평양에는 전문교육기관이 벌써 두 곳이나 (…) 있는데 함흥에는 아직도 중등학교 출신을 담을 전문 정도의 학교는 1교도 없다. (…) 적어도 북조선의 정치·문화의 중심 도시 함흥에 아직도 전문 정도의 학교가 하나도 없다는 것은 문화적으로 치명상"이라고 지적하고, "공업의 중심지인 함흥에서 공업 기능자를 길러 낼 절실한 필요"가 있다는 이유를 들어 공업전문학교의 설립을 제안했다. 그러나 결국 공업전문학교는 설립되지 않았다.

각 지역에서는 전문학교 설립운동이 활발하게 일어났다. 그러나 그 대부분은 실현되지 않았다. 그럼에도 그 의의는 작지 않다.

첫째, 각 지방이 전문학교의 경성 집중 현상과 그것이 낳은 지역 간 고등교육 기회의 차별적 분배라는 상황에 직면해서 해당 지역민의 고등교육 기회를 위해 노력했다는 것을 보여 준다. 실제로 각 지방에서 일어난 전문학교 설립운동은 그 이유 중 하나로 지역 내 중등학교 졸업자의 상급 학교 진학 기회를 들었다.

둘째, 그 일부는 해당 지역에 전문학교가 설립되는 데 영향을 미쳤다. 이는 경남의 고등수산학교 설립운동이나 전남의 의학전문학교 설립운동의 사례를 통해 가장 분명하게 알 수 있다. 즉, 해당 지역은 각각 고등수산학교와 의학전문학교의 설립을 위해 거액의 기부와 함께 부지, 관사를 제공하는 등 지원을 아끼지 않았으며, 결국

이는 각각 부산고등수산학교와 광주의학전문학교의 설립으로 이어
졌다.

또한 각 지방의 전문학교 설립운동 중 좌절된 경우라도 전문학교
설립을 요구하는 에너지는 잠시 억눌려 있었을 뿐 그대로 남아 있었
다. 이후 해방을 계기로 그 에너지는 다시 위로 솟구쳐 올랐다. 미
군정기에 각 지방에서 일어난 대학 설립 붐은 그 에너지와 무관하지
않다.

제 **9** 장

개천에서 용 나도록

~ 가난한 학생을 위한 장학단체 설립

억! 소리 나는 전문학교 학비

손기정과 신진순에게 장학금을 준 성재육영회

각 지역의 육영회와 장학회

억! 소리 나는 전문학교 학비

전문학교에 입학하기 위해서는 학업 능력뿐만 아니라 경제력도 중요했다. 이는 전문학교 학생이 내야 하는 비용이 매우 컸기 때문이다. 학비는 여러 항목으로 이루어져 있었는데 대표적인 것은 수업료(오늘날의 등록금)였다. 각 전문학교가 수업료를 정하는 방식은 설립 주체에 따라 달랐다. 관립 전문학교 수업료는 조선총독부가 「관립학교 수업료 규칙」을 제정·개정하는 형태로 책정했다.

공립 전문학교 수업료는 각 도가 개별적으로 책정했지만, 「공립·사립 전문학교 규정」에 의해 이를 규정한 학칙은 조선총독의 인가를 받아야 했다. 이에 따라 공립 전문학교 수업료는 도 당국이 해당 공립 전문학교의 「수업료와 연구료 규정」을 제정하고, 총독부의 인가를 받는 형태로 정해졌다. 사립 전문학교도 개별적으로 수업료를 정했지만, 마찬가지로 이를 규정한 학칙은 총독의 인가를 받아야 했다.

| 표 9-1| 관·공립 전문학교 수업료

관립 전문학교	공립 전문학교	
	대구의학전문학교	평양의학전문학교
• 1920년: 월액 2원 • 1922년: 연액 35원 • 1934년: 연액 50원 • 1943년: 연액 80원	1933년: 연액 120원	1933년: 연액 120원

- 《조선총독부 관보》. 1920. 4. 1., 1922. 3. 8., 1933. 3. 23., 4. 13., 1934. 4. 1., 1943. 3. 22.

〈표 9-1〉과 〈표 9-2〉는 각각 관·공립 전문학교와 사립 전문학교의 수업료다. 대체로 전문학교 수업료는 비싼 편이었다. 1930년 전문학교 수업료(연액)는 관립 전문학교 35원, 세브란스연합의학전문학교 60원, 연희전문학교 75원, 보성전문학교 55원, 숭실전문학교 45원, 이화여자전문학교 50원, 경성약학전문학교 70원, 중앙불교전문학교 55원이었다. 물론 전문학교 수업료가 경성제국대학 수업료보다는 쌌다. 같은 해 경성제국대학 수업료는 예과의 경우 50원으로 전문학교와 별다른 차이가 없었지만, 본과의 경우는 100원으로 훨씬 더 비쌌다.[1]

설립 주체별로 보면 대체로 사립 전문학교가 관립 전문학교보다 수업료가 비쌌다. 1930년 문과계 전문학교 중 경성법학전문학교와 경성고등상업학교 수업료는 35원이었는데, 연희전문학교 수업료는 75원, 보성전문학교 수업료는 55원이었다. 같은 해 경성의학전문학교 수업료는 35원이었는데, 세브란스연합의학전문학교의 수업료는 60원이었다.

전공별로 보면 의약계 전문학교가 그 밖의 전문학교보다 비쌌다.

| 표 9-2 | 사립 전문학교 수업료[2]

교명	수업료
세브란스연합의학 전문학교	• 1917년: 1~2학년 연액 17원 50전, 3~4학년 연액 20원 • 1923년: 60원(1~2학년은 실습료 15원 별도) • 1931년: 연액 100원 • 1939년: 연액 120원
연희전문학교	• 1921년: 연액 24원[실험비(수물과) 연액 15원] • 1924년: 연액 75원(실험비 별도) • 1931년: 연액 75원[실험비(수물과) 연액 24원] • 1939년: 연액 75원(실험비 별도)
보성전문학교	• 1925년: 연액 55원 • 1935년: 연액 77원 • 1942년: 연액 100원
숭실전문학교	• 1930년: 연액 45원
이화여자전문학교	• 1925년: 연액 50원[레슨비(음악과) 별도] • 1936년: 연액 60원(실습비 별도)
경성약학전문학교	• 1930년: 연액 70원(실습료 연액 36원) • 1935년: 연액 130원(실습료 연액 36원)
중앙불교전문학교	• 1930년: 연액 55원 • 1941년: 연액 70원

관립 전문학교는 전공에 관계없이 일괄로 정해져 있었으므로 논외로 하고, 사립 전문학교 중에는 세브란스연합의학전문학교와 경성약학전문학교 수업료가 가장 비쌌으며, 공립인 평양의학전문학교와 대구의학전문학교 수업료도 비쌌다. 의약계 전문학교는 그 밖의 학교에 비해 여러 시설을 추가로 갖추어야 했으며, 실습 등도 필요했기 때문이다. 실제로 의약계 전문학교는 수업료 외에 실습비를 거두는 경우도 있었다. 관립 전문학교 중에서도 경성의학전문학교는 그 밖의 관립 전문학교와 수업료는 같았지만 「경성의학전문학교 학칙」에 의해 실습에 필요하다고 인정되는 때는 실습료를 거두었다.[3]

전문학교 수업료가 얼마나 비쌌는지 알아보기 위해 이를 초·중등 학교 수업료(월액×10개월)와 비교해 보자. 1930년 공립 중등학교 수업료는 강원도의 춘천고보 25원, 춘천농업학교 20원, 강릉농업학 교 15원, 평안남도의 여고보 25원, 평안북도의 영변농업학교 20원 이다. 같은 해 초등학교 수업료는 경상북도의 성주보통학교 7원, 함 경남도의 인흥보통학교 8원 50전, 전라북도의 김제보통학교 8원 등 이다. 이렇게 전문학교 수업료는 중등학교 수업료에 비해 약 1.5~ 5배, 초등학교 수업료에 비해서는 약 4~10.5배 비쌌다.

전문학교 입학 자격자는 학업 능력이 뛰어나더라도 수업료를 낼 경제력이 없으면 입학할 수 없었다. 당시 조선인 중에는 보통학교의 수업료도 제때 내지 못해 밀리거나 심지어는 중퇴하는 경우도 있었 다.[4] 특히, 1922년에 총독부가 관립 전문학교의 조일공학 정책을 실 시한 것을 계기로 관립 전문학교가 일본인을 다수 선발한 후부터 조 선인은 주로 수업료가 비싼 사립 전문학교에 입학했다. 즉, 조선인 은 일본인에 비해 더 비싼 수업료를 내고 고등교육 기회를 얻는 경 우가 많았던 셈이다.

게다가 전문학교 재학생이 내야 하는 비용은 수업료만이 아니었 다. 〈표 9-3〉은 관립 전문학교 재학생(1학년)의 연간 지출 비용이 다. 전문학교 재학생의 연간 지출 비용은 수업료, 피복비, 기숙사 비·하숙비, 교우회비, 잡비 등의 항목으로 이루어져 있으며, 그 총 액은 약 450~600원이었다. 전체 연간 지출 비용에서 수업료가 차지 하는 비율은 10% 정도에 불과했다. 다만, 관립 전문학교 재학생의

| 표 9-3 | 관립 전문학교 조선인 재학생(1학년)의 연간 지출 비용

구분	경성법학전문학교(1936)	수원고등농림학교(1934)	경성고등상업학교(1934)
세목	• 수업료: 50원 • 하복: 20원 • 동복: 25원 • 외투: 15원 • 제모: 4원 • 교련복: 5원 • 구두: 6원 • 교우회 입회금: 5원 • 교우회비: 18원 • 동창회비 적립: 3원 • 서적·노트·기타: 30원 • 학용품·견학비·교련비: 5원 • 잡비: 100원(10개월분) • 하숙비: 180원(10개월분)	• 수업료: 50원 • 하복: 24원 • 동복: 30원 • 외투: 30원 • 모자(夏·冬): 5원 • 실습복: 4원 • 卷脚絆·작업화: 2원 • 구두: 7원 • 교우회비: 20원 • 교우회 종신회비 적립금: 8원 • 교우회 입회금: 3원 • 임학회 종신회비 적립금: 3원(임학과) • 수학여행·연습비 적립금: 35원(농학과)/47원(임학과) • 실험실습용기구비: 8원(농학과)/6원(임학과) • 신원보증금: 50원 • 참고서류: 35원 • 문방구·기타 용돈: 50원 • 식비: 110원(10개월분) • 기숙사비: 24원	• 수업료: 50원 • 춘하 겸용복: 20~23원 • 동복: 20~25원 • 외투: 20~25원 • 스프링 또는 레인코트: 15원 • 제모: 4원~4원 50전 • 구두: 5~7원 • 교우회 입회금: 3원 • 교우회비: 16원 50전 • 학교교련비: 6원 • 프린트비·여행비: 3원 • 생도회관 유지비: 10원 • 교과서·필기장: 20원 • 학용품: 20~30원(10개월분) • 잡비·용돈 100원(10개월분) • 하숙료: 220~250원(10개월분)
총액	• 466원	• 농학과: 495원 • 임학과: 508원	• 532원 50전~588원

– 《경성법학전문학교 일람》(1936년도판), 57-58쪽; 《수원고등농림학교 일람》(1934년도판), 130쪽; 《경성고등상업학교 일람》(1934년도판), 78-79쪽.

연간 지출 비용은 1학년일 때 가장 크고 2, 3학년으로 진급함에 따라 조금 줄어들었다. 1934년 수원고등농림학교 농학과 재학생의 연간 지출 비용은 1학년 495원, 2학년 333원, 3학년 340원이었다.[5] 이는 2, 3학년의 경우 피복비 등을 지출하지 않았기 때문이다. 그러나 2, 3학년의 연간 지출 비용도 결코 적은 금액은 아니었다.

|표 9-4| 1936년 사립 전문학교 재학생(1학년)의 연간 지출 비용

구분	연희전문학교	보성전문학교	이화여자전문
세목	• 수업료: 75원 • 교과서대: 20원 • 교복대: 27원 • 모자대: 4원 • 체육비: 3원 • 도서관비: 1원 • 등사비: 1원 • 칼람비(?): 80전 • 입학금: 5원 • 문우회비: 1원(문과) • 경제학연구비: ?(상과) • 이학연구비: ?(수물과) • 화학실험비: 5원(수물과) • 물리실험비: 3원(수물과)	• 수업료: 84원 • 교과서대: 20원 • 교복대: 25원 • 모자대: 4원 • 피혁대: 8원 • 여행비: 3원 20전 • 입학금: 5원 • 체육비: 2원 • 학생회비: 2원 20전 • 운동복대: 1원 50전	• 수업료 54원 • 교과서대: 10원 • 의료·운동비: 2원 • 숙사비 13원 • 입학금: 5원 • 학교'마크'비: 30전 • 운동복대: 7원 • 편의실 열쇠: 1원 • 청년회비: 50전 • 연구비: 15원(음악과) • 실험비: 6원(가사과)

- 《동아일보》. 1936. 3. 12. 〈학해 출범의 전야·진수 공작의 요람〉.

　　이는 사립 전문학교 학생의 경우도 거의 비슷했다. 〈표 9-4〉는 1936년 사립 전문학교 재학생(1학년)의 연간 지출 비용이다. 다만, 이는 학교별로 기숙사비·학숙비와 잡비 등이 빠져 있는 경우가 있는데, 이를 고려하면 사립 전문학교 재학생(1학년)의 연간 지출 비용은 관립 전문학교 재학생(1학년)과 별다른 차이가 없었다. 이렇게 전문학교 재학생이 내야 하는 비용이 매우 컸으므로 경제적으로 혜택받은 계층이 아니면 고등교육 기회를 얻기가 쉽지 않았다. 이를 간접적으로 알아보기 위해 전문학교 재학생 부모의 직업을 살펴보자.

　　〈표 9-5〉와 〈표 9-6〉은 각각 1934년 평양의학전문학교와 1937년 대구의학전문학교 재학생 부모의 직업이다. 여기서 조선인 재학생 부모의 직업 비율을 보면 평양의학전문학교는 농업 40.8%, 관공리 16.0%, 상업 12.0%, 의사·변호사 7.0%, 은행·회사원 2.3% 순이

(괄호는 %)

구분	관공리	은행 회사원	의사 변호사	농업	공업	상업	기타서업	무직	계
조선인	20(16.0)	6(4.8)	6(4.8)	51(40.8)	3(2.4)	15(12.0)	14(11.2)	10(9.6)	125
일본인	42(25.6)	23(14.0)	18(11.0)	22(13.4)	2(1.2)	22(13.4)	17(10.4)	18(11.0)	164

- 《평양의학전문학교 일람》(1934년도판).

며, 대구의학전문학교는 농업 48.8%, 관공리 18.6%, 상업 17.4%, 의사·변호사 7.0%, 은행·회사원 2.3% 순이었다.

1930년에 전체 조선인의 직업별 인구 비율을 보면, 농업 80.6%, 공업 5.6%, 상업 5.1%, 공무·자유업 1.2% 등이다.[6] 공무·자유업은 관공리, 의사·변호사, 은행·회사원, 교원 등을 포함한다. 이는 경제적으로 혜택받은 대표적인 계층이다. 전체 조선인의 직업별 인구에서 공무·자유업은 1.2%를 차지하는 데 그쳤다. 그런데 그 자녀는 평양의학전문학교 재학생 중 25%, 대구의학전문학교 재학생 중 28%를 차지했다. 즉, 공무·자유업 종사자의 자녀는 다른 직업을 가진 부모의 자녀에 비해 훨씬 많은 고등교육 기회를 얻었다. 반대로 전체 조선인의 직업별 인구에서 농업은 80.6%를 차지했지만, 그 자녀는 평양의학전문학교 재학생 중 40.5%, 대구의학전문학교 재학생 중 48.8%를 차지하는 데 그쳤다.

여기서 농업은 지주, 자작농, 자소작농, 소작농 등을 모두 포괄한다. 1932년 전체 농가에서 각각이 차지하는 비율은 지주 3.6%, 자작농 16.3%, 자소작농 25.3%, 소작농 52.8%다.[7] 즉, 전체 농가 중 자소작농과 소작농을 합한 비율은 약 75~80%로 그 대부분을 차지

| 표 9-6 | 1937년 대구의학전문학교 재학생 부모의 직업 　　　　　　　　　(괄호는 %)

구분	관공리	은행 회사원	의사 변호사	농업	공업	상업	기타서업	무직	계
조선인	16(18.6)	2(2.3)	6(7.0)	42(48.8)	2(2.3)	15(17.4)	2(2.3)	1(1.2)	86
일본인	54(27.6)	8(4.1)	42(21.4)	24(12.2)	4(2.0)	26(13.3)	7(3.6)	31(15.8)	196

- 《대구의학전문학교 일람》(1937년도판), 17쪽.

하고 있었다.

　그런데 당시 자소작농과 소작농의 연간 수입은 매우 적었다. 1933년에 총독부 농림국 농촌진흥과는 각 읍면당 평균 1호씩 농가 경제갱생 계획을 수립한 사람 중 "가족·노동 능력·농업 경영의 여러 요소 등의 점으로 보아 비교적 중용인 사람"을 선정해서 이들을 대상으로 농가 경제 개황을 조사했다. 그 결과를 보면, 농가 1호당 평균 연간 총수입(영농 수입·가사 수입·겸업 수입, 기타 일체 수입의 합계)은 자소작농 472원, 소작농 336원에 불과했다.[8] 전문학교 재학생의 연간 지출 비용을 고려하면 자소작농이나 소작농의 자녀가 전문학교에 진학하는 것은 현실적으로 거의 불가능에 가까웠다. 따라서 전문학교 재학생 부모의 직업 중 농업은 대체로 지주나 자작농, 특히 지주였을 것이다.

　이런 상황에서 일부 조선인은 경제적으로 혜택받은 계층이 아닌 가난한 학생들도 고등교육 기회를 얻을 수 있도록 장학단체 설립을 촉구하기도 했다. 《동아일보》 1921년 9월 12일자에서 최승만은 부자들에게 조선의 "깊은 산속의 험한 골짜기에서 낙담과 실망으로 답답한 세월을 보내는 총준 수재의 유위한 청년"이나 도쿄의 조선인 유학생 중 고학자를 위해 장학단체를 설립할 것을 촉구했다.

이후 전국 각지에서는 여러 장학단체가 설립됐다. 학생 선발 단위를 기준으로 전국 단위의 장학단체로는 성재육영회省齊育英會,[9] 도 단위 장학단체로는 함남육영회, 충남장학회, 전북육영회, 전남육영회 등이 있었다.

손기정과 신진순에게 장학금을 준 성재육영회

성재육영회省齊育英會는 1936년 6월에 김용우金溶禹가 설립한 장학단체다. 김용우는 조선상업은행 이사와 호서은행장 등을 역임한 실업가였다. 그는 6월 2일에 재단법인 조선육영회朝鮮育英會 설립 요강을 발표하고, 개인 재산인 김해군 소재의 토지 약 40만 평(가격 40만원, 연 수입 2만 원 이상)을 기부해서 주로 조선과 일본의 전문학교 또는 이와 동등 이상의 학교 학생 중 학자금은 부족하지만 능력은 있는 사람에게 장학금을 주기 위해 조선육영회를 설립하려 했다.

《동아일보》는 6월 3일에 "육영회의 특색은 학교와도 달라서 경제력 없는 천재를 길러 내는 데 있는 것"이라고 지적하고, "매년 수십명의 빈한한 가정의 천재 학생을 길러 냄으로써 얼마 지나지 않아 조선을 근본적으로 변화시킬 수 있으리라"고 기대감을 드러냈다.

조선육영회는 7월 10일에 조선총독부에 재단법인 인가를 신청하고 10월 22일부로 인가를 받았다. 다만, 이때 총독부는 '조선육영회'

라는 회명을 문제 삼아 이를 바꾸도록 지시했다. 이에 조선육영회는 설립자 김용우의 아호를 본떠 회명을 성재육영회로 바꿨다.

1936년에 성재육영회는 급비생給費生 선발을 시작했다. 이를 위해 11월에 대표이사 성낙헌, 종신이사 김성권, 상무이사 이정진 외 6명의 이사, 김형원 외 2명의 감사, 윤치호 외 6명을 심사위원으로 선임했다. 본래 성재육영회는 급비생을 5명만 선발하려 했지만, 사회 각 방면의 기대가 크고 또한 지원자가 많아 10명을 선발했다. 이후 성재육영회는 매년 10명 내외의 급비생을 선발했다.

운영 상황을 보면, 1939년에 재산은 464,386원 50전이다. 같은 해 세입은 37,826원 70전으로 세부 내역은 이월금 21,701원 88전, 기본 재산 수입 15,170원 42전 등이며, 세출은 18,321원 67전으로 세부 내역은 사업비 11,535원, 세금 3,042원 53전, 재산관리비 1,881원 25전, 사무비 1,512원 19전 등이다.

〈표 9-7〉은 1936~1942년 성재육영회 급비생 현황이다. 성재육영회는 1936년 10명, 1937년 10명, 1938년 11명, 1939년 13명, 1940년 12명, 1941년 10명, 1942년 15명의 급비생을 선발했다. 이에 따라 1939년 5월 성재육영회는 33명(같은 해 선발 급비생 13명/계속 급비생 20명)에게 급비를 지원하고 있었다. 급비생의 선발 경쟁률은 1939년의 경우 5.2:1(지원자 68명/선발자 13명)이었다.

1936~1942년 급비생 총 81명의 재적 학교를 보면 조선 내 고등교육기관 재학생 62명, 일본 내 고등교육기관 재학생 19명이었다. 조선 내 고등교육기관 재학생 중 경성제국대학 재학생은 10명, 전문학

교 재학생은 52명이며, 전문학교 재학생 중 관립 전문학교 재학생은 25명, 공립 전문학교 재학생 1명, 사립 전문학교 재학생은 26명이었다.[10] 급비액은 1939년에 조선 내 학생 매월 35원, 재일 조선인 유학생 매월 45원, 1942년에 조선 내 학생 매월 40원, 재일 조선인 유학생 매월 50원이다.

특색 있는 급비생으로 신진순申辰淳과 손기정孫基禎을 들 수 있다.

신진순은 1917년 경기도 이천 출생으로 1930년에 숙명여고보에 입학했다. 그는 1931년에 사키노 다사부로의 기부에 의해 설립된 장학단체인 기야육영회의 급비생에 선발됐을 정도로 학업 능력이 뛰어났다. 그런데 1933년 11월 19일에 그는 학교에 대한 불만 등을 이유로 동맹휴교를 준비하다가 종로경찰서 고등계 형사대에 검거됐다. 취조 과정에서 그는 1932년 9월부터 경성부 내 각 여학교 학생들을 대상으로 적색독서회를 조직한 사실이 발각되어 학교에서 퇴학당했다. 이후 그는 배화여고보에 입학해서 1936년 졸업한다. 이때도 그는 《동아일보》 기자가 "1호, 2호를 다투는 재원이나 집안 형편이 어려워 가정교사로 있으면서 공부도 뒤떨어지지 않고 한답니다. 어학에 재주가 있어 도저히 중학생으로는 하지 못할 영시를 번역하는 데는 일반 선생님들이 놀라신 바"라고 소개할 정도로 학업 능력이 뛰어났다.

1936년에 신진순은 이화여자전문학교 문과에 입학하고, 다음 해 7월에 성재육영회의 급비생에 선발됐다. 1940년에 그는 이화여자전문학교를 졸업한 후 경성제국대학 법문학부 선과 입학시험을 쳐서

| 표 9-7| 1936~1942년 성재육영회 급비생 현황11

구분	이름	재적 학교	이름	재적 학교
1회 1936 (10명)	유동준	경성제국대학 예과	조광현	세브란스연합의학전문학교
	최용택	경성제국대학 예과	정환린	연희전문학교
	서정현	경성법학전문학교	이봉구	보성전문학교
	김용건	경성의학전문학교	김명진	추오대학
	육영수	경성고등공업학교	최판임	일본여자치과의학전문학교
2회 1937 (10명)	조중학	경성제국대학 법문학부	변예관	보성전문학교
	송재홍	경성고등공업학교	손기정	보성전문학교
	허동	경성고등상업학교	신진순	이화여자전문학교
	양황섭	세브란스연합의학전문학교	안범수	추오대학
	김두현	연희전문학교	김창락	무사시노음악학교
3회 1938 (11명)	전영택	경성제국대학 예과	김세련	보성전문학교
	한경준	경성의학전문학교	신건영	경성약학전문학교
	정주영	수원고등농림학교	윤태병	사가고등학교
	신하명	경성고등상업학교	정재인	나라여자고등사범학교
	조성진	세브란스연합의학전문학교	홍승업	도쿄외국어학교
	윤충섭	연희전문학교		
6회 1941 (10명)	삼정준홍	경성제국대학 예과	윤태병	도쿄제국대학
	문천영목	경성광산전문학교	대산용홍	도쿄고등사범학교
	금도해동	세브란스연합의학전문학교	목호기덕	규슈의학전문학교
	덕부윤영	연희전문학교	도본남기	릿쿄대학
	정일용	보성전문학교	유형준	추오대학
7회 1942 (15명)	성촌혁기	경성제국대학 예과	현원국웅	아사히의학전문학교
	평산병순	경성법학전문학교	대천순평	연희전문학교
	영전방언	경성의학전문학교	신림영장	보성전문학교
	권희척	경성고등공업학교	청목순자	경성여자의학전문학교
	도원수광	경성고등상업학교	서원정태	제육고등학교
	강전은대	경성광산전문학교	천원세기	제칠고등학교
	양재목	부산고등수산학교	천도분칠	도쿄여자고등사범학교
	궁본박	평양의학전문학교		

- 1941년부터는 창씨개명 실시에 따라 급비생의 이름이 일본인과 같이 바뀐다.

입학 경쟁률 2.1:1을 뚫고 합격했다.[12] 그는 경성제국대학 법문학부 선과에 입학한 최초의 조선인 여성이다.[13] 같은 해 5월에 그는 성재 육영회의 급비생으로 선발됐다. 해방 후 신진순은 월북해서 조선노동당 중앙위원회 후보위원과 조선문학예술총동맹 부위원장 등을 역임했다.[14]

손기정은 양정고보에 재학 중인 1936년 8월에 열린 베를린올림픽 마라톤에 나가 금메달을 땄다. 이에 대해 조선육영회 성낙헌 위원장은 "손기정 군이 올림픽에 마라톤 제1착의 영예를 얻게 된 것은 손 군 자신의 기쁨일 뿐 아니라 우리 전 조선 민족의 한없이 높은 영광"이라고 기쁨을 나타냈다. 그리고 조선육영회는 가난한 집에서 태어나 학비 지불에 늘 어려움을 겪던 손기정에게 학업을 마칠 때까지 장학금을 주기로 했다.

1937년에 손기정은 양정고보를 졸업하고 보성전문학교에 입학한 후 7월에 성재육영회의 급비생으로 선발됐다. 즉, 성재육영회는 손기정을 다른 급비생과 달리 학업 능력이 뛰어나다는 이유가 아니라 베를린올림픽 마라톤에서 금메달을 딴 것을 이유로 선발했다. 다만, 이후 손기정은 총독부의 감시가 심해짐에 따라 같은 해 2학기에 보성전문학교를 중퇴하고, 일본 메이지대학에 입학했다. 손기정의 자서전에 따르면, 그는 성재육영회로부터 보성전문학교 재학 중에 매월 15원, 메이지대학 재학 중에는 매월 19원의 급비를 받았다고 전한다.[15]

각 지역의 육영회와 장학회

함남육영회는 1922년 11월에 이규완 함경남도지사의 주도로 미타젠키 내무부장, 유승흠 참여관, 후지와라 기조 경찰부장, 다나카 미쓰오 재무부장 등의 발기에 의해 설립된 장학단체다. 이에 앞서 이규완 도지사는 8월 7일에 열린 부윤·군수회의에서 육영회 창립의 취지와 필요성을 설명하고, 부윤·군수의 찬동을 얻어 이를 가결시켰다.

이규완은 개항기에 갑신정변에 참여했으며, 병합을 전후한 시기에는 강원도 관찰사와 도장관 등을 역임한 인물이다. 그는 1910년에 강원도 관찰사로 재임하고 있을 때도 공립 춘천실업학교(이후 공립 춘천농업학교로 개편) 교장을 겸임하면서 학자금이 부족한 학생들을 자신의 관저에서 살도록 했다고 한다.[16]

설립 취지서를 보면, 함남육영회는 기부금 10만 원으로 재단법인을 조직하고, 이를 통해 가난한 학생들에게 학자금을 빌려주기 위해 설립됐다. 「자금 모집 규정」을 보면, 함남육영회는 중등학교 또는 이를 졸업하고 다시 상급 학교에 진학해서 학업을 닦으려는 사람에게 학자금을 빌려준다고 규정되어 있었다.

1923년 1월에 함남육영회는 기본금 10만 원을 확보하기 위해 3만 원은 도에서 담당하고, 나머지 7만 원은 각 군에 할당하기로 했다. 2월 25일에는 기금모집위원회를 열어 함흥군 내 소유지가 3천 원 이상인 부호 92명을 선정해서 지가 총액 630,588원에 대해 부담금

12,990원을 기부하도록 했다. 이렇게 함남육영회는 도 당국에 의해 설립됐지만, 그 설립 자금 중 상당 부분은 민간의 기부로 조달됐다.

함남육영회는 기본금의 할당 또는 기부를 요구하는 과정에서 여러 비판에 직면하기도 했다. 첫째는 함남육영회가 초등교육기관 재학생이 아니라 중·고등교육기관 재학생을 대상으로 한다는 것, 둘째는 함남육영회의 설립 자금이 상당 부분 민간의 기부에 의해 조달됨에도 그 운영이 주로 관리들에 의해 이루어진다는 것이다.

1923년 2월 9일 북청군 당국이 사립학교 교장과 설립자를 불러 모아 함남육영회의 목적을 설명하고 할당액을 배당하는 과정에서 몇몇 사립학교 교장들은 함남육영회에 대한 기부보다 보통학교의 설립과 운영이 더 중요하다고 주장했다. 같은 해 8월 24~25일에 열린 함경남도 도민대회에서 이명섭은 함남육영회의 근본 정신에는 찬성하지만, 이를 운영하는 사람이 모두 관리라는 점과 함남육영회의 규정을 보면 무산자의 자녀는 선발될 수 없다는 점 등을 비판했다. 또한 12월 25일에 조선총독부 사무관 홍승균이 안변군을 방문했을 때도 그 지역의 유지들은 함남육영회가 관민일치로 설립된 것임에도 오직 관리의 힘만으로 운영되고, 민간이 배제되어 있다고 지적했다.

이런 상황에서도 1925년 말에 함남육영회는 기본금 4만 5천 원을 확보하여 총독부로부터 재단법인의 인가를 받았다. 1926년 1월 30일에는 제1회 평의원회를 열어 이사 유승흠 외 3명, 감사 이종국 외 2명, 평의원 이택현·한기수 외 50여 명을 선정하고, 같은 해에 평의원의 추천에 의해 중등학교 학생 5명, 고등학교 정도 이상의 학교

학생 6명 내외로 선발해서 학자금을 빌려주기로 했다. 이때 평의원에는 부윤·군수, 중등학교 교장, 경찰부장, 재무부장, 지방과장, 산업과장, 다액 기부자, 공로자 등이 포함되어 있었다.

이어 3월에 함남육영회는 대비생 모집을 시작했다. 모집 대상은 중학교 재학생 또는 이와 동등 이상의 학교 재학생과 졸업자로 성적 우수·신체 강건·품행 방정하고 가난한 사람 등이었다. 대비생 1인당 대비액은 일 년에 120~600원이었다. 5월 13일에 함남육영회는 제1회 대비생전형평의원회를 열고 추천 학교장의 부신서 등을 근거로 39명의 지원자 중 12명을 선발했다. 전문학교 이상 재학생은 9명이었다.

그런데 함남육영회의 대비제도, 즉 가난한 학생에게 학자금을 빌려주고 졸업 후 이를 갚도록 하는 제도는 상환율이 낮았다. 1935년까지 함남육영회의 대비액 총 24,155원 중 상환액은 2,316원 70전으로 상환율은 약 9.6%에 그쳤다. 또한 함남육영회가 1939년 12월 18일에 한 대비생의 보증인에게 보낸 대비금 반환 독촉장에 의하면 그 대비생은 1928~1929년간 180원의 학자금을 빌린 후 반환 기간 만료 연월인 1932년 3월이 지나도록 그중 50원만 갚았다.[17]

이에 대해 함남육영회는 도 당국이 대비생의 졸업 후 지도와 취직 알선에 노력하지 않은 결과라고 지적하고, 그들에게 적당한 지도를 제공할 것을 제안했다. 또한 1932년 12월에 함남육영회는 대비제도와 함께 급비제도도 실시하는 것으로 조문을 개정하고, 1933년 2월에 부윤·군수에게 도 밖의 전문학교와 중등학교 학생, 도내의 중등

| 표 9-8 | 1926년 함남육영회 대비생(고등교육기관) 현황

이름	재학교	대비액(연액)	이름	재학교	대비액(연액)
이천진	경성제국대학 예과	300	주상식	교토제국대학	180
원두연	경성법학전문학교	300	신현길	도쿄고등사범학교	200
강현구	경성의학전문학교	300	신봉이	도쿄고등잠사학교	180
유석창	경성의학전문학교	300	정상섭	도쿄의학전문학교	360
이윤소	경성의학전문학교	300			

- 《동아일보》. 1926. 5. 16. 〈대비생 선정 함남육영회서〉.

학교장에게는 도 내 중등학교 학생 중에서 대비생 또는 급비생을 추천해 줄 것을 의뢰했다. 나아가 1941년 9월에 함남육영회는 기본금을 약 30만 원으로 늘리고, 이를 통해 100여 명의 인재를 길러 내는 것을 목표로 하는 계획을 세우기도 했다.

함남육영회의 운영 상황을 보면, 1939년에 동회의 재산은 6만 4,615원 14전이다. 같은 해 세입은 6,752원 61전으로 세부 내역은 기금 수입 2,787원 13전, 대비 상환금 2,535원, 이월금 1,119원 28전 등이다. 세출은 3,204원 65전으로 세부 내역은 대급비 2,170원 등이다.

장학 실적을 보면 함남육영회는 1926년 12명(대학·전문학교 학생 9명)의 대비생을 선발했으며, 1934년 32명, 1935년 22명, 1938년 28명(대학·전문학교 학생 13명), 1939년 21명(대학·전문학교 학생 10명), 1940년 21명(대학·전문학교 학생 10명)의 대비생에게 장학금을 빌려 주고 있었다.

대비생의 선발 경쟁률은 1926년 약 3.4:1, 1935년 약 3.8:1, 1938년

전체는 약 1.7:1, 대학·전문학교 재학생은 약 1.4:1이며, 1939년 전체는 약 2.6:1, 대학·전문학교 학생은 약 1.3:1이다. 대비액은 1934년 1인당 월액 10~25원, 1938~1939년에 대학·전문학교 학생의 경우 1인당 연액 120원이다.[18]

특색 있는 대비생으로는 유석창을 들 수 있다. 그는 1923년에 경신학교를 우등으로 졸업하고, 1924년에 경성의학전문학교에 입학했으며, 1926년에 함남장학회의 대비생으로 선발됐다. 그는 1928년에 경성의학전문학교를 졸업한 후 잠시 함경남도 장진군의 공의에 부임했다가 1931년에 중앙실비진료원(이후 민중병원)을 설립하여 민중보건에 힘썼다. 해방 후 그는 민중병원을 모체로 1945년에 건국의숙, 1959년에 건국대학교를 설립했다.[19]

충남장학회는 1925년에 석진형 충청남도지사의 주도로 설립된 장학단체다. 같은 해에 열린 도평의회에서 석진형 도지사는 충남장학회의 취지서와 규칙서를 자문받고 찬동을 얻었으며, 2월 27일에 창립준비회를 조직하고 이사에 후루하시 다쿠시로 내무부장과 김창수 도평의원, 창립준비위원에 그 밖의 도평의원과 각 군수를 선정했다. 이때 석진형 도지사는 충남장학회의 설립 취지로 초등교육의 보급·발달을 도모함과 동시에 영재교육에 유의해서 지방 문화를 촉진하기 위한 것이라고 밝혔다.

취지서를 보면, 충남장학회는 초등교육기관을 졸업한 청년 중 자질이 뛰어나더라도 집안이 가난한 사람에게 학자금을 빌려주기 위해 설립됐다.[20] 또한 사업 계획 개요를 보면, 기금 이자와 그 밖의 경영 세입 약 8천 원 중 대여 자금에 충당할 금액을 7천 5백 원으로 하고, 매년 주로 전문학교 이상 학생 15명에게 1인당 연액 평균 5백 원을 빌려주기로 했으며, 대여금은 졸업 후 대여받은 기간의 2.5배 기한 동안 연부로 갚도록 했다. 이를 통해 10년 후에는 27명, 15년 후에는 57명, 20년 후에는 125명을 전문학교 이상의 학교에 취학시킬 할 것으로 예상하기도 했다.

충남장학회는 각 군수·도평의원의 연명으로 조직된 장학단체이며, 자본금 총 10만 원을 목표로 3만 원을 지방비, 2만 원을 각 군 향교 재산의 수입에서 3년간 거두기로 하고, 나머지 5만 원을 도내 14개 군의 관리와 독지가의 의연금으로 충당하기로 했다. 다만, 실제로는 각 군마다 기부금을 할당했던 것으로 보인다. 예를 들면 도 당국은 홍성군에 2,200원의 기부금을 할당하고, 홍성군은 다시 이를 각 면에 할당했다. 함남육영회와 같은 방식이다.

도 당국은 향교 재산의 수입도 설립 자금으로 돌려썼다. 1910년 4월 23일에 제정된 「향교 재산관리 규정」은 향교 재산을 관찰사의 지휘·감독을 받아 부윤·군수가 관리하고, 그 수입을 향교 소재 군내 공립학교 또는 관찰사가 지정한 학교의 경비에 사용하도록 규정했다. 그런데 조선총독부는 1920년 6월 29일에 이를 폐지하고 「향교 재산관리 규칙」을 제정해서 그 수입을 "문묘의 비용, 그 밖의 교화 비용에 사용할 수 있다"고 변경했다.[21] 이에 따라 도 당국은 '교화'라는 명목하에 향교 재산의 수입을 장학단체를 설립·운영하는 데 사용할 수 있었다.

1928년 4월에 충남장학회는 대비생 선발을 시작했다.[22] 선발 방식은 도내 군수가 추천한 학생 중에서 이사회가 선발하는 형태였다. 1931년에 충남장학회 이사이자 대전군수인 다카하시 다다시는 대전군 출신으로 학업 성적이 뛰어나고 사상이 건실한 청년 중 가계가 어려워서 학비를 내기 어려운 사정에 있는 학생 3명을 충남장학회 상무이사에게 추천했다.

그런데 충남장학회의 대비생 수는 1932년을 기점으로 크게 줄어들었다. 1936년에는 관계 규정을 개정해서 대비생의 자격을 전문학교 이상 재학생에서 중등학교 이상 재학생으로 고쳤다. 이와 함께 대비생 1인당 대비액은 기존 대학 재학생 연액 360원에서 연액 240원, 전문학교와 고등학교 재학생 연액 240원에서 연액 120원으로 줄었다. 이런 상황은 1937년에도 거의 같았다.

충남장학회의 운영 상황과 실적을 보면, 1936년 3월 31일 재산은 11만 3,536원 55전이다. 1928~1936년 3월까지 역대 대비생은 총 33명, 대비액 총액은 27,040원이다. 1935년 충남장학회는 같은 해에 선발한 대비생 2명, 계속 대비생 9명을 합해서 총 11명에게 장학금을 빌려주고 있었다. 또한 같은 해에 대학 졸업자 2명과 전문학교 졸업자 1명을 배출했다. 이들 중 2명은 각각 대학 의학부 연구실과 만주국 소재의 회사에서 근무했으며, 나머지 1명은 병원 근무를 희망함에 따라 알선 중에 있었다. 같은 해에 대비생 선발 경쟁률은 8.5:1이었다.[23]

전북육영회는 1933년에 전라북도 당국이 설립한 장학단체다. 이에

| 표 9-9 | 1928~1937년 충남장학회 대비생(고등교육기관) 현황

구분	이름	재적 학교	대비 기간/대비액	이름	재적 학교	대비 기간/대비액
1928 (5명)	○헌열	·	1928~1930/360원	권녕우	·	1928/140원 1929~1930/240원
	김진국	·	1928~1930/240원	성주영	경성제국대학 예과, 의학부	1928/140원 1929/240원 1930~1933/360원
	송병돈		1928~1929/240원			
1930 (7명)	유진영	경성법학 전문학교	1930~1932/240원	이시훈	·	1930~1931/360원
	이완	경성고등 상업학교	1930~1931/240원	김경성	경성법학 전문학교	1930~1932/240원
	유원준	경성고등 공업학교	1930/240원	김현익		1930~1931/240원 1932/360원
	조규백	수원고등 농림학교	1930~1931/240원 1932/120원			
1932 (2명)	안승업	·	1932~1934/240원	신현술	경성제국대학 예과, 의학부	1932~1933/240원 1934~1935/360원
1934 (4명)	송영헌	·	1934~1935/240원	임문빈	경성제국대학 예과	1934/160원 1935/240원
	○근만	·	1934~1935/240원	박태석	경성제국대학 예과, 의학부	1934/240원 1935/360원
1935 (2명)	진태두	경성고등 상업학교	1935/240원	장덕열	·	1935/240원
1936 (4명)	유동준	경성제국대학 예과	·	정낙은	구마모토 고등공업학교	·
	이필영	경성법학 전문학교	·	권용택	요네자와 고등공업학교	·
1937 (4명)	정언모	경성제국대학 예과	·	이종타	대구의학 전문학교	·
	신두영	수원고등 농림학교	·	백완현	연희전문학교	·

- 충청남도장학회(1936), 〈법인 사업보고에 관한 건〉;《매일신보》, 1936. 7. 7. 〈충남장학회 대비생 선정〉, 1937. 7. 10. 〈충남장학회의 급비생 협의 선정〉.
- 1928~1935년간 대비생의 재학교는 대비 기간/대비액과 각 고등교육기관의 일람과 신문기사의 재학생 명단/원적 등을 대조해서 추정한 것이다.
- ○ 표기는 판독 불가를 의미한다.

제2부. 전문학교 졸업장을 얻기까지

앞서 이미 1921년 3월에 열린 도평의회에서는 전북 유지들의 기부금과 토지를 자산으로 재질이 뛰어나지만 학자금이 없어 고등교육 기회를 얻지 못하는 사람들에게 장학금을 주거나 빌려주기 위해 50만 원을 기본금으로 하는 재단법인 육영회의 설립 계획을 제출했다.

이후 1925년 3월에 열린 도평의회에서 김연식 의원은 육영회의 설립 계획이 재계 부진으로 잠시 중지됐다고 말하고, 학자금이 없어 취학할 수 없는 사람들이 많은 상황에서 "관민 동력으로 육영회를 회복·실현하기를 희망"한다는 의견과 함께 실행에 대한 구체적인 의견을 제시했다. 이에 대해 많은 의원들이 찬성하자, 이스미 추조 도지사도 찬성의 뜻을 나타냈다. 1926년 2월 23일에 열린 도평의회에서도 김연식 의원은 장학단체의 설립을 간절히 바란다는 건의안을 제출했다. 다음 해 2월에 열린 도평의회에서는 「육영회 설립 촉진에 관한 건」이 토의되어 만장일치로 통과됐다. 1928년 2월에 열린 도평의회에서도 「육영회 설립의 건」이 채택되어 가결됐다.

이어 1929년에 도 당국은 도내 출신자 중 사상 온건, 노력 우수, 체질 강건한 청년 중 학자금이 부족한 사람에게 전문학교 이상의 고등교육 기회를 주기 위해 한편으로 기존의 구육회救育會의 재정을 인수하고, 다른 한편으로는 기존의 전라북도교육조성회를 전북육영회로 개편하기로 하고 11월 8일에 총독부에 설립 인가서를 제출했다. 구육회는 1921년 3월에 김준희 등 도내 유지 50여 명이 고아들을 구제하기 위해 조직한 단체로 5만 원의 경비로 고군산도에 박애원을 건립해서 고아들을 수용하고 있었다. 또한 전라북도교육조성회는

1925년에 당시 도 시학視學 조춘원 등에 의해 조직된 단체다.

그런데 인가 수속은 원활하게 진행되지 못했다. 이는 1930년 3월에도 도 당국이 전라북도교육조성회를 전북육영회로 개편하는 건에 대해 여전히 인가 신청 중이었다는 점을 통해 알 수 있다. 그 이유 중 하나는 구육회의 일부 임원들이 전북육영회가 구육회 재정을 인수하는 것에 반대했다는 점과 관련이 있을 것으로 보인다. 구육회는 1925년부터 도 당국으로 이관되어 도 지방과의 관리하에 운영되고 있었다. 그런데 1928년에 박애원에 화재가 일어남에 따라 구육회는 폐지되고, 사업비 중 잔액 8,105원 90전은 조선식산은행 전주지점에 예치됐다. 이에 도 당국은 그 예치금을 인수해서 전북육영회의 기본금으로 쓰려 했다. 이에 대해 1929년 11월에 구육회의 임원이었던 김한조·정기용·문종구는 도 당국이 자신들에게 아무런 통지 없이 이 예치금을 인수한 것에 분개해서 구육회 사업을 계속하기로 하고, 이에 대해 총독부에 진정서까지 제출했다.

이후 1933년 5월에 도 당국은 1만 700여 원을 기본금으로 중등학교를 졸업하고도 학자금이 부족해서 상급 학교에 진학하지 못하는 조선인 학생(그중에도 온건하고 성적이 우량한 수재)을 선발해서 경성이나 일본에 유학하도록 할 목적으로 전북육영회를 조직했다. 전북육영회는 조선 내 유학생에게 월액 30원, 일본 유학생에게 월액 40원의 장학금을 빌려주기로 하고, 그들에게 빌려준 기간의 세 배의 기간 내에 갚도록 했다. 또한 전북육영회는 매년 대비생을 초기에는 3~4명, 이후에는 10명 이상 17명까지 선발할 계획도 세우고, 8월에

이름	재적 학교	이름	재적 학교
백승택	경성제국대학 의학부	김귀순	경성고등공업학교
육완국	경성제국대학 의학부	이용희	경성약학전문학교

- 《동아일보》. 1933. 8. 10. 〈전북육영회 사 수재 급비〉.

는 대비생 4명을 선발했다. 이때 도지사는 고원훈이었는데, 그는 이미 전라남도 참여관에 재직할 당시 전남육영회의 설립에 참여한 적이 있었다.

그런데 1933년 7월, 전북육영회의 기본금은 11,735원으로 도내 각 향교 재산의 수입에서 매년 2천 원의 보조를 받기로 했다고 해도 다른 도의 장학단체와 비교해 볼 때 그 규모가 매우 영세했다. 그래서 전북육영회는 적어도 3~4만 원의 기본금을 필요로 하는 재단법인의 인가를 받을 수도 없었다. 이에 따라 1935년 3월에 열린 전라북도 도회에서 김영무 의원은 "본 도에 있어서는 이 기관의 설립이 늦었던 점도 있어 성적이 아직 볼 만한 것이 없다"고 지적하고, 특히 "그 경제력이 매우 미력하므로 재원의 증가를 꾀해서 완전한 재단법인으로 하고 도비로부터 상당한 보조를 하며, 한편으로 향교 재산으로부터도 상당액의 보조를 희망"한다고 제안했다.[24]

이에 전라북도 유지들의 기부가 이어졌다. 그 결과, 1938년 10월에 전북육영회는 기본금 3만 3천 원을 확보해서 총독부에 재단법인 설립 인가를 신청하고, 이듬해 1월 20일에 인가를 받았다. 이렇게 전북육영회도 설립 자금 중 상당 부분을 민간 기부로 조달했다.

운영 상황을 보면, 1939년에 재산은 3만 8,584원이다. 같은 해 세입은 6,261원 52전으로 세부 내역은 기부금 2,579원 50전, 재산 수입 1,418원 99전, 전년도 이월금 1,911원 49전 등이다. 세출은 3,694원 89전으로 세부 내역은 대비액 1,640원 등이다. 장학 실적을 보면, 1933~1939년간 역대 대비생은 총 16명이다. 1939년 당시 고등교육기관 졸업자는 10명이며, 취직 현황은 의사 2명, 약제사 1명, 관리 2명, 교원 1명, 은행 1명, 회사원 2명, 금융조합 이사 1명이다. 같은 해에 대비생은 6명으로, 재적 학교는 의학전문학교 2명, 광산전문학교 2명, 기타 전문학교 1명, 중등학교 1명이다.[25]

전남육영회는 1926년 4월 10일에 유도창명회儒道彰明會를 전신으로 고원훈 참여관과 고광준, 현준호, 김시중, 이원용 등이, 전라남도 출신으로 고보 졸업 후 학비 문제로 전문학교 등 고등교육기관에 진학할 수 없는 사람을 위해 설립한 장학단체다. 이에 앞서 유도창명회는 1925년 10월 22일에 열린 마지막 총회에서 「본회는 육영사업에 진력하기로 할 건」과 「회명을 육영회로 개칭할 건」을 결의했다.

전남육영회는 매년 10명의 학생을 선발하고, 각각에게 매월 50원 이내의 장학금을 빌려줌으로써 경성 또는 일본에 유학 보내는 것을 목표로 했다. 설립 당시 기본금은 1만 원이었으며, 그 밖에 현준호 등 22명으로부터 기부 신청금 2만 3,330원이 예정되어 있었다. 5월에 전남육영회는 대비생 12명을 선발했다.

그런데 1927년에 전남육영회는 예산 문제를 이유로 대비생을 2명만 선발하기로 했다. 실제로 전남육영회는 1926년에 12명의 대비생

| 표 9-11 | 1926~1935년 전남육영회 대비생 현황

구분	이름	재적 학교	대비액 (월액)	이름	재적 학교	대비액 (월액)
1926 (12명)	임길호	경성제국대학 예과	35원	송을수	교토제국대학	30원
	김길탁	경성의학전문학교	35원	서정기	도쿄고등사범학교	45원
	황재중	경성의학전문학교	35원	박겸재	도쿄고등잠사학교	45원
	이종표	경성고등공업학교	35원	이병위	일본체육회 도쿄체조학교	45원
	임근주	수원고등농림학교	35원	최삼식	기류고등공업학교	40원
	정문기	도쿄제국대학	50원	민병수	야마구치고등상업학교	40원
1927~ 1934 (29명)	김정재	경성제국대학 법문학부	30원	박원서	경성세브란스연합의학 전문학교	35원
	신순언	경성제국대학 법문학부	40원	이상락	연희전문학교	35원
	임학수	경성제국대학 법문학부	40원	이상현	도쿄제국대학	40원
	채규탁	경성제국대학 법문학부	40원	변옥주	교토제국대학	45원
	김응윤	경성제국대학 의학부	40원	윤행중	교토제국대학	45원
	문영회	경성제국대학 의학부	40원	전준희	교토제국대학	45원
	원귀룡	경성제국대학 의학부	40원	현남섭	교토제국대학	45원
	김필완	경성의학전문학교	40원	김형도	고베상과대학	40원
	고덕규	경성의학전문학교	40원	최성동	오카야마의과대학	45원
	이창교	경성의학전문학교	35원	차윤홍	니혼대학	45원
	고광헌	경성고등공업학교	35원	김염수	도쿄고등사범학교	45원
	안상영	경성고등공업학교	30원	유경식	규슈의학전문학교	45원
	김종수	수원고등농림학교	35원	김병옥	스가모고등상업학교	35원
	손창규	수원고등농림학교	35원	최유일	도쿄고등농림학교	40원
	정병재	수원고등농림학교	30원			
1935 (5명)	황기룡	경성고등공업학교	30원	유용수	나가사키고등상업학교	35원
	김준보	수원고등농림학교	30원	윤진하	아키타광산전문학교	35원
	김천기	와세다대학	40원			

- 《매일신보》. 1926. 5. 7. 〈전남의 육영회 사업개황〉, 1935. 5. 14. 〈전남육영회 대비생 결정〉

을 선발한 후 1927년부터 1934년까지 매년 평균 약 3.6명, 1935년 5명, 1936년부터 1940년까지는 매년 평균 약 4.4명의 대비생만을 선발했다.

운영 상황을 보면, 1939년에 재산은 6만 1,780원 18전이다. 세입은 1만 2,661원 2전으로 세부 내역은 향교 재산 보조금 3,224원, 전년도 이월금 3,004원 58전, 기본금 수입 2,694원 33전, 대비 상환금 2,721원, 도비 보조금 810원 등이다. 세출액은 9,223원 39전으로 세부 내역은 대비생비 8,145원 등이다.[26]

장학 실적을 보면, 1940년 3월 말까지 역대 대비생은 총 68명, 그 대비액은 7만 1,910원이다. 역대 대비생 총 68명의 재적 학교는 조선 내 고등교육기관 31명, 일본 내 고등교육기관 37명이며, 조선 내 고등교육기관의 세부 내역을 보면 경성제국대학 9명, 전문학교 22명이다. 또한 전문학교 중에는 관립 전문학교 17명, 공립 전문학교 1명, 사립 전문학교 4명이다.[27]

장학단체는 세 가지 의의가 있다. 첫째는 장학단체가 경제적인 문제로 전문학교 등의 고등교육기관에 진학하는 데 어려움을 겪던 가난한 학생들에게 장학금을 주거나 빌려줌으로써 그들에게 고등교육 기회를 주었다는 점이다. 둘째는 전국 단위의 장학단체인 성재육영회가 조선인 실업가에 의해 설립됐을 뿐만 아니라, 도 단위 장학단체도 주로 조선인 도지사나 관리에 의해 설립이 주도됐다는 점이다. 셋째는 도 단위 장학단체의 경우 그 설립은 도 당국에 의해 주도됐지만, 설립 자금 중 상당 부분은 민간의 십시일반의 기부에 의해 조달됐다는 점이다. 이는 지역사회가 해당 지역민의 고등교육 기회를 위해 노력한 또 하나의 사례다.

그럼에도 도 단위 장학단체의 경우, 총독부의 지방행정기구에 소속된 관리들을 중심으로 운영됐다는 점은 주목할 필요가 있다. 그만큼 도 단위 장학단체의 운영에는 총독부의 통제가 영향을 미칠 수 있었기 때문이다. 실제로 도 단위의 장학단체는 관변 단체로서의 성격이 강했다. 함남육영회는 부윤·군수, 경찰부장, 재무부장, 지방과장, 산업과장 등이 평의원으로 선임되어 대비생을 추천했으며, 충남장학회는 군수가 대비생을 추천하고, 상무이사인 내무부장 등이 이를 선발했다.

또한 도 당국이 '교화'라는 명목하에 향교 재산의 수입을 장학단체의 설립·운영 자금으로 사용했다는 점도 눈여겨볼 필요가 있다. 이는 도 단위의 장학단체가 겉으로는 가난한 학생들에게 고등교육 기회를 주는 것을 목적으로 내걸었지만, 이와 함께 장학금을 내세워서 가난한 학생들 중 학업 능력 우수자를 체제 내화하는 것을 의도했을 가능성을 암시한다. 실제로 도 단위의 장학단체는 장학생 선발 과정에서 이른바 '사상 문제'를 중시했다. 이는 함남육영회가 모집 대상으로 '품행이 방정한 자', 충남장학회와 전북육영회가 각각 모집 대상으로 '사상이 건실한 자'와 '사상온건한 자'를 내걸었다는 점을 통해서도 알 수 있다.

식민지 고등교육 체제의 연속과 단절

해방 후 전문학교는 어떻게 됐을까. 당시 휴교 상태에 있던 전문
학교들은 1945년 9월 28일에 미군정청이 중등 이상 학교에 대해 10월
1일부터 재개교를 허가하자 하나둘 다시 학교를 열기 시작했다. 그
러나 그것도 잠시 12월 14일에 미군정청 학무국의 교육정책 자문 기
구인 조선교육심의회는 〈현행 교육제도에 대한 임시 조치안〉에서 전
문학교의 운영을 한시적으로만 허가할 것을 제안했다. 이어 1946년
5월 20일에 문교부(학무국의 후신)는 다수의 전문학교를 대학으로 승
격시켰다. 결국 대한민국 정부는 1949년 12월 31일에 「교육법」을 제
정해서 고등교육기관으로 대학만을 규정하고 전문학교는 규정하지
않았다. 이를 계기로 전문학교는 역사의 뒤안길로 사라졌다.

미군정은 일제와 달리 대학의 설립을 방임했다. 이와 함께 민간에
서는 대학 설립붐이 일어났다. 그 결과 대학 수는 일제 강점기에 경
성제국대학 1교에서 1946년에 이미 30교 이상으로 크게 늘어났다.
이는 해방과 함께 '전문학교의 시대'가 저물고 '대학의 시대'가 열렸

다는 점을 의미한다. 물론, 그중 일부는 일제 강점기 전문학교가 해방 후 대학으로 승격한 것이다. 말하자면 전문학교라는 뿌리에서 대학이라는 줄기가 생겨난 것이다. 이런 대학들이 본래 전문학교였다는 흔적은 여전히 각 대학의 캠퍼스에 남아 있다. 연세대학교에 담쟁이 덩굴로 덮여 있는 스팀슨관이나 고려대학교 본관, 이화여자대학교 파이퍼홀 등은 모두 세 학교가 전문학교였을 때부터 사용됐던 건물이다.

해방 전 식민지 고등교육 체제는 일본의 영향을 받은 것이다. 그러나 해방 후 한국의 고등교육 체제는 미국의 영향을 받았다. 서울대학교의 경우, 문리과대학을 중심으로 복수의 전문학부와 대학원으로 이루어진 종합대학 형식이나 민간인 이사 중심의 이사회는 미국의 주립대학을 모델로 한 것이다. 또한 이승만 정권기에 각 대학은 교육 원조라는 형태로, 즉 서울대학교·미네소타대학협정이나 고려대학교·연세대학교와 워싱턴대학 간에 체결된 워싱턴프로젝트와 같은 교육·연구 분야의 원조, 미국교육사절단의 방한이나 피보디계획과 같은 교원 양성 분야의 원조 등을 통해 끊임없이 미국의 영향을 받았다.[1]

그런데 문제는 해방 후 한국의 고등교육 체제에 대한 미국의 영향만을 지나치게 강조함에 따라 그 반대급부로 식민지 고등교육 체제의 영향에 대해서는 그다지 주목하지 않았다는 점이다. 일제가 조선의 고등교육과 그 유산이라는 토대 위에서 식민지 전문학교 제도를 도입했듯이 해방 후 한국도 식민지 고등교육 체제의 유산이라는 토대 위에서 새로운 고등교육 체제를 쌓아 올릴 수밖에 없었다. 물론, 한국은 식민지 고등교육 체제와의 단절을 내세웠지만 제도의 관성과 사람들의 인식은 그렇게 쉽게 없어지는 것이 아니다. 또한 지금까지 살펴본 내용을 되돌아보더라도 의외로 식민지 고등교육 체제와 오늘날 한국의 고등교육 체제 간에는 비슷한 점이 적지 않다는 것을 알 수 있다.

그중 가장 주목할 점은 고착화된 서열 구조의 유사성이다. 식민지 고등교육 체제의 서열 구조 안에서는 가장 꼭대기에 경성제국대학, 그 아래에 관립 전문학교, 그 아래에 사립 전문학교 그리고 마지막에 전문 정도 사립 각종학교가 자리하고 있었다. 해방 후 경성제국대학과 관립 전문학교는 통합되어 국립 서울대학교로 개편됐으며, 사립 전문학교와 몇몇 전문 정도 사립 각종학교는 사립대학으로 승격됐다. 그럼에도 이전 시기의 고착화된 서열 구조는 서울대학교와 사립대학 간에 거의 그대로 다시 나타나고 있다. 다만 해방 후에는 지방 국립대학과 지방 사립대학(소위 지방대)이 설립됨에 따라 서울대학교 아래의 서열 구조가 좀 더 복잡해졌을 뿐이다.

다음으로 주목할 점은 관학과 사학 비율의 유사성이다. 식민지 고등교육 체제 안에서 관학(경성제국대학과 관공립 전문학교)과 사학의 비율은, 1938년의 경우 학교 수로는 약 42%와 58%, 학생 수로는 55%와 45%였다. 즉, 사학의 비율은 학교 수로는 절반 이상, 학생 수로도 거의 절반에 가까울 정도로 높았다. 해방 후 이런 현상은 더욱 심화됐다. 오늘날 전체 일반 대학 중 사립대학의 비율은 학교 수로 80%, 학생 수로는 70%를 넘는다. 《OECD 교육지표》에 의하면, 2005년 현재 OECD 국가 중 전체 일반 대학에서 사립대학의 비율이 70%를 넘는 사례는 한국과 일본뿐이다. 그다음으로는 멕시코 33.6%, 폴란드 30.9%, 미국 28.1% 순이다.[2]

머리말에서도 말했듯이 이런 점들은 한국 고등교육 체제의 독특한 특징이다. 또한 이는 한국 고등교육 체제의 문제점, 나아가서는 한국 교육의 문제점으로 지적받는 부분이기도 하다. 이미 오래전부터 대학 서열 구조는 극심한 입시 경쟁의 근원이며, 학벌주의를 낳고, 중등학교를 입시 교육의 장으로 변질시켰다는 지적을 받아 왔다.[3] 또한 사립대학의 높은 비율은 한편으로 고등교육의 대중화를 이끌었지만, 다른 한편으로는 고등교육의 공공성을 위협하기도 한다.[4] 이런 문제점들을 해결하기 위해서는 입시제도를 바꾸거나 부실 사립대학을 퇴출시키는 것만으로는 부족하며, 한국의 고등교육 체제 그 자체를 문제 삼고 다양한 관점에서 이를 분석할 필요가 있다.

그런 측면에서 식민지 고등교육 체제와 해방 후 한국의 고등교육 체제 간에 비슷한 점이 있다는 사실은 이런 문제에 대한 역사적 분석이 필요하다는 점을 환기한다. 앞으로 둘 사이의 연속과 단절에 대해 면밀한 검토가 필요하다. 이 책이 그런 작업을 위한 하나의 디딤돌이 되기를 바란다.

부록 1

관·공·사립 전문학교 설립 현황

구분	항목	1916	1917	1918	1922	1925	1929	1930	1933	1938	1939	1940	1941	1942	1944	1945
관립	교명	경성법학전문학교			경성고등공업학교										(경성고등상업학교와 통합)	
		경성의학전문학교			수원고등농림학교										경성공업전문학교	
		경성공업전문학교		수원농림전문학교	경성고등상업학교										수원농림전문학교	
															경성경제전문학교	
											경성광산전문학교					
													부산고등수산학교		부산수산전문학교	
															대구농업전문학교	
															평양공업전문학교	
	학교 수	3	3	4	5	5	5	5	5	5	6	6	7	7	9	8
공립	교명								대구의학전문학교						함흥의학전문학교	
									평양의학전문학교						광주의학전문학교	
	학교 수	-	-	-	-	-	-	-	2	2	2	2	2	2	4	4

학교 설립·폐교 상황표

구분	교명(전문학교)	학교 수	학교 수 총계
사립		1	3
	세브란스 연합의학 전문학교 / 연희 전문학교	2	5
		2	6
	보성 전문학교	3	8
	숭실 전문학교 / 이화여자 전문학교	5	10
	경성 치과의학 전문학교	6	11
	경성약학 전문학교 / 중앙불교 전문학교	8	13
	숭실 전문학교 (폐교)	8	15
	경성 여자의학 전문학교 / 대동공업 전문학교 / 숙명여자 전문학교	11	18
		10	18
	혜화 전문학교	10	18
		10	19
	명륜 전문학교	11	20
	아사히 의학 전문학교 / 경성 공업경영 전문학교 / 경성 척식경제 전문학교 (폐교)	11	24
	경성여자 전문학교 (폐교)	8	20

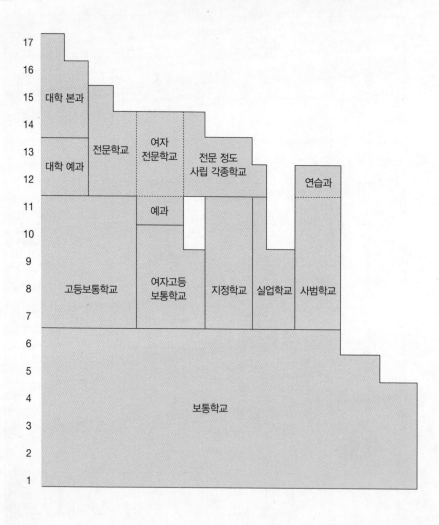

「제2차 조선교육령」(1922) 제정 이후 조선의 학교 체계도

들어가는 글　성균관에서 대학과 전문학교로―개항기 조선의 고등교육과 그 유산

1　김기수 저, 구지현 역(2017). 《일동기유》. 보고사, 141, 272쪽.

2　위의 책, 216, 304쪽.

3　국사편찬위원회 편(1958). 《수신사기록》. 국사편찬위원회, 153쪽.

4　조준영 편, 신창호 역(2017). 《문부성 소할목록》. 써네스트, 33~34, 185~186쪽.

5　《漢城旬報》 1883. 10. 31. 〈한학서행〉; 1883. 12. 9. 〈일본사약〉; 1883. 12. 20. 〈영국지약〉; 1884. 3. 18. 〈학교〉; 1884. 3. 27. 〈이국일성〉; 1884. 4. 6. 〈법국지약속고〉; 1884. 4. 25. 〈덕국지약속고〉; 1884. 7. 3. 〈아국지약〉.

6　《漢城周報》 1886. 1. 25. 〈논학정제일〉; 1886. 4. 26. 〈일본대학교〉; 1886. 8. 16. 〈법국학정〉; 1886. 10. 11. 〈광학교〉.

7　日本外務省 編(1949). 《日本外交文書》 21. 日本國際連合協會, 307쪽; 김갑천(1990). 〈박영효의 건백서〉. 《한국정치연구》 2, 283~284쪽.

8　서범종(2008). 《조선시대 독서당 연구》. 원미사, 13쪽.

9　한철호(1992). 〈초대 주미전권공사 박정양의 미국관〉. 《한국학보》 18(1). 63쪽.

10　박정양 저, 한철호 역(2018). 《미속습유》. 푸른역사, 106~107, 197쪽.

11　이광린(1979). 《한국개화사상연구》. 일조각, 65~67쪽.

12　유길준(1969). 《서유견문》. 경인문화사, 236쪽.

13　金正明 編(1966). 《日韓外交資料集成》 4. 巖南堂書店, 52쪽.

14　위의 책, 57쪽.

15　위의 책, 60쪽

16　위의 책, 62쪽.

17　한국학문헌연구회 편(1984). 《박정양전집》 4. 아세아문화사, 376~377쪽.

18　이만열·옥성득 편역(2006). 《언더우드 자료집》 III. 연세대학교출판부, 49쪽.

19　金正明 編(1966). 《日韓外交資料集成》 4. 巖南堂書店, 233~234쪽.

20　金正明 編(1966). 《日韓外交資料集成》 4. 巖南堂書店, 343쪽.

21　송병기(1988). 〈개화기 일본유학생 파견과 실태(1881-1903)〉. 《동양학》 18. 253~254쪽.

22　최덕수(1991). 〈구한말 일본유학과 친일세력의 형성〉. 《역사비평》 17. 125~126쪽; 原敬文書研究會 編(1986). 《原敬關係文書》 6. 日本放送出版會, 107~108쪽.

23　송병기(1988). 〈개화기 일본유학생 파견과 실태(1881-1903)〉. 《동양학》 18. 258~259쪽.

24　서울대학교 규장각 편(1994). 《주본·의주》 1. 서울대학교 규장각, 194~199쪽; 서울대학교 규장각 편(1994). 《주본·의주》 3. 서울대학교 규장각, 501~514쪽.

25　한용진(2012). 《근대 한국 고등교육 연구》. 고려대학교 민족문화연구원, 306~307쪽.

26 〈學部來去文〉10. 1901. 3. 6.

27 天野郁夫(1989).《近代日本高等教育研究》. 玉川大學出版部, 61~62, 132~134쪽.

28 국사편찬위원회 편(1988).《주한일본공사관기록》5. 국사편찬위원회, 314쪽.

29 김효전(1997).〈근대 한국의 변호사들〉.《동아법학》23. 144쪽.

30 저자 미상(1905).〈사립 한성법학교 취지서〉. 4~6쪽.

31 여규형(1909).〈대동전문학교창설기〉.《대동학회 월보》13. 18쪽.

32 朝鮮總督府學務局(1910).〈京城府內私立學校現狀一斑〉.

33 여규형(1912).〈공자교회지기왕급장래〉. 35~36쪽.

34 金正明 編(1964).《日韓外交資料集成》6中. 巖南堂書店, 748쪽.

35 이희승(2001).《다시 태어나도 이 길을》. 선영사, 58~59쪽.

36 여규형(1912).〈공자교회지기왕급장래〉. 35~36쪽.

37 《朝鮮人教育私立学校統計要覽》(1912, 1915년도판).

38 이상혁(1916). 낙산일지. 소장처: 장흥 가락종친회(출처: 국사편찬위원회 전자사료관 사료참조코드 DGJ051_03_00C0039)

39 林権助 等(1905).《韓國ニ於テ學務顧問聘用ノ件》. 13, 18~19쪽.

40 幣原坦(1905).《韓國教育改良案》. 9~11쪽.

41 위의 책, 12~23쪽.

42 幣原坦(1919).《朝鮮教育論》. 六盟館, 195쪽.

43 學部(1909).《學部職員錄》. 5~11쪽.

44 學部(1909).《韓國教育》. 1쪽.

45 위의 책, 3쪽.

46 學部(1910).《韓國教育ノ現狀》. 35쪽.

제1부 전문학교로 시작된 한국 대학의 역사—일제 강점기 조선총독부의 전문학교 정책

제1장 식민지 전문학교 제도를 도입한 까닭

1 隈本繁吉?(1910).〈教化意見書〉, 8~25, 35~40쪽.('?'는 추정을 의미한다. 이하 동일)

2 위의 글, 40쪽.

3 隈本繁吉(1910).〈學政ニ関スル意見〉, 5~7, 36~39, 46~49쪽.

4 近代アジア教育史研究會 編(1999).《近代日本のアジア教育認識: 資料篇》5. 龍溪書舍, 396쪽.

5 隈本繁吉(1910). 앞의 글, 46~49쪽.

6 隈本繁吉(1910?).〈學制案修正要點〉, 6쪽.

7 隈本繁吉(1910?).〈朝鮮公立普通學校及官立諸學校整理案〉, 30쪽.

8 朝鮮總督府(1911).〈朝鮮教育令制定ノ件〉.

9 弓削幸太郎(1923).《朝鮮の教育》. 自由討究社, 120쪽.

10 寺内正毅?(1910?).〈朝鮮學制案ノ要旨〉, 6~9쪽.

11 弓削幸太郎(1923).《朝鮮の教育》. 自由討究社, 114쪽.

12 《朝鮮總督府官報》1911. 11. 1.

13 사토 고조 저, 이충우 역(1993).《조선의육사》. 형설, 99쪽.

14 朝鮮總督府學務局學務課(1918).〈水原農林專門學校設置ニ關スル件〉.

15 井上薫(1994).〈日本帝国主義の朝鮮に対する教育政策〉,《北海道大學教育學部紀要》62.

16 阿部洋(1976).〈解放'前韓国における日本留学〉,《韓》5(12), 27~33쪽.

17 金正明 編(1964).《日韓外交資料集成》6下. 巖南堂書店, 1139~1142쪽.

18 近代アジア教育史研究會 編(1999).《近代日本のアジア教育認識: 資料篇》1. 龍溪書舍, 108, 111쪽.

19 近代アジア教育史研究會 編(1999).《近代日本のアジア教育認識: 資料篇》3. 龍溪書舍, 21쪽;《近代日本のアジア教育認識: 資料篇》5. 龍溪書舍, 13쪽.

20 近代アジア教育史研究會 編(1999).《近代日本のアジア教育認識: 資料篇》1. 龍溪書舍, 180쪽;《近代日本のアジア教育認識: 資料篇》5. 龍溪書舍, 81쪽.

21 近代アジア教育史研究會 編(1999).《近代日本のアジア教育認識: 資料篇》2. 龍溪書舍, 1, 125쪽

22 近代アジア教育史研究會 編(1999).《近代日本のアジア教育認識: 資料篇》1. 龍溪書舍, 130~131쪽.

23 近代アジア教育史研究會 編(1999).《近代日本のアジア教育認識: 資料篇》2. 龍溪書舍, 65쪽.

24 近代アジア教育史研究會 編(1999).《近代日本のアジア教育認識: 資料篇》5. 龍溪書舍, 420~421쪽.

25 朝鮮總督府(1916).《總督訓示集》. 朝鮮總督府, 142~144쪽.

26 조선유학생우회(1915).〈일본유학생사〉,《학지광》6, 204~205쪽.

27 幣原坦(1919).《朝鮮教育論》. 六盟館, 259쪽.

28 弓削幸太郎(1923).《朝鮮の教育》. 自由討究社, 221~222쪽.

29 阿部洋(1976).〈解放'前韓国における日本留学〉,《韓》5(12), 35쪽.

30 조선유학생우회(1915). 앞의 글, 12~13쪽.

제2장 민족별 정원 제도에서 '실력주의'로―관립 전문학교의 조일공학 정책

1 朝鮮總督府學務局學務課(1918).〈京城醫學專門學校學則改正ニ關スル件〉;《京城工業專門學校一覽》(1917년도판), 29쪽;《朝鮮總督府官報》1919. 1. 25.

2 《朝鮮總督府統計年報》(1916년도판), 22~23쪽.

3 朝鮮總督府(1919).《朝鮮學制改正案要領》, 5~12쪽.

4   朝鮮總督府(1921).《臨時教育調查委員會決議要項》. 4~6쪽.

5   樞密院(1922).《朝鮮教育令及臺灣教育令審查報告》(1922. 1 .15).

6   柴田善三郎(1921).〈共學問題交涉の經過〉.《朝鮮及滿洲》169, 20쪽.

7   소춘(1925).〈희비 교집의 교육계의 석금〉.《개벽》57, 55쪽.

8   朝鮮總督府學務局(1920).《在內地朝鮮學生狀況》, 16~17쪽; 朝鮮教育會獎學部
    (1926).《在內地朝鮮學生調》, 5쪽;《社会運動の狀況》(1930, 1935, 1940, 1941년도판).

9   《日本國官報》1919年 8月 20日;《朝鮮總督府官報》1919年 9月 10日.

10 齋藤實(1921).〈臨時教育審議委員會に際して〉.《朝鮮》2, 5쪽;《朝鮮總督府官報》
    1922. 2. 7.

11 신주백 편(1993).《일제하 지배정책 사료집》10. 고려서림, 222~223쪽.

12 안동혁(1986).《계상》. 안동혁선생 팔순기념문집 간행위원회, 154쪽

13 신주백 편(1993). 앞의 책, 316쪽.

14 京城府(1941).《京城府史》3, 京城府, 352쪽.

15 《朝鮮總督府統計年報》(각 년도판).

16 김병관(1996).〈일제하 조선인 기술자의 형성과정과 존재 양태〉. 충남대학교 박사학
    위논문, 2쪽.

17 전병무(2012).《조선총독부 조선인 사법관》. 역사공간, 52~53쪽.

18 문준영(2010).《법원과 검찰의 탄생》. 역사비평사, 468쪽.

19 《朝鮮總督府統計年報》(각 년도판).

20 《朝鮮總督府統計年報》(1912년도판), 459쪽;〈衛生〉.《朝鮮總督府統計年報》(1920년도
    판), 36~37쪽.

21 박윤재(2005).《한국 근대의학의 기원》. 혜안, 309쪽.

22 弓削幸太郎(1923).《朝鮮の教育》. 自由討究社, 269쪽.

23 박윤재(2005). 앞의 책, 308~309쪽.

24 사토 고조 저, 이충호 역(1993).《조선의육사》. 형설, 141쪽.

25 김병관(1996). 앞의 논문, 25~27, 41쪽.

26 朝鮮總督府(1921).《朝鮮産業調查會會議錄》, 45, 78쪽〔민속원 영인본(1992)〕.

27 朝鮮總督府官房庶務課(1921).《道知事會議提出意見ニ對スル處理概要》. 朝鮮總督
    府, 33쪽.

제3장   사립학교의 비중이 높아진 이유―말뿐인 관립 전문학교 증설 계획

1   《朝鮮總督府統計年報》(각 년도판).

2   《朝鮮總督府統計年報》(1920년도판, 제7편), 84~85쪽.

3   松田利彦・やまだあつし 編(2009).《日本の朝鮮・台湾支配と植民地官僚》. 思文閣出
    版, 4쪽.

4   朝鮮行政編輯總局 編(1937). 《朝鮮統治秘話》. 帝国地方行政学會, 167쪽.

5   朝鮮行政編輯総局 編(1937). 《朝鮮統治秘話》. 帝国地方行政学会, 257~258쪽.

6   朝鮮行政編輯総局 編(1937). 《朝鮮統治秘話》. 帝国地方行政学会, 292쪽.

7   吉田千鶴子(1999). 〈東京美術学校の外国人生徒(後篇)〉. 《東京藝術大学美術学部紀要》 34, 73쪽.

8   김동환(1937). 〈삼천리논단〉. 《삼천리》 9(1), 71쪽.

9   삼천리사(1941). 〈조선음악학교 설치론〉. 《삼천리》 13(4), 50~60. 204쪽.

10 《朝鮮總督府統計年報》(각 년도판).

11 김영우(1989). 《한국 중등교원 양성 교육사》. 교육과학사, 22쪽.

12 사해공론사(1937). 〈중등교육 확충 계획도 육개년으로 단축〉. 《사해공론》 3(10), 203쪽; 오성철(2000). 《식민지 초등교육의 형성》. 교육과학사, 95~101쪽.

13 齋藤實(1990). 《齋藤實文書》 13. 高麗書林, 498~501쪽.

14 부산수산대학교 50년사편찬위원회 편(1991). 《부산수산대학교 오십년사》. 부산수산대학교오십년사편찬위원회, 3쪽.

15 郡茂德(1922). 〈朝鮮の水産業〉. 《朝鮮》 91, 230쪽.

16 慶尙南道水産會(1934). 〈慶尙南道水産會第十二會通常總代會決議に依る建議事項〉. 《朝鮮之水産》 108, 6~7쪽.

17 黃文達(1936). 〈躍進朝鮮水産界に高等水産技術員養成機關の設立を促す〉. 《朝鮮之水産》 135, 5~8쪽.

18 스기야마 토미 구술, 혼마 치카케 기록, 신호 역(2011). 《스기야마 토미》. 눈빛, 117쪽.

19 정태헌(1996). 《일제의 경제정책과 조선사회》. 역사비평사, 153쪽.

20 이여성·김세용(1937). 《숫자조선연구》 1. 세광사, 108쪽

21 大野謙一 講師, 宮田節子 司会(2013). 〈朝鮮の教育問題(1)〉. 《東洋文化研究》 15, 253쪽.

22 위의 글, 255쪽.

23 朝鮮總督府(1928). 〈朝鮮總督府ニ於ケル一般國民ノ教育普及振興ニ關スル第一次計劃〉. 《史料集成》 17, 2쪽)

제4장 관립은 일류, 사립은 이류─전문학교의 서열 구조

1   學部(1909). 《韓國教育》, 7쪽.

2   學部(1910). 《韓國教育ノ現狀》, 53쪽.

3   隈本繁吉(1910). 《學政ニ関スル意見》, 36~38쪽.

4   學部(1910). 《韓國教育ノ現狀》, 38쪽.

5   朝鮮總督府(1923). 〈朝鮮辯護士試驗〉. 《朝鮮》 11月, 151쪽; 朝鮮總督府(1924). 〈大正十三年度朝鮮辯護士試驗〉. 《朝鮮》 11月, 152쪽; 朝鮮總督府(1925). 〈朝鮮辯護士試驗〉. 《朝鮮》 11月, 141~142쪽; 朝鮮總督府(1926). 〈朝鮮辯護士試驗〉. 《朝鮮》 11月,

101쪽; 朝鮮總督府(1927). 〈昭和二年朝鮮辯護士試驗〉. 《朝鮮》 10月, 140쪽; 朝鮮總督府(1928). 〈昭和三年朝鮮辯護士試驗〉. 《朝鮮》 10月, 144쪽.

6 朝鮮總督府學務局學務課(1918). 〈京城醫學專門學校學則改正ニ關スル件〉.

7 寺崎昌男·文檢研究會 編(1997). 《文檢の硏究》. 學文社, 18쪽.

8 경성법학전문학교: 《조선총독부 관보》 1913. 4. 7., 1922. 4. 14., 1922. 6. 17., 1923.
   7. 6.; 《일본국 관보》 1924. 5. 22. / 경성의학전문학교: 《조선총독부 관보》 1914. 3.
   7., 1917. 3. 1., 1922. 4. 14., 1923. 7. 6.; 《경성의학전문학교 일람》(1925년도판), 7쪽;
   《일본국 관보》 1924. 5. 22., 1925. 3. 19. / 경성고등공업학교: 《일본국 관보》 1919. 7.
   8., 1924. 5. 22., 1925. 4. 24.; 《조선총독부 관보》 1922. 4. 14일, 1923. 7. 6., 1926. 7.
   1. / 수원고등농림학교: 《일본국 관보》 1919. 7. 8., 1924. 5. 22., 1925. 3. 19.; 《조선총
   독부 관보》 1922. 4. 14., 1923. 7. 6. / 경성고등상업학교: 《일본국 관보》 1919. 7. 8.,
   1924. 5. 22., 1925. 3. 19.; 《조선총독부 관보》 1923. 7. 6. / 대구의학전문학교: 《조선
   총독부 관보》 1930. 3. 19.; 《대구의학전문학교 개요》(1937년도판), 1~2쪽. / 평양의학
   전문학교: 《조선총독부 관보》 1930. 3. 19.; 《매일신보》 1933. 12. 22. 〈대구 평양 양 의
   전의 졸업생 자격문제〉.

9 近藤釼一 編(1964). 《万才騷擾事件: 三·一運動》 2. 朝鮮史料編纂会.

10 樞密院(1922). 會議筆記(1922. 1. 25).

11 문백란, 김도형 편역(2017). 《연·세전 교장 에비슨 자료집》 (1). 선인, 336~337쪽.

12 위의 책, 333~336쪽.

13 조선의사협회(1933). 〈세브란스연합의학전문학교 후원회발기인총회급동후원회 총회
   개최〉. 《조선의보》 3(2), 36쪽.

14 渡辺豊日子 口述(1984). 《朝鮮總督府回顧談》. 友邦協会, 55~56쪽..

15 연세학풍연구소(2021). 《연희전문학교 운영보고서》 2. 선인, 356쪽.

16 《普成專門學校一覽》(1925년도판), 21~24쪽; 《普成專門學校一覽》(1931년도판), 14~16쪽.

17 《惠化專門學校一覽》(1941년도판), 3쪽; 동대백년사편찬위원회 편(2006). 《동국대학교
   백년사》 1. 동국대학교, 141쪽.

18 本誌記者(1935). 〈學校巡禮記〉. 《朝鮮及滿洲》 331, 68쪽; T기자(1936). 〈민간오대전
   문학부신춘계획〉. 《신동아》 4월, 75쪽.

19 세브란스연합의학전문학교: 《조선총독부 관보》 1922. 4. 14., 1923. 2. 24., 1923. 7. 6.;
   《일본국 관보》 1934. 4. 12. / 연희전문학교: 《조선총독부 관보》 1922. 4. 14., 1924. 5.
   13., 1926. 3. 18., 1928. 2. 22.; 《일본국 관보》 1932. 5. 31. / 보성전문학교: 《조선총독
   부 관보》 1923. 7. 6., 1927. 1. 24.; 《일본국 관보》 1929. 6. 28. / 이화여자전문학교:
   《조선총독부 관보》 1928. 2. 22., 1938. 1. 12. / 경성치과의학전문학교: 《조선총독부
   관보》 1925. 2. 28., 1930. 1. 17.; 《일본국 관보》 1931. 3. 13. / 경성약학전문학교: 《조
   선총독부 관보》 1925. 3. 16., 1930. 9. 26.; 《일본국 관보》 1933. 3. 1. / 중앙불교전문

학교:《일본국 관보》1933. 5. 31. / 경성여자의학전문학교:《조선총독부 관보》1942. 7. 17.;《일본국 관보》1942. 10. 1.

20 고려대학교 의과대학 교우회 편(1988).《명륜반세기》. 고려대학교 의과대학 교우회, 41~42쪽.

21 정병욱(2013). 〈조선식산은행과 한국산업은행의 직원 채용〉.《한국사학보》51, 243쪽.

22 《延禧專門學校狀況報告書》(1930, 1937도판);《梨花女子專門梨花保育學校一覽》(1937 년도판), 157쪽.

23 《朝鮮總督府統計年報》(1930년도판), 646쪽;《朝鮮總督府統計年報》(1937년도판), 246쪽.

24 伊藤猷典(1942).《鮮滿の興亜教育》. 目黒書店, 24쪽.

제5장   전쟁(1937~1945)의 소용돌이, 전시 전문학교 정책

1 미야타 세쓰코 저, 이형낭 역(1997).《조선민중과 황민화 정책》. 일조각, 106~107쪽.

2 朝鮮總督府(1936). 〈朝鮮産業經濟調査會諮問答申案試案〉, 67쪽.

3 朝鮮總督府(1936).《朝鮮産業經濟調査會會議錄》. 朝鮮總督府, 616~617쪽.

4 사토 고조 저, 이충호 역(1993).《조선의육사》. 형설, 98~99쪽.

5 정구충(1985).《한국 의학의 개척자》1. 동방도서, 432쪽.

6 숙명여자대학교 창학 100주년사 편찬위원회 편(2008).《숙명 100년》, 222쪽.

7 《惠化專門學校一覽》(1941년도판), 2쪽.

8 연세대학교백년사편찬위원회 편(1985).《연세대학교백년사 연세통사(상)》1. 연세대 학교출판부, 238쪽.

9 위의 책, 303쪽.

10 송기철(2004).《일제하 좌절된 삶: 내 인생 적자인가, 복자인가》. 보경문화사, 210쪽.

11 西山伸(2017). 〈戦時期における高等教育機関の在学・修業年限短縮について〉,《京都 大学大学文書館研究紀要》15, 23~25쪽.

12 《京城高等工業學校一覽》(1937년도판), 5쪽;《普成專門學校一覽》(1940년도판), 1~2쪽.

13 西尾達雄(2003).《日本植民地下朝鮮における學校體育政策》. 明石書店, 323~324쪽.

14 신재의(2004).《한국근대 치의학 교육사》. 참윤, 212쪽.

15 이종성(1993).《나의 이력서》. 명륜당, 39~40쪽.

16 송기철(2004). 앞의 책, 192~193쪽.

17 文部省 編(1972).《學制百年史》I, 帝國地方行政學會, 563쪽; 佐藤隆德(1938).《集団 勤労作業教育の実際》. 啓文社, 3~12쪽.

18 朝鮮教育會(1938). 〈學生生徒の愛國勤勞奉仕作業實施〉.《文教の朝鮮》155, 89~93쪽.

19 신주백(2001). 〈일제의 교육정책과 학생의 근로동원(1943-1945)〉,《역사교육》78, 92쪽.

20 朝鮮教育會(1944). 〈學徒動員體制整備に關する訓令〉.《文教の朝鮮》222, 6~7쪽.

21 유진오(1977).《양호기》. 고려대학교출판부, 122쪽.

22 이화칠십년사편찬위원회 편(1956).《이화 칠십년사》. 이화칠십년사편찬위원회, 137쪽.

23 宮原誠一 外 編(1974).《資料日本現代教育史》. 三省堂, 338~339쪽.

24 文部省(1972).《學制百年史》I. 帝國地方行政學會, 595쪽.

제2부 전문학교 졸업장을 얻기까지-고등교육 기회를 얻기 위한 조선인의 노력

제6장 입신출세를 위한 학교 선택과 극심한 입학 경쟁

1 《京城法學專門學校》(1923년도판), 22쪽;《京城醫學專門學校一覽》(1924년도판), 44쪽;《普成專門學校一覽》(1925년도판), 24쪽;《京城高等工業學校一覽》(1924년도판), 18쪽;《セブランス聯合医学専門学校一覧》(1934년도판), 34~35쪽;《延禧專門學校一覽》(1939년도판), 25~26쪽;《京城藥學專門學校一覽》(1930년도판), 15쪽;《中央佛敎專門學校一覽》(1930년도판), 5쪽.

2 《水原高等農林學校一覽》(1923년도판), 30~31쪽;《京城高等商業學校一覽》(1923년도판), 42~43쪽.

3 김자중(2019). 〈일제 식민지기 전문학교 입학자 검정제도에 관한 시론〉.《교육문제연구》32(2), 56쪽.

4 《朝鮮總督府統計年報》(각 년도판).

5 《朝鮮諸學校一覽》(각 년도판)의 5년제 실업학교의 5학년 재학생 수.

6 《朝鮮諸學校一覽》(각 년도판)의 지정학교의 5학년 재학생 수.

7 개벽사(1930). 〈금춘 남녀 각학교 졸업생들의 감상·포부·희망의 이동좌담회〉.《학생》3월, 4쪽.

8 안홍선(2015). 〈식민지시기 중등 실업교육 연구〉. 서울대학교 박사학위논문, 242~246쪽; 김명숙(2017). 〈일제 강점기 경성공립농업학교 학생의 특성 연구〉.《중앙사론》46, 250~253쪽.

9 박철희(2002). 〈식민지기 한국 중등교육 연구〉. 서울대학교 박사학위논문, 44, 78~79쪽

10 《學事參考資料》(1937년도판), 169~171쪽.

11 〈표 6-1〉에서 〈표 6-6〉은 《동아일보》1929. 3. 3. 〈형설적공의 성과〉, 3. 6. 〈형설적공의 성과〉, 3. 7. 〈형설적공〉, 〈형설의 영관〉, 3. 8. 〈형설적공의 성과〉, 〈형설의 영관〉, 3. 9. 〈형설의 영관〉, 3. 11. 〈형설의 영관〉, 3. 12. 〈형설의 영관〉, 3. 16. 〈형설의 영관〉, 3. 29. 〈형설적공의 성과〉, 1930. 3. 4. 〈형설공성과〉, 3. 6. 〈형설적공〉, 3. 7. 〈형설적공〉, 3. 8. 〈형설적공〉, 3. 11. 〈형설공성과〉, 1931. 3. 5. 〈형설공의 성과〉, 3. 7. 〈형설공의 성과〉, 3. 8. 〈형설공의 성과〉, 3. 10. 〈형설공의 성과〉, 3. 11. 〈형설공의 성과〉, 3. 12. 〈형설공의 성과〉, 1932. 3. 4. 〈형설공의 성과〉, 3. 5. 〈형설공의 성과〉, 3. 8. 〈형설공의 성과〉, 3. 9. 〈형설공의 성과〉, 3. 10. 〈형설공의 성과〉, 3. 11. 〈형설공의 성과〉, 3. 13. 〈형설공의 성과〉, 1933. 3. 8. 〈기쁨에 넘친 형설의 공〉, 3. 9. 〈기쁨에 넘친 형설의 공〉, 1934. 3. 4. 〈형설의 공적(1)〉, 3. 6. 〈형설의 공적(2)〉, 3. 7. 〈형설의

공적(3)〉, 3. 8. 〈형설의 공적(4)〉, 3. 9. 〈형설의 공적(5)〉, 3. 10. 〈형설의 공적(6)〉, 3.
11. 〈형설의 공적(7)〉, 1935. 3. 5. 〈형설의 적공!〉, 〈기쁜 오늘의 졸업〉, 3. 6. 〈형설의
적공!〉, 3. 7. 〈영예의 졸업생들〉, 3. 8. 〈영예의 졸업생들〉, 3. 9. 〈영예의 졸업생들〉,
3. 10. 〈영예의 졸업생들〉, 3. 13. 〈영예의 졸업생들〉, 3. 14. 〈영예의 졸업생들〉, 3.
17. 〈영예의 졸업생들〉.

12 백낙준(1995). 《백낙준 전집》 9. 연세대학교출판부, 25쪽.

13 〈표 6-7〉, 〈표 6-8〉: 《경성제국대학 예과 일람》(1943년도판), 118~122쪽; 《경성법학
전문학교 일람》(1941년도판), 73쪽; 《조선총독부경성의학전문학교 일람》(1940년도
판), 155~156쪽; 《수원고등농림학교 요람》(1932년도판), 38~39쪽; 《경성고등상업학
교 일람》(1941년도판), 91~92쪽; 《대구의학전문학교 개요》(1937년도판), 12쪽; 《평양
의학전문학교 일람》(1934년도판), 94~95쪽; 《보성전문학교 일람》(1935년도판); 《이화
여자전문·이화보육학교 일람》(1937년도판), 112~113쪽; 《조선제학교 일람》(1918년도
판), 214쪽; 《조선총독부 관보》 1916. 7. 12, 1918. 10. 25, 1920. 7. 15, 11. 10,
1926. 9. 6, 1927. 4. 16, 1929. 12. 13, 12. 18, 조선총독부(1934). 「관공사립학교 학
생·생도·아동 입학 상황」, 《조선총독부 조사월보》 7월호, 114~117, 145~147쪽.

14 백낙준. 앞의 책, 24~25쪽.

15 개벽사(1930). 〈육 전문학교 학생 윤평〉, 《별건곤》 35, 127~128쪽.

16 이숙(1993). 《죽차회고록》. 이해영, 115~116쪽.

17 《동아일보》 1933. 3. 21. 〈금춘 각교 합격자〉, 3. 26. 〈금춘 각교 합격자〉, 4. 1. 〈금춘
각교 합격자〉, 4. 4. 〈금춘 각교 합격자〉, 1934. 3. 23. 〈중등 이상 남여학교 합격 발표
(8)〉, 3. 27. 〈중등 이상 남여학교 합격 발표(10)〉, 4. 3. 〈중등 이상 남여학교 합격 발표
(17)〉, 1935. 3. 17. 〈금.도 각교 합격자〉, 1934. 4. 3. 〈금.도 각교 합격자〉, 1935. 3. 26.
〈칠 고등전문 금.도 입시 합격자〉; 1936. 3. 27. 〈오 관전 합격자 발표〉, 1936. 4. 3.
〈각교 합격자 발표〉.

18 《동아일보》 1931. 3. 18. 〈형설공의 성과〉, 3. 20. 〈형설공의 성과〉, 1933. 3. 19. 〈형설
공의 성과〉, 3. 21. 〈형설공의 성과〉, 3. 25. 〈형설공의 성과〉, 1934. 3. 11. 〈형설의 공
적〉, 3. 20. 〈학창 나오는 일군 남녀전문교 졸업소식〉, 3. 21. 〈28명 졸업 평양의학전문
학교〉, 3. 23. 〈형설의 공적〉, 1935. 3. 20. 〈형설적공의 성과〉, 3. 24. 〈기쁨의 졸업
식〉, 조선총독부 법무국 행형과(1939). 〈졸업생 채용의뢰의 건(보성전문학교장)〉(조선총
독부 기록물 CJA0004135 - 0027138146).

제7장 대안적 고등교육기관, 전문 정도 사립 각종학교

1 윤해동·정준영 편(2018). 《경성제국대학과 동양학 연구》. 선인, 50쪽.

2 동대백년사편찬위원회 편(2006). 《동국대학교 백년사》 I. 동국대학교, 124~125쪽.

3 《朝鮮總督府官報》 1920. 3. 1., 1922. 3. 7.

4 弓削幸大郎(1923).《朝鮮の教育》, 自由討究社, 182~183쪽.

5 朝鮮總督府學務局(1910).《京城府內私立學校現狀一斑》.

6 《京畿道教育及宗教要覽》(1921년도판), 25~31쪽;《京畿道教育及宗教要覽》(1928년도판), 44~54쪽.

7 《朝鮮諸學校一覽》(1932, 1942년도판).

8 최기영(1993).〈한말 서울 소재 사립학교의 교육 규모에 관한 일고찰〉.《한국학보》19(1), 37쪽.

9 보성법률상업학교:《동아일보》1921. 2. 28.〈하교에 입학할가〉. / 이화학당 대학부:《조선일보》1924. 2. 17.〈입학소개〉. / 숭실대학:《매일신보》1925. 2. 16.〈입학안내〉. / 불교전수학교:《매일신보》1929. 1. 26.〈학교 입학안내〉. 조선여자의학강습소:《중외일보》1930. 2. 11.〈신춘 입학안내(4)〉;《동아일보》1931. 2. 19.〈중등 이상 남녀 학교 입학안내(7)〉. / 중앙보육학교:《동아일보》1926. 2. 22.〈시내 각 여학교 입학안내〉, 1931. 2. 22.〈중등 이상 남녀 학교 입학안내(10)〉, 1938. 1. 30.〈각 학교 생도모집 규정(11)〉;《매일신보》1929. 2. 11.〈학교 입학안내〉. / 경성보육학교:《동아일보》1928. 2. 16.〈각 여자학교 입학지남(12)〉,《매일신보》1939. 3. 5. '광고'. / 이화보육학교:《중외일보》1927. 2. 14.〈신춘 각 여학교 입학지도〉;《동아일보》1931. 2. 22.〈중등 이상 남녀 학교 입학안내(10)〉;《매일신보》1939. 3. 4. '광고'. / 숭의보육학교 보육과:《조선일보》1927. 2. 17〈각 녀학교 입학절차(14)〉;《동아일보》1932. 2. 16.〈중학 이상 남녀학교 입학안내(6)〉. / 영생보육학원:《동아일보》1931. 2. 26.〈중등 이상 남녀학교 입학안내(12)〉, 1934. 2. 10.〈중등이상 남녀학교 입학안내(10)〉. / 대구신명여학교 유치사범과:《동아일보》1928. 2. 21.〈각 여자학교 입학지남(14)〉. / 경성여자미술학교 연구과 · 전공과:《조선일보》1927. 2. 25.〈각 녀학교 입학절차(22)〉, 1928. 2. 3.〈각 여학교 입학안내(2)〉;《동아일보》1929. 2. 14.〈각 여학교 입학지남(2)〉, 1933. 3. 15.〈중등정도이상 남녀교 금춘 입학안내(11)〉, 1934. 2. 18.〈중등 이상 남녀 학교 입학안내(14)〉. / 조선여자기예학원:《중외일보》1930. 2. 11.〈신춘입학안내(4)〉;《동아일보》1933. 3. 16.〈중등 정도 이상 남녀교 금춘입학안내(12)〉, 1938. 2. 22.〈각 학교 생도모집 규정(18)〉. / 상명고등기예학원:《매일신보》1939. 2. 17.〈입학안내〉. / 경성음악전문학원:《매일신보》1942. 3. 14. '광고'. / 협성신학교 · 감리교회신학교: 신학세계 편집부(1926).〈감리교회협성신학교 학생 모집 광고〉.《신학세계》11(1); 신학세계 편집부(1934).〈감리교회신학교 학생 모집〉.《신학세계》19(6). / 협성여자신학교: 신학세계 편집부(1923).〈협성여성경학원 생도모집광고〉.《신학세계》8(2); 신학세계 편집부(1924).〈학생 모집광고〉.《신학세계》9(1);《동아일보》1929. 3. 7.〈입학지남〉. / 성결교회경성신학교: 기독교대한성결교회(1940).〈경성신학교생도모집광고〉.《활천》216. / 조선신학원:《매일신보》1942. 3. 28. '광고'. / 동아고등공업학원:《매일신보》1942. 3. 27. '광고'. 조선신학원과 경성음악전문학원은 학생 모집 광고에 입학 자격만

기재되어 있다.

10 이상금(1987). 《한국 근대 유치원 교육사》. 이화여자대학교출판부, 235쪽; 이윤진
(2006). 《일제하 유아교육사 연구》. 혜안, 197쪽.

11 《朝鮮諸學校一覽》(1922, 1924, 1929년도판).

12 임영신(1986). 《승당전집》I, 승당임영신박사전집편찬위원회, 153~167쪽.

13 숭의 90년사 편찬위원회 편(1999). 《숭의 구십년사》, 숭의학원, 145쪽.

14 위의 책, 145쪽.

15 신명 100년사 편찬위원회 편(2008). 《신명 백년사》, 신명고등학교·신명여자중학교,
74쪽.

16 위의 책, 74쪽.

17 朝鮮總督府(1928). 〈京城女子美術學校經費國庫補助ニ關スル件〉; 朝鮮總督府(1928).
〈京城女子美術學校臨時設備費國庫補助ニ關スル件〉.

18 김소연(2012). 〈한국 근대 '동양화' 교육 연구〉. 이화여자대학교 박사학위논문, 83,
139쪽.

19 상명대학교 상명교육70년사 편찬위원회 편(2007). 《상명교육 70년》. 상명대학교, 39쪽.

20 경성고등음악학원 제1회 연주회(1938년 5월 10일) 팸플릿; 악전 추기 음악 대연주회
(1941년 11월 21일) 팸플릿. 노동은(2000). 〈경성음악전문학원은 어떤 학교였나〉. 《음
악과 민족》 19, 9쪽에서 재인용.

21 이성삼(1977). 《감리교와 신학대학사》. 한국교육도서출판사, 130쪽; 신학세계 편집부
(1921). 〈감리교회 협성신학교 일람표〉. 《신학세계》 7(1), 98쪽.

22 이성삼(1977). 앞의 책, 131쪽.

23 위의 책, 146쪽.

24 신학세계 편집부(1929). 광고. 《신학세계》 14(1).

25 이성삼(1977). 앞의 책, 162~164, 184, 192쪽.

26 민경배(1993). 《한국기독교회사》, 연세대학교출판부, 509쪽.

27 이성삼(1977). 앞의 책, 312, 314~315쪽.

28 신학세계 편집부(1924). 학생 모집 광고. 《신학세계》 9(1).

29 이성삼(1977). 앞의 책, 313쪽.

30 기독교대한성결교회(1940). 〈통신〉. 《활천》 211, 278쪽; 기독교대한성결교회(1940).
〈통신〉. 《활천》 212, 306쪽.

31 장금현(2002). 〈경성성서학원에 대한 연구(2)〉. 《성결교회와 신학》 8, 104쪽.

32 민경배(1993). 《한국기독교회사》, 연세대학교출판부, 507쪽.

33 50년사 편찬위원회(1990). 《한신대학 50년사》. 한신대학출판부, 16, 23쪽.

34 박용규(2004). 《한국기독교회사》 2. 생명의말씀사, 755쪽.

35 녹안경(1933). 〈이모저모로 본 경성 십오여 학교 평판기〉. 《신여성》 7(10), 62쪽.

36 김광우(1984). 《나의 목회 반세기》. 바울서신사, 29쪽.

37 최정희(1962). 《젊은날의 증언》, 육민사, 23쪽.

38 《朝鮮諸學校一覽》(1932년도판).

제8장 그 시절에도 전문학교는 경성에 몰려 있었다—지방의 전문학교 설립운동

1 《大日本帝国文部省年報》(自昭和 12年 4月 至昭和 13年 3月)上卷, 176~280, 315~325쪽.

2 위의 책, 315~325쪽.

3 《朝鮮總督府統計年報》(1934년도판), 22쪽.

4 《경성법학전문학교 일람》(1934년도판), 55쪽; 《경성의학전문학교 일람》(1934년도판), 159~160쪽; 《수원고등농림학교 일람》(1934년도판), 127쪽; 《경성고등상업학교 일람》(1934년도판), 67~70쪽; 《평양의학전문학교 일람》(1934년도판), 93~94쪽.

5 《세브란스연합의학전문학교 일람》(1934년도판), 109쪽; 《연희전문학교 일람》(1939년도판), 67쪽; 《보성전문학교 일람》(1936년도판), 69~77쪽; 《이화여자전문·이화보육학교 일람》(1937년도판), 111쪽; 《경성약학전문학교 일람》(1935년도판), 126~127쪽; 《중앙불교전문학교 일람》(1935년도판), 42쪽.

6 《京城法學專門學校一覽》(1936년도판), 57~58쪽.

7 《水原高等農林學校一覽》(1934년도판), 130쪽; 《京城高等商業學校一覽》(1934년도판), 78~79쪽.

8 《朝鮮總督府統計年報》(1920년도판).

9 전남대학교 의과대학 편(1996). 《전남대학교 의과대학 오십년사》. 전남대학교 의과대학, 28쪽.

10 神谷昭典(1993). 〈総力戦体制下の醫学教育〉. 《醫学史研究》 65, 46~48쪽.

11 전남대학교 의과대학 편(1996). 앞의 책, 28쪽.

12 平壤商業会議所 編(1921). 《大工業地としての平壤》. 平壤商業會議所, 281~283쪽.

13 朝鮮總督府官房庶務課(1921). 《道知事會議提出意見ニ對スル處理槪要》. 朝鮮總督府, 33쪽.

14 《平安南道統計年報》(1935년도판), 124~131쪽. 전기업 회사 중 두 개는 설립 연도가 미상이었다.

15 慶尙南道知事(1934). 〈官立高等商業學校設置方申請ノ件〉.

16 위의 자료.

17 全羅北道知事(1935). 〈第三回道會會議錄送付ノ件〉, 99쪽.

18 손정목(1990). 〈일제하 화학공업도시 흥남에 관한 연구(상)〉. 《한국학보》 59쪽; 손정목(1990). 〈일제하 화학공업도시 흥남에 관한 연구(하)〉. 《한국학보》 60쪽.

제9장　개천에서 용 나도록—가난한 학생을 위한 장학단체 설립

1 《京城帝國大學一覽》(1926년도판), 45쪽.

2 《세브란스연합의학전문학교 일람》(1935년도판), 36쪽; 《세브란스연합의학전문학교 일람》(1940년도판), 37~38쪽; 연세대학교교백년사 편찬위원회 편(1985). 《연세대학교백년사 연세통사(상)》1. 연세대학교 출판부, 79, 83, 87, 169, 180~181쪽; 《연희전문학교 일람》(1939년도판), 30~31쪽; 《보성전문학교 일람》(1925년도판), 28쪽; 《보성전문학교 일람》(1936년도판), 34~35쪽; 《보성전문학교 일람》(1942년도판), 33쪽; 숭실대학교 100년사 편찬위원회 편(1997). 《숭실대학교 100년사》1, 숭실대학교 출판부, 300쪽; 《이화여자전문 이화보육학교 일람》(1937년도판), 23쪽; 《경성약학전문학교 일람》(1930년도판), 19쪽; 《경성약학전문학교 일람》(1935년도판), 39쪽; 《중앙불교전문학교 일람》(1930년도판), 8쪽; 《혜화전문학교 일람》(1941년도판), 18쪽.

3 《京城醫學專門學校一覽》(1924년도판), 49쪽.

4 오성철(2000). 《식민지 초등교육의 형성》. 교육과학사, 158~160쪽.

5 《水原高等農林學校一覽》(1934년도판), 130쪽.

6 朝鮮總督府(1934). 《昭和午年朝鮮國勢調査報告朝鮮編第一卷結果表》. 朝鮮總督府, 246~247쪽.

7 《朝鮮總督府統計年報》(1922, 1932년도판).

8 朝鮮總督府農林局農村振興課(1940). 《農家經濟槪況調査昭和八年-昭和十三年小作兼自作農家の部》. 朝鮮總督府農林局農村振興課, 25쪽; 朝鮮總督府農林局農村振興課(1940). 《農家經濟槪況調査昭和八年-昭和十三年小作農家の部》, 朝鮮總督府農林局農村振興課, 26쪽.

9 그 밖에 전국 단위의 장학단체로는 양영회, 보성육영회 등이 있었다. 여기서 양영회는 1939년 당시 삼양사 사장 김연수가 설립한 장학단체다. 이에 대해서는 그 후신인 양영재단·수당재단이 편찬한 《양영재단 70년사》를 참고할 만하다. 양영재단·수당재단 편(2012). 《양영재단 70년사》, 양영재단·수당재단.

　　보성육영회는 1943년 12월에 조선인으로 추정되는 가네모토와 다카다가 설립한 장학단체다. 보성육영회에 대해서는 관계 자료가 거의 남아 있지 않다.

10 省齊育英會(1940). 〈昭和十九年度事業報告書提出の件〉.

11 《조선일보》1936. 12. 22. 〈성재육영회 급비생〉; 《동아일보》1937. 7. 21. 〈수재 십 명 선발〉, 1938. 5. 29. 〈육영회 급비생〉, 1940. 5. 27. 〈성재육영회의 급비생〉; 《매일신보》1939. 5. 30. 〈성재육영회 금년도 급비생 결정〉, 1941. 5. 15. 〈성재육영회 금년 급비생〉, 1942. 5. 15. 〈성재육영회 급비생 결정〉.

12 《京城帝國大學學報》1940. 4. 5.

13 김자중(2018). 〈경성제국대학의 여성 입학 허용 문제에 관한 연구〉. 《한국교육학연구》24(3), 42쪽.

14 《주간 북한 동향》 2002. 10. 30.(제615호) 〈문예총 부위원장 신진순 사망〉.

15 손기정(1983). 《나의 조국 나의 마라톤》, 한국일보사, 171~173쪽.

16 江原道産業部農政課 編(1942). 《李圭完翁逸話集》. 江原道, 175쪽.

17 咸南育英會(1939). 〈貸費金返還催告狀〉. (소장처: 일본 국립국회도서관 헌정자료실. 출처: 국사편찬위원회 전자사료관 사료참조코드 AJP020_45_00C0001_076)

18 咸南育英會(1936). 〈財團法人事業報告ニ關スル件〉; 咸南育英會(1939). 〈財團法人事業報告ニ關スル件〉; 咸南育英會(1940). 〈財團法人事業報告ニ關スル件〉.

19 박기용(1987). 《조용한 혁명을 위하여 : 상허 유석창 박사 일대기》. 나라기획, 63~64쪽, 76~89쪽.

20 석진형(1925). 〈장학재단의 설립에 취하야〉. 《신민》 1, 97~98쪽.

21 김명우(2007). 〈일제 강점기 향교 연구〉. 중앙대학교 박사학위논문, 27~30쪽.

22 忠淸南道獎學會(1936). 〈法人事業報告ニ關スル件〉.

23 위의 자료.

24 全羅北道知事(1935). 〈第三回道會會議錄送付ノ件〉, 177쪽.

25 全北育英會(1940). 〈法人業務狀況報告ノ件〉.

26 全南育英會(1940). 〈財團法人全南育英會事業成績報告進達ノ件〉.

27 위의 자료.

나가는 글   식민지 고등교육 체제의 연속과 단절

1 우마코시 도루 저, 한용진 역(2001). 《한국 근대대학의 성립과 전개》. 교육과학사, 157~205쪽.

2 교육인적자원부, 한국교육개발원 역(2008). 《OECD 교육지표》. 한국교육개발원, 278쪽.

3 김경근(1999). 《대학 서열 깨기》. 개마고원, 7쪽; 경상대학교 사회과학연구원 편(2004). 대학서열체제 연구. 한울아카데미, 3쪽.

4 김기석(2008). 《한국고등교육연구》. 교육과학사, 213~216쪽.